天然气产业生态文明建设重大问题研究

——以西南战略大气区建设为例

姜子昂　周　建　付　斌　等著
毛川勤　宋维东

科学出版社
北　京

内 容 简 介

本书从适应国家推动能源革命和生态文明建设的角度，基于天然气产业绿色低碳发展背景，围绕应对天然气勘探开发、储运及利用面临的资源环境约束，破解天然气产业可持续发展难题，以川渝天然气产业生态文明建设为例，率先开展天然气产业生态文明建设相关重大问题研究。本书共分6章：第一章天然气产业生态文明建设相关理论与经验；第二章天然气全产业生态文明建设总体模式研究；第三章天然气勘探开发生态文明建设模式与途径研究；第四章天然气储运生态文明建设模式与策略研究；第五章天然气利用生态文明建设模式与路径研究；第六章天然气产业生态文明建设策略探索研究。

本书可以为能源生态文明建设决策者、生态文明建设管理人员等提供参考，也可供相关专业及领域的高校师生和研究者参考。

图书在版编目(CIP)数据

天然气产业生态文明建设重大问题研究:以西南战略大气区建设为例 / 姜子昂等著.—北京:科学出版社，2018.4
　ISBN 978-7-03-056952-3

Ⅰ.①天… Ⅱ.①姜… Ⅲ.①天然气工业-生态文明-建设-研究-西南地区　Ⅳ.①F426.22

中国版本图书馆 CIP 数据核字（2018）第 049728 号

责任编辑：张　展 / 责任校对：韩卫军
责任印制：罗　科 / 封面设计：墨创文化

科学出版社 出版
北京东黄城根北街16号
邮政编码：100717
http://www.sciencep.com

四川煤田地质制图印刷厂印刷
科学出版社发行　各地新华书店经销

*

2018 年 4 月第　一　版　　开本：720×1000 B5
2018 年 4 月第一次印刷　　印张：16 3/4
字数：320 千字
定价：136.00 元
（如有印装质量问题，我社负责调换）

编委会成员

主　编：姜子昂
副主编：周　建　付　斌　毛川勤　宋维东
编　委：段言志　肖　君　胡俊坤　辜　穗　刘夏兰
　　　　杨　丹　李晓玲　李　季　李林洪　李幼萍
　　　　李　林　李　灏　杨彤颖　高　芸　李红亮
　　　　李雪梅　王任杰　刘建青　何莲宁　方　峦
　　　　杨　洋　谢雯娟　钟郁新　成　菲　高千惠
　　　　张昕尧　肖顺兰　雷　虹　曾　玲　王　丹
　　　　代晓英　吴杨洁　张文艳　周明军　陈方超
　　　　杨雅雯　任雨涵　朱文楷　何　谐　张　弢

前　言

　　经过 60 多年的发展，川渝地区形成了完整的天然气产业链，成为我国重要的天然气生产基地，具有国内最复杂和完整的环形管网、最发达的天然气利用产业集群、最典型的天然气产业生态文明建设示范区。中国石油西南油气田公司（以下简称西南油气田公司）是川渝地区主要从事天然气生产、储运、销售的油气田企业，是中国石油西南战略大气区的主要建设者，在天然气产业生态文明建设领域居国内领先地位。

　　面对我国资源约束趋紧、环境污染严重、生态系统退化的严峻形势，生态文明建设关乎国家发展和民族命运。天然气产业生态文明建设既是国家大政方针的要求，也是企业履行社会责任满足社会期望的需要。为了全面系统地把握天然气产业生态文明建设问题及其发展趋势，推动我国天然气绿色低碳发展，西南油气田公司以全球气候治理视觉审视天然气产业生态文明建设重大相关问题，依托川渝地区丰富的天然气生态文明建设资源优势，借鉴国外大石油公司生态文明建设经验与启示，系统研究我国天然气产业生态文明涉及的全产业链关键作业对生态环境影响的机理、生态文明建设模式、建设途径、综合绩效评估、政策法规保障等一系列重大问题，为更好地推进天然气产业生态文明建设提供支持。

　　天然气产业生态文明建设事关产业、企业发展方向和核心竞争力，是一个理论性与实践性都十分强的系统工程。研究过程以全球气候治理视角，力求在国家严厉的环境治理和市场化条件下解决天然气生态文明建设的四大核心问题：①天然气全产业链关键作业对生态环境影响的机理；②构建生态文明建设模式并提出建设途径；③建立生态文明综合绩效评估体系；④提出生态文明政策法规保障策略建议。本书研究内容主要有六个部分。

(1)天然气产业生态文明建设相关理论与经验。包括三个方面：①天然气产业绿色发展相关理论。包括生态文明的内涵和基本内容、生态文明建设的一般模式。②国内外油气产业生态文明建设经验与启示。包括国外大石油公司生态文明建设经验与启示、国内大石油公司生态文明建设主要经验。③西南油气田公司生态文明建设成效与经验。包括"十二五"生态文明建设规划完成情况、生态文明建设经验。

(2)天然气全产业链生态文明建设的总体模式。主要包括四个方面：①天然气产业绿色低碳发展的内涵。包括天然气产品绿色低碳特点、天然气产业链概念与特征、天然气产业发展的相关概念。②天然气产业生态文明建设形势与面临挑战。包括党和国家加快和强化生态环境治理力度、天然气产业链生态文明建设面临的挑战。③天然气产业生态文明建设的基本模式。以川渝地区为例，贯彻经济、政治、社会、文化、价值目标全面生态化的天然气产业生态文明建设理念，构建了以生态文明建设动力系统、规划系统、组织系统、核心业务系统、知识管理系统和绩效考核系统等六大子系统为基本架构的天然气生态文明建设模式结构。④天然气产业生态文明建设综合绩效评估指标体系及实证。从天然气安全清洁供应、产业结构优化、能源消费利用、节能减排、绿色发展效益、绿色发展保障等六个方面构建了天然气产业生态文明建设综合绩效评估指标体系，具体由6个一级指标、17个二级指标、66个三级指标构成。以西南油气田公司生态文明建设为例对指标体系进行了实证研究。

(3)天然气勘探开发生态文明建设模式与途径。主要包括三个方面：①勘探开发关键作业对生态环境的影响机理分析。涉及地震勘探作业、钻井作业、井下作业、开发作业、净化作业等5个天然气勘探开发环节关键性作业对生态环境的影响机理。②勘探开发生态文明建设模式研究。包括构建思路与原则、天然气勘探开发生态文明建设模式架构。③勘探开发环节生态文明建设途径研究。主要有：

加强天然气资源开发与环境保护力度；加强勘探开发的关键业务领域环境保护；积极推进勘探开发生态技术研发与应用；抓好生产运行的安全环保管理；实施"资源保供"战略工程，建立多元网络供应体系。以川渝地区为实例进行了天然气勘探开发生态文明建设的实证分析。

(4)天然气储运生态文明建设模式与策略。主要包括三个方面：①储运领域关键作业对生态环境的影响机理分析。包括天然气管道建设、地下储气库建设对环境影响的机理。②储运领域生态文明建设模式研究。包括构建依据、思路与原则、天然气储运生态文明建设模式结构。③储运领域生态文明建设策略研究。主要有：构建绿色储运技术支持体系；建立绿色储运管理机制；严格执行储运环保政策法规；加强组织领导与考核激励。以川渝环形管网为例进行了天然气储运生态文明建设的实证分析。

(5)天然气利用生态文明建设模式与路径。主要包括三个方面：①天然气利用对生态环境的影响机理分析。包括天然气利用的主要途径、主要利用产业关键作业对生态环境的影响机理。②天然气利用生态文明建设模式研究。包括构建思路与原则、天然气利用生态文明建设模式结构。③天然气利用生态文明建设路径研究。主要有：实施"替煤代油"战略工程，推进天然气清洁高效利用；实施"技术突破"战略工程，建立国际领先核心利用技术；实施"体制改革"战略工程，推进市场体制改革；实施"天然气管理创新"战略工程，促进天然气利用业务链价值提升。以西南油气田销售与终端燃气公司为进行了天然气利用生态文明建设的实证分析。

(6)天然气产业生态文明建设策略。探索性地提出六项策略：①培育天然气文化，加强天然气产业生态规划布局；②建立开放式科技创新体系，推进产业链技术生态化；③推进循环经济发展，塑造清洁高效发展的示范工程；④加快建立清洁发展机制，助推产业生态文明建设；⑤促进生态制度建设，建立生态文明建设长效机制；⑥加快天然气金融市场发展，降低天然气业务投融资风险。

"十二五"期间，通过一边研究一边实践，西南油气田公司生态文明建设取得了重大成效：①促进川渝天然气生产与输送安全节能环保指标显著提升。成果应用推进西南油气田公司环境监测技术服务与技术支持作用凸显，重点污染源防治取得重要进展，生态文化推动油气田公司三大责任全面履行，促进了各项安全环保指标较"十一五"显著提升。②推动川渝天然气生态化技术取得重要进展。磨溪龙王庙组气藏高效勘探开发技术实现速度降低环境成本。绿色生产技术系列助力低碳生产。绿色钻完井技术实现天然气勘探开发关键环节生态化。储气库高效建设与运行技术。③推动实施生态文明建设示范工程，效果显著。2016年西南油气田公司在全国最大单体整装气藏——磨溪龙王庙组特大气藏开发中实施四川省首个天然气"绿色钻井"试点工程，并取得成功。本书研究成果可为政府相关部门及中石油的生态文明建设决策提供重要参考，也可为全国天然气产业和其他相关能源行业生态文明建设提供借鉴。

本书得以成稿，与前人在天然气产业生态文明建设相关研究成果密不可分，所用参考文献列于书的最后，对他们表示感谢！同时，在本书编写过程中得到了多方面领导、专家和同事的支持，在此深表感谢！由于编者水平有限，如有不妥之处，请广大读者批评指正。

目 录

第一章 天然气产业生态文明建设相关理论与经验 …………（1）
  第一节 天然气产业绿色发展相关理论 ………………（1）
    一、生态文明的内涵和基本内容 ……………………（1）
    二、生态文明建设的一般模式 ………………………（8）
  第二节 国内外油气产业生态文明建设经验与启示 ………（15）
    一、国外大石油公司生态文明建设经验 ……………（15）
    二、国内大石油公司生态文明建设主要经验 ………（29）
  第三节 中国石油西南油气田公司生态文明建设成效与经验
    ……………………………………………………………（38）
    一、"十二五"生态文明建设规划完成情况 …………（38）
    二、生态文明建设经验 ………………………………（40）

第二章 天然气全产业链生态文明建设总体模式研究 ………（50）
  第一节 天然气产业绿色低碳发展的内涵 …………………（50）
    一、天然气产品绿色低碳特点 ………………………（50）
    二、天然气产业链概念与特征 ………………………（50）
    三、天然气产业发展的相关概念 ……………………（52）
  第二节 天然气产业生态文明建设形势与面临挑战 ………（53）
    一、党和国家加快和强化生态环境治理力度 ………（53）
    二、天然气产业链生态文明建设面临的挑战 ………（59）
  第三节 天然气产业生态文明建设总体模式研究 …………（67）
    一、模式结构设计 ……………………………………（67）
    二、模式结构内容 ……………………………………（71）
  第四节 天然气产业生态文明建设综合绩效评估指标体系
    构建 ……………………………………………………（73）

一、构建思路与原则 …………………………………………（73）
　　二、评价指标体系框架 ………………………………………（75）
第三章　天然气勘探开发生态文明建设模式与途径研究 ……（82）
　第一节　天然气勘探开发关键作业对生态环境的影响机理
　　　　　…………………………………………………………（82）
　　一、地震勘探作业对生态环境的影响 ………………………（82）
　　二、钻井作业对环境的影响 …………………………………（83）
　　三、井下作业对生态环境的影响 ……………………………（87）
　　四、天然气开发作业流程对生态环境的影响 ………………（87）
　　五、天然气净化作业对生态环境的影响 ……………………（92）
　第二节　天然气勘探开发生态文明建设模式研究 …………（95）
　　一、构建依据 …………………………………………………（95）
　　二、勘探开发生态文明建设模式架构 ………………………（96）
　第三节　天然气勘探开发生态文明建设途径与实证 ………（97）
　　一、加强天然气资源开发与环境保护力度 …………………（97）
　　二、加强勘探开发的关键业务领域环境保护 ………………（100）
　　三、积极推进勘探开发生态技术研究与应用 ………………（104）
　　四、抓好生产运行的安全环保管理 …………………………（107）
　　五、实施"资源保供"战略工程，建立多元网络供应体系
　　　　…………………………………………………………（108）
　　六、川渝天然气勘探开发生态文明建设实例 ………………（110）
第四章　天然气储运生态文明建设模式与策略研究 …………（117）
　第一节　天然气储运关键作业对生态环境的影响机理 ……（117）
　　一、天然气管道工程建设对生态环境的影响 ………………（117）
　　二、天然气管道和地下储气库建设对环境影响及特点 ……（122）
　第二节　天然气储运生态文明建设模式研究 ………………（123）
　　一、构建依据 …………………………………………………（123）
　　二、设计思路与原则 …………………………………………（127）
　　三、储运生态文明建设模式结构 ……………………………（129）

第三节　天然气储运产业生态文明建设策略与实证 ……… (132)
　　　一、构建绿色储运技术支持体系 ……………………… (132)
　　　二、建立绿色储运管理机制 …………………………… (134)
　　　三、严格执行储运环保政策法规 ……………………… (142)
　　　四、加强组织领导与考核激励 ………………………… (143)
　　　五、川渝环形管网生态文明建设实例 ………………… (143)
第五章　天然气利用生态文明建设模式与路径研究 ……… (149)
　　第一节　天然气利用对生态环境的影响机理 …………… (149)
　　　一、天然气利用的主要途径 …………………………… (149)
　　　二、天然气利用关键作业对生态环境的影响机理 …… (155)
　　第二节　天然气利用生态文明建设模式研究 …………… (159)
　　　一、构建思路与原则 …………………………………… (159)
　　　二、天然气利用生态文明建设模式结构 ……………… (162)
　　第三节　天然气利用产业生态文明建设路径与实证 …… (165)
　　　一、实施"替煤代油"战略工程，推进天然气清洁高效
　　　　　利用 ………………………………………………… (165)
　　　二、实施"技术突破"战略工程，建立国际领先核心利用
　　　　　技术 ………………………………………………… (168)
　　　三、实施"体制改革"战略工程，推进市场体制改革…… (169)
　　　四、实施"天然气管理创新"战略工程，促进天然气利用
　　　　　业务链价值提升 …………………………………… (175)
　　　五、销售与终端燃气公司生态文明建设实例 ………… (179)
第六章　天然气产业生态文明建设策略探索研究 ………… (185)
　　第一节　培育天然气文化，加强天然气产业生态规划布局
　　　………………………………………………………………… (185)
　　　一、转变发展理念，培育天然气文化体系 …………… (185)
　　　二、抓好生态文明建设规划与布局，确保生态战略实施
　　　　　………………………………………………………… (191)
　　　三、加强过程监督，开展评估考核 …………………… (193)

第二节 建立开放式科技创新体系，推进产业链技术生态化 ………………………………………………………………… (195)

一、积极推进天然气产业链技术生态化发展 …………… (195)

二、加强产业链技术生态化交流与合作，推进生态技术产业化发展 …………………………………………… (204)

第三节 推进循环经济发展，塑造清洁高效发展的示范工程 ………………………………………………………………… (208)

一、推进天然气产业循环经济的发展 …………………… (208)

二、天然气绿色高效利用示范工程 ……………………… (211)

三、全面加强节能减排示范工程建设 …………………… (214)

第四节 加快建立清洁发展机制，助推产业生态文明建设 ………………………………………………………………… (217)

一、加快实施天然气项目 CDM 机制 …………………… (217)

二、积极推行合同能源管理 ……………………………… (219)

三、管理创新驱动天然气产业循环经济发展 …………… (221)

第五节 促进生态制度建设，建立生态文明建设长效机制 ………………………………………………………………… (223)

一、加快推进天然气法律法规建设，为发展天然气提供法律保障 …………………………………………… (223)

二、完善天然气产业生态文明建设的政策制度体系 …… (226)

三、健全和完善天然气产业生态补偿机制 ……………… (233)

第六节 加快天然气金融市场发展，降低天然气业务投融资风险 ………………………………………………………… (235)

一、突出政府金融管理主导地位，完善天然气财税金融政策 …………………………………………………… (235)

二、适时建立天然气期货市场，发挥天然气交易中心的价格发现职能 ……………………………………… (236)

三、推进天然气产融结合多样化，助推常规与非常规天然气开发 …………………………………………… (237)

四、加强交易规则与风险管控，发挥市场交易规则促进
　　油气田公司市场化运营 ……………………………… (238)

五、创新国际合作方式，开创天然气金融模式 ………… (239)

六、建立页岩气开发的财税金融体系 …………………… (240)

主要参考文献 ………………………………………………… (249)

第一章 天然气产业生态文明建设相关理论与经验

第一节 天然气产业绿色发展相关理论

一、生态文明的内涵和基本内容

(一)生态文明的内涵

21世纪是一个历史大变革的时期,人类面临许多重大抉择,选择一种全新的生存方式,建设新文明——生态文明,是人类发展史中的一个重大选择。生态文明是反映人类社会进步和发展的一个重要标志,是反映人类认识自然、改造自然、利用自然,以及人类自身发展进步的一种状态,是人类文明发展的新阶段。

生态文明是指人类遵循人、自然、社会和谐发展这一客观规律而取得的物质与精神成果的总和,是人与自然、人与人、人与社会和谐共生、良性循环、全面发展、持续繁荣为基本宗旨的文化伦理形态。它是人类在发展历史长河中,不断创造和积累物质财富的同时对人与自然关系重新审视、总结和升华的结果,它是人类实施可持续发展战略,建设人与自然和谐相处的必然选择。生态文明本质是人类在改造客观世界的实践中,不断深化对其行为和后果的负面效应的认识,不断调整优化人与自然、人与人、人与社会的关系。

生态文明的核心要义是公正、高效、和谐和人文发展。公正就是要尊重自然权益实现生态公正,保障人的权益实现社会公正。高效就是要寻求自然生态系统具有平衡和生产力的生态效率,经济生产系统具有低投入、无污染、高产出的经济效率和人类社会体系制度规范完善运行平稳的社会效率。和谐就是要谋求人与自然、人与人、人与社会的公平和谐，以及生产与消费、经济与社会、城乡和地区之间的协调发展。人文发展就是要追求具有品质、品味、健康、尊严的崇高人格。公正是生态文明的基础，效率是生态文明的手段，和谐是生态文明的保障，人文发展是生态文明的终极目的。

总之，建设生态文明需要政府、社会组织和每一个公民共同参与，涉及体制、机制、管理、技术等多方面的革新，是一项长期、复杂而艰巨的工程，必须转变经济增长方式，优化产业结构，改变消费观念，促进资源的循环利用，通过资源节约来保护环境，最终实现资源、环境与社会的和谐发展。

（二）生态文明的基本特征

认识和分析生态文明的基本特征，对顺利实现建设生态文明所要求的目标，使人类文明朝着生态文明的方向更好更快发展，逐步纠正一切不符合生态文明要求的思想观念和政策制度，推动符合生态文明要求的政策法规不断出台并付诸实施，建设生态文明具有十分重要的意义。生态文明基本特征有以下几方面。

1. 自然性与自律性

（1）生态文明的自然性。与农业文明、工业文明相比，生态文明更加注重突出自然环境的保护，强调人类在改造、利用自然的同时，作为生态文明建设的主体必须更加自觉地践行保护自然、尊重自然、珍爱自然。

（2）生态文明的自律性。人与自然是一个矛盾的共同体，在相处过程中，人以矛盾的对立面出现，人类自身的行为和生活方式决定了生态文明建设的最终结果。生态文明建设的过程是人类不断认识自然、适应自然、改造自然的过程，更是人类在发展过程中自我认识与不断纠正自身错误的动态过程，以求最终实现人与自然和谐相处。人类必须意识到自身在自然界中的位置，懂得人与自然之间是相互依存、相互促进、共处共融的客观事实，尊重自然、保护生态环境、遵循自然界内在发展规律，才能更好地实现人与自然界的全面协调可持续发展。

2. 基础性与可持续性

生态文明关乎人类自身的生存发展，是人类生存发展的基础。生态文明与社会主义物质文明、政治文明、精神文明一起构建了社会主义文明。生态文明建设的成败关系到人民的福祉和幸福指数的提高。生态文明是对工业文明的一种超越，是一种更为高级的人类文明形态。生态文明是人民享受幸福的基本条件，是社会主义文明的基础。

生态文明是实现社会经济可持续发展的重要保障，是实现可持续发展的关键所在，生态环境的可持续性是经济社会可持续发展的必要条件，只有搞好生态文明建设，才能积极有效应对全球化带来的一系列全新的挑战。

3. 公平性与文化性

生态文明是充分体现公平与效率统一、代内公平与代际公平统一、社会公平与生态公平统一的文明。与其他文明形式相比，生态文明体现出一种更加广泛且更有深远意义的公平，涵盖了人与自然之间的公平，不同时空、不同群体、不同种族、不同年龄的人与人之间的公平。因此，当代人不能拿子孙后代赖以生存的自然环境、资源肆意挥霍、践踏，而要为子孙后代留下一个环境优美、可持续发展的"美丽家园"。

生态文明建设的文化性是指人类的一切文化活动应与生态文明建设的理念相适应。世界文化是丰富多彩的，生态文化作为世界文化的重要组成部分，决定了生态文化的多样性，它是生态文明建设的精神基础。大力培育和发展先进文化，加强生态理论研究，实现对生态文明建设的理论指引作用是生态文化建设的重要内容。在全世界范围内形成一种形式多样、内容丰富、具有民族特色和地域风情的生态文化体系，发挥文化对人潜移默化的影响作用是油气田公司生态文化建设的良好愿望。逐步建立起一种尊重自然、热爱自然、善待自然的世界观和文化氛围这一大同，以更好地指引环境保护，最终实现人与自然、社会和谐发展的终极目标。

4. 开放性与循环性

自然生态系统各元素在运动中实现彼此之间相互关联、相互转化，构建成一个开放、循环的大系统。生态系统的开放性、循环性促使人类在思考人与自然的关系时，将人类自身纳入其中，遵循自然生态系统物质之间的相互转换能量守恒的客观规律。

建设生态文明需要大力发展清洁和可再生能源，实现自然资源的高效、循环利用；大力发展循环经济，使经济发展与自然生态系统的物质循环和谐统一，建立起一种与生态文明建设相适应的经济增长模式，使人类的经济活动对自然环境的影响降低到最低。

5. 整体性与多样性

生态文明具有系统性、整体性，要从整体上去把握生态文明。生态环境问题具有全球性特点，这就要求油气田公司站在系统的高度和全球的视野来思索并加以应对。例如，全球气候变暖、臭氧层破坏、全球濒危动植物的保护、海洋污染与治理、大气污染等，要求全球加强沟通与协调，共同面对并加以解决。另一方面，生态文明对现有物质文明、政治文明和精神文明的整合与重塑，是一个有机的统一整体。

多样性最初是一个自然科学中的生物学概念，即生物（态）多样性，指的是地球上生物物种之间及其与周围生态环境所构成的复杂丰富的样态和关系结构，以及不断延续下去的潜能。不同物种的生物种类，以及由它们与周围环境组成的生物生态和社会结构，构成了作为人类社会生存发展之最基本前提的生物(态)稳定性与多样性。尊重和保护地球上的生物多样性是生态文明价值观的体现。建设生态文明要尊重大自然漫长演进过程中生物多样性的一个客观性事实并加以保护，避免为了眼前、局部利益而牺牲自然界的丰富性和多样性。

(三)生态文明建设的基础观念

1. 可持续发展观

1987年联合国世界环境与发展委员会的报告《我们共同的未来》把可持续发展定义为"既满足当代人的需要，又不对后代人满足其需要的能力构成危害的发展"，这一定义在1992年联合国环境与发展大会上取得共识。美国世界观察研究所所长莱斯特·布朗教授则认为，"持续发展是一种具有经济含义的生态概念。一个持续社会的经济和社会体制的结构，应是自然资源和生命系统能够持续的结构"。可持续发展的内涵主要包括公平性、持续性和共同性。

2. 资源环境基础观

资源环境既是人类及其文明诞生的基础，也是人类及其文明成长的平台。资源是人类提供日常生产和生活所需的基础资料，在社会经济发展中发挥基础性作用，而资源的利用会影响环境质量，进而影响人类的生存和发展的环境。从人类文明的长期实践看，无论是自然因素还是人为因素，无论是宏观的还是微观的，一旦资源环境基础的稳定性遭到破坏，都会动摇乃至破坏人类社会的正常生活秩序。认识资源环境的这种基础作用，对于中国这样一个发展中大国的持续发展显得尤为重要。

3. 生态系统服务观

生态系统服务与人类福祉紧密相连。国内外的理论和实践证明：

生态系统服务的价值主要表现在其作为生命支持系统的外部价值上。作为外部经济的生命支持系统功能关系到国家资源的最佳分配。在目前经济社会发展水平上，油气田公司不得不经常在维护自然资本和增加人造资本之间进行取舍，在各种生态系统服务和自然资本的数量和质量组合之间进行选择，在不同的维护和激励政策措施之间进行比较。

4. 区域发展空间均衡观

区域发展的空间均衡是指标识任何区域综合发展状态的人均水平值是趋于大体相等的。这里的综合发展状态由经济发展类、社会发展类、生态环境类等发展状态综合构成。空间均衡的前提是资源要素在区域间的合理流动。区域发展的空间均衡需要识别地域功能属性，即一定地域在更大的地域范围内，在自然资源和生态环境系统中、在人类生产和生活活动中所履行的职能和发挥的作用。

(四) 生态文明建设的基本内容

生态文明建设涉及社会的方方面面，融于经济、政治、文化和社会建设的全过程。在这个过程中，人既是建设的主体，又是成果的惠享者。生态文明建设的具体内容，应包含以下五大体系建设的内容。

1. 生态经济体系建设

生态经济体系建设是生态文明建设的关键。社会的经济活动，是人类生存的主体方式，是创造先进文化的主要载体，也是推动社会进步的物质力量。

可持续的经济发展模式是实现生态文明建设的根本途径。传统的工业文明的经济发展模式以牺牲环境为代价换来的高速发展，带来了严重的生态环境问题和社会问题。从时代要求来看，生态文明建设必须坚持经济建设与环境保护相协调，大力推进发展方式的转变，走资源节约型和环境友好型的发展道路。

2. 生态环境体系建设

建设与人类和谐共生的生态环境体系是生态文明建设的前提。持续的"两型"和谐社会体系建设是生态文明建设的目的。在地震、海啸、旱涝等灾害频发的情况下，人类社会毫无安定和谐可言。

环境保护是生态文明建设的主阵地。生态文明建设是重大和系统的国家战略和人类工程，涉及经济、政治、文化、社会发展的全局和各个领域，而环境保护以其基础保障和优化调控等重要作用，成为生态文明建设的主阵地。可以说，生态文明建设的核心就是处理好人类与其生存环境之间的关系。建设生态文明需要系统的环境保护的政策设计、制度安排和深入实践，这些都必须与环境保护作为前提，统筹考虑发展和保护的关系。环境保护工作的成败直接关系生态文明建设的成效。所以说，环境保护是生态文明建设的主阵地。

3. 生态制度体系建设

生态制度体系建设是生态文明建设的保障，起着规范自然人和法人的生态行为的作用。

合理的社会制度是生态文明建设的保障。制度建设是生态文明建设战略的重要保证。生态文明建设目标一旦确立，就需要一系列的制度去落实。实践证明，没有制度的保障，先进的生态文明理念在实践中难以取得实效。人类必须通过积极的体制与机制创新推动适应于经济社会可持续发展的制度建设，实现社会公正与生态和谐的共同目标。

4. 生态文化体系建设

生态文化体系建设是生态文明建设的基础。文明是时代先进文化的结晶，只有在繁荣的生态文化土壤上，才能开出更加绚烂的生态文明之花。

较高的生态文明意识是生态文明建设的前提。环境保护、经济发展方式的转变和制度建设都离不开人们价值观念的转变和精神的升华，公民的生态文明观念决定了他们合乎生态文明的行为方式的产生，从而使得国家和人类的保护环境战略、发展方式转变和合理社会制度建设成为可能。

5. 人的全面发展体系建设

人的全面发展体系建设是生态文明建设的核心，体现了以人为本的科学发展理念。

公众是生态文明建设的主体。生态文明建设是通过政府主导、广泛的社会力量主动参与的方式实现的。在这里，公众是生态文明建设的真正主体，政府主导和各种社会组织共同参与，不过是具有生态文明意识的公众意志不同方面的体现而已。因此，生态文明建设必须依靠广大人民群众的自觉参与，必须坚持环保为民的根本宗旨，这既是生态文明建设的出发点，也是落脚点。

二、生态文明建设的一般模式

（一）模式架构

生态文明建设与经济建设、社会建设、政治建设和文化建设五位一体、相辅相成。生态文明建设须贯穿经济建设、社会建设、政治建设和文化建设的各方面和全过程。大力推进生态文明建设，建设好油气田公司共有的美好家园，是全面建成小康社会的重要内容和重要标志。

从建设主体看，生态文明建设需要全民的广泛参与，分为政府、企业、家庭、非政府组织（NGO）、混合主体等各种主体。政府是政策的制定者、建设的推动者和公共环境服务的提供者。企业是核心建设主体，是绿色经济发展的主导力量。家庭是基本单元，是最广泛的参与者。非政府组织是民间组织，要发挥非政府组织的咨询和监督作用。混合主体是多种形式其他主体的组合，是可以调动的积极力量。

生态文明的实现模式也必然体现出普遍性和特殊性相统一的特征。生态文明建设的路径设计从目标层、路径层与策略层三个方面加以考虑(图1-1)。

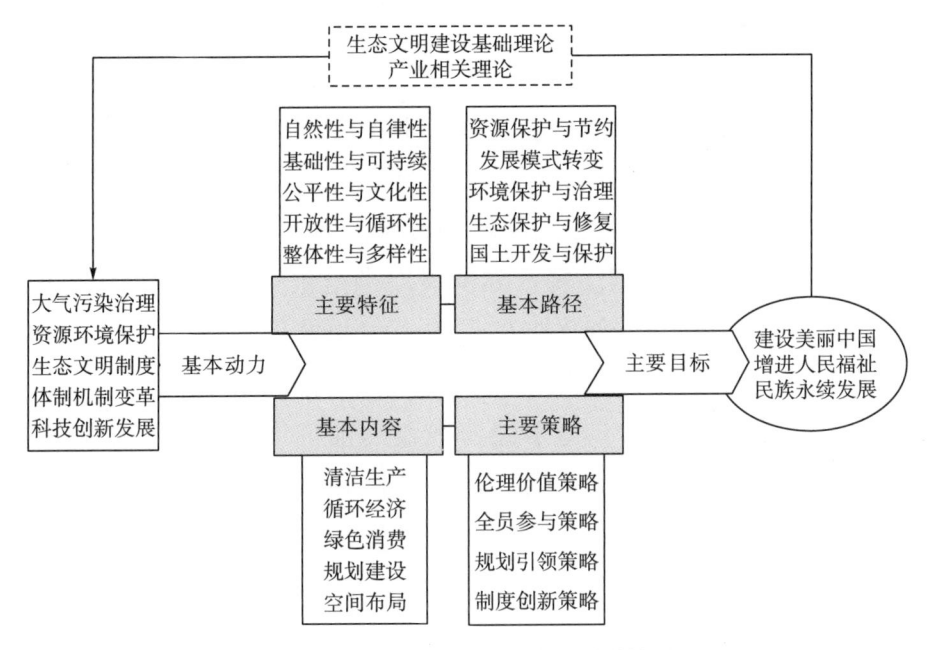

图 1-1　生态文明建设的一般模式结构图

1. 基本目标

基本目标是生态文明建设路径的选择依据，要紧紧围绕建设美丽中国，增进人民福祉和民族永续发展的目标，按照资源环境基础理论、生态系统服务理论、可持续发展理论和区域发展空间理论的要求，对生态文明建设进行路径选择。

2. 基本原则

(1) 以科学发展观为指导。党的十八大报告提出了建设生态文明的战略任务。建设生态文明，体现了以人为本、全面协调可持续科学发展观的基本要求。生态文明与科学发展观本质是一致的，都是以尊重自然规律、维护生态平衡为基础；以生产发展、生活富裕、生态良好为原则，以人的全面发展为目标。建设生态文明，必须以科学发展观为指导，创新思路，转变观念。

(2) 环境优先原则。各项政策的制定必须有利于改善生态环境，防治工业污染，在各项利益发生冲突时，优先考虑生态环境效益，充分体现环境优先、生态友好。不能只顾眼前发展和局部利益，走先污染、后治理和先破坏、后整治的传统发展老路。

(3) 多目标发展原则。多目标发展原则是生态文明建设以追求经济效益、生态效益、社会效益和人的生存与发展效益为目标。经济效益要求在生态文明的实施过程中资源消耗的极小化和产出价值的最大化；生态效益要求在追求经济效益的前提下，最大限度地减少对环境的污染，保护生态平衡；社会效益要求社会的和谐稳定和进步，有利于建立和维护人与人之间的合理关系；人的生存与发展效益要求良好自然和社会环境的建立，提高人的生活质量、促进人的全面发展。

(4) 协调发展原则。协调发展是指经济增长同自然生态、社会生态和人文生态的协调发展。在自然生态中，通过生态文明建设实现人与自然的和谐，资源的保护和开发利用的协调。

(5) 可持续发展原则。生态文明谋求的是可持续的发展，即经济、自然生态、社会生态和人的可持续发展。经济、自然生态的可持续发展，即在自然规律的作用下，通过生态文明建设，合理地利用自然资源，实施更加清洁的生产技术，创造接近零排放工艺，建立低能耗、无污染的技术系统来实现社会生态的可持续发展。通过生态文明建设营造一个保障人人平等、自由、健康的社会环境，促进社会福利、劳动就业、收入分配、人口调控等方面的公正和和谐有序的发展，最终促进人的全面和可持续发展，实现人的生态化。

(6)以人为本的原则。生态文明的最高价值取向就是人的生态化。人的生态化是人的全面发展的最高表现形式，它强调人在发展中的主体地位和作用、注重人性、人的需要和满足，人的素质的提高和能力的发挥。经济的稳定增长，物质财富的积累是人的生态化的物质前提，自然生态、社会生态为人的生态化提供优美的生态环境和条件，而自然、社会、经济的协调发展，又只有通过人的生态化才能真正实现，所以以人为本的原则是生态文明建设的根本原则。

3. 基本路径

基本路径是根据生态文明建设的目标和依据，提出必须重点把握资源保护与节约、环境保护与治理、生态保护与修复、国土开发与保护4个方向。资源保护与节约是生态文明建设的重中之重，环境保护与治理是生态文明建设的关键所在，生态保护与修复为生态文明建设提供重要载体，国土开发与保护是生态文明建设的空间规制。这四条路径相辅相成、互相促进，共同作用于生态文明建设的目标。

从建设手段看，分为意识手段、规划手段、制度手段、科技手段和资金手段。要向公众加强生态文明的宣传和教育，推进绿色创建活动，在全社会树立尊重自然规律的生态文明观念；加强规划和政策引导，统筹谋划生态文明建设的整体布局，明确开发方向，控制开发强度，规范开发秩序；加大资源、环境、生态、国土管理制度创新力度，修改、完善、制定生态文明建设的法律法规，建立健全生态文明建设的一体化管理服务体制和政府考核机制；加大生态环保投入，增强生态产品生产能力，保障基本环境质量；大力发展生态科技，全面实施生态科技创新工程，促进生态文明建设的产学研一体化。

(1)资源保护与节约的路径。在整个生态系统中，人是主动的，环境是被动的承受和反馈，资源是人与环境的中心环节，是环境中直接为人类利用的那一部分，环境恶化是资源不合理利用、资源破坏、流失、污染的结果，资源是根本，环境是表征，资源保护与节约是生态文明建设重中之重。资源短缺的基本国情和非安全因素增加的基本态势，决定了我国在发展中必须高度重视资源节约和保护。

(2)环境保护与治理的路径。十八大提出全面建成小康社会，环境质量的提高，人居环境的改善是小康社会的重要指标。环境保护和治理是提高人居环境的关键，是生态文明建设的关键所在。环境问题带来的环境矛盾凸显，压力继续加大。"十三五"期间，国家将主要污染物排放总量显著减少作为经济社会发展的约束性指标，着力解决突出的环境问题，环境保护取得积极进展。

(3)生态保护与修复的路径。生态保护和修复的目的是为了给自然留下更多修复空间，给农业留下更多良田，给子孙后代留下天蓝、地绿、水净的美好家园，它为生态文明建设提供重要载体，也是未来发展的希望所在。

(4)国土开发与保护的路径。国土是空间、资源、环境、生态等的总称，是生态文明建设的空间载体。国土空间开发与保护的目标是按照人口资源环境相均衡、经济社会生态效益相统一的原则，控制开发强度，调整空间结构，促进生产空间集约高效、生活空间宜居适度、生态空间山清水秀，它从空间系统上把握资源、环境、生态的协调，是生态文明建设的空间规制。

(二)推进策略

策略层是结合我国生态文明建设的现实条件，重点从全员参与、科学规划和制度创新三个方面扎实推进生态文明建设，并从这三个方面针对基本路径提出生态文明建设的具体措施，将生态文明建设落到实处。

1. 全员参与策略

建立并完善生态文明建设社会动员参与机制。充分利用各类媒体，全面客观介绍资源、环境、生态国情及资源环境生态破坏严重后果，加强生态文明理念教育，提高公众对于生态文明建设的认知度、认同感、参与度。创新公众参与方式和渠道，使广大公民参与生态文明建设的各领域、各方面、各环节；高度重视和发挥非政府组织在生态文明建设中的积极作用，营造企业履行社会责任的社会环境。

2. 规划引领策略

生态文明建设是一项科学而严肃的系统工程，是一个长期性、战略性、持续性进程，必须以科学规划为指导。我国基本建立了由主体功能区规划、环境规划与各专项资源规划构成的规划体系，应加强规划的实施管理，另外这些规划的系统性和协调性还需要完善，应编制生态文明建设规划来统领资源环境生态规划体系。

(1)严格规划实施管理。生态文明建设须严格执行国土空间规划。严格实施主体功能区规划，根据4类功能区的功能定位及配套政策，优化区域功能配置和定位，区域差异化地推进生态文明建设。严格实施正在编制之中的国土规划纲要，优化国土开发利用保护与整治的空间格局。严格实施水资源规划、土地利用规划、能源规划、环境保护规划、生态建设规划等专项规划。

(2)研究编制专项规划。按照科学性、长期性、战略性、系统性的特点和要求，研究编制生态文明建设规划。生态文明建设规划需科学分析生态文明建设的基础和条件、优势和劣势、前景和风险。科学确认生态文明建设原则和目标、路径和模式。科学界定生态文明建设的重点领域和重点区域。科学把握生态文明建设的关键环节和重点措施，明确规划的地位和作用。

3. 制度创新策略

（1）以资源节约为核心目标推进自然资源制度创新。加快资源价格形成机制改革，以反映资源稀缺程度、市场供求关系、环境污染代价、生产安全成本。加快资源产权制度改革，建立边界清晰、权能健全、流转顺畅的资源产权制度。加快资源税费制度创新，以资源保护和节约为宗旨，优化资源税费结构设计，调整水资源费、矿产资源补偿费、耕地征占补偿费的标准。改革资源管理体制，推进形成资源一体化管理体制，强化各级地方政府的资源管理权责。

（2）以提高环境质量为核心目标推进环保制度创新。改进环境评价制度，系统开展建设项目、专项规划、发展战略等层次的环评，提高环评的独立性、客观性、公正性，严格环境评价的公示和听证，充分发挥社会对环境评价的监督作用。建立健全污染者付费制度，严格排污者问责、付费。建立企业环境行为信用评价制度，加大对符合环保要求和信贷原则企业和项目的信贷支持。改进环境信息公开制度，扩大环境信息、特别是公共环境信息的发布范围，完善环境信息依法申请公开制度和环境信息发布机制。建立健全环境舆论预警机制和环境事件应急处理机制；健全生态环境保护责任追究制度和环境损害赔偿制度。

（3）另外，以增强生态服务功能为核心目标推进生态制度创新，以规范优化国土空间为核心目标推进国土规制创新，建立健全生态文明建设的一体化管理服务体制。

第二节　国内外油气产业生态文明建设经验与启示

一、国外大石油公司生态文明建设经验

（一）埃克森美孚公司生态文明建设的经验

1. 勘探开发领域

提高能源利用效率。埃克森美孚公司指出，提高能源利用效率是应对能源需求增长最有效的途径。埃克森美孚公司的《2040年能源展望》分析，未来30年内，由于科技进步和能源管理方法的持续改进，加上提高碳排放成本的政策导向，世界各地区的能源效率都会有所提高。埃克森美孚公司认为，能耗增长和碳排放方式的差异其实反映了发达国家与发展中国家处于不同经济发展阶段和工业发展结构的现实背景。

加大天然气开发。天然气是非常洁净的能源，目前全世界都在努力发展天然气产业，埃克森美孚公司是世界最大的石油天然气公司，对天然气的发展更加重视，因为天然气不仅可以带来丰厚的利润，而且对节能环保、企业的可持续发展都有着重大意义。

上海研发中心的建立——提供新的技术支持。2011年，埃克森美孚公司新建的上海研发中心（STC）正式投入运营。上海研发中心是公司第三个区域性化工研发中心，另外两个位于比利时布鲁塞尔和美国得克萨斯州贝塘。由于能够与当地的公司更紧密地合作，使埃克森美孚公司能够根据当地市场的情况调整全球解决方案。

一体化运营——可持续发展的新理念。埃克森美孚公司一体化运营模式的指导原则就是从股东利益出发，进行深加工生产高附加值的产品。源于一体化的优势，这是埃克森美孚公司始终超越竞争

对手的关键要素。全球统一管理的职能部门充分利用最佳方法，以具有竞争力的成本提供优异的服务。通过公司的一体化模式，进行深加工生产高附加值的产品，为企业业务提供更低成本的原料。

CHINAPLAS——优质产品的展示平台。通过利用专有技术，埃克森美孚公司寻求为客户带来解决方案和价值的高性能产品。为了在这个充满挑战的时代保持竞争优势，埃克森美孚公司将继续增强其领先的能力，为客户和社会创造越来越多的价值，同时为后人保护环境。

美国页岩气成功开发给了全世界希望和信心，使得全世界的大石油公司都在朝着页岩气的方向努力，埃克森美孚公司便是这其中之一，并且埃克森美孚公司将会在页岩气领域有更大的作为。所以其在勘探领域的生态文明建设主要目标就是开发天然气资源，页岩气作为最主要的非常规天然气资源，便是其主要的发展方向。

埃克森美孚公司寻求勘探土耳其页岩气。土耳其国家石油公司在2010年11月份与欧洲最大的石油公司荷兰皇家壳牌公司签署了一项有关在土耳其地中海地区和东南部地区寻找石油和天然气的协议，其他的国际大石油公司也纷纷表示有兴趣在附近地区勘探油气资源。加拿大凯尔特勘探有限公司2012年10月17日与美国石油巨头埃克森美孚公司达成协议，后者将以31亿美元收购凯尔特，从而获得其在加拿大西部拥有的丰富页岩气资源。

埃克森美孚公司和必和必拓公司表示，两家公司计划在澳大利亚建世界上最大的浮动液化天然气项目，利用世界最大的可以在海上加工天然气的船舶开发该国一处巨大的离岸天然气田。这艘船舶将进入位于卡那封盆地的斯卡伯勒气田，并将使用浮式液化天然气生产储卸装置（FLNG）技术，卡那封盆地距离西澳大利亚海岸约300km。埃克森美孚公司和必和必拓公司计划的项目预计每年能生产600万~700万t液化天然气，将于2020至2021年投产。

浮式液化天然气生产储卸装置是技术尚未经过实验，然而已经吸引了一些世界最大的能源企业的注意，以期开发那些太小、太遥远而不适合使用管道和陆上设备的气田。荷兰皇家壳牌公司是浮式液化天然气生产储卸装置技术的主要拥护者,并计划在澳大利亚以及其他地方应用这项技术。

2. 利用领域

埃克森美孚公司在油气开发、生产、精炼、营销、化工产品生产等领域基本上都处于全球领先地位。与其他石油巨头相比,埃克森美孚公司的内部运营损耗比较少,资源节约的成效也非常明显。它比较独特的措施主要包括以下3个方面:

通过炼化一体化实现协同效应。埃克森美孚公司通过实施炼化一体化,共用服务基础设施,使上下游流程配套更趋合理,节能降耗效果提升明显,实现炼厂进料的25%以上转化为更高价值的石油化工产品,联合企业回报率提高2~5个百分点,产生了良好的经济效益。

通过热电联产提高能源使用效率。热电联产是指使用清洁能源天然气同时发电和生产蒸汽。实行热电联产可以有效实现节能降耗和废热利用,可以有效降低生产成本,取得良好的环保优势。埃克森美孚致力于提高全球各地工厂的能源使用效率,已在全球30家炼厂、化工厂安装了85套热电联产技术设备,炼厂和石化厂通过热电联产可减少约30%的能耗。同时,埃克森美孚公司通过建设联合发电装置,减少电力外购。埃克森美孚公司未来在油气领域的生态文明建设主要是体现在天然气的利用方面,所以未来的发展目标将会体现在液化天然气的应用上。

埃克森美孚公司已计划在世界上超过30处生产基地约100套生产设施再实施约4600MW联产能力,这些联产能力可供欧洲超过500万户家庭的用能需求。这些新的联产装置将有效地产生电力以驱动这些工厂中的机泵、压缩机和其他设备,同时,将产生附加蒸汽,应用于将原油转化为炼制成品的工艺过程。采用最新技术联产的效率将比分别产汽和发电的传统方法要大大提高。其结果可降低操作成本和大大减少温室气体排放。埃克森美孚公司增设联产的新装置也将建在新加坡和中国。

(二)英国石油公司生态文明建设的措施与规划

1. 勘探开发

英国石油公司的制度和实践旨在帮助其开展下列工作：①在项目或收购交易的规划阶段识别并评估潜在的环境影响；②在项目的整个执行和运营阶段采取适当步骤以减轻影响；③在运营结束或者公司离开某个地点后，通过该公司的善后与整治战略，继续监测并减轻影响。

(1)保证健全的生命周期。英国石油公司致力于理解并管理该公司运营所在环境的各种敏感性，以及履行其责任—从运营伊始到运营结束。英国石油公司的运营管理体系(OMS)阐明了相关步骤和保障措施，这些内容对于保持负责任的运营、帮助英国石油公司在世界各地的业务部门理解并尽量减少自己的影响(无论是对土地、空气、水体，还是对植物或野生动物)是必要的。对于那些带有特别环境和社会风险的项目，英国石油公司还有具体要求和建议来指引该公司识别并管理各种潜在影响。这些要求和建议适用于大型新项目，刚进入的新地点和收购项目谈判，以及那些可能影响某个国际保护区的项目。

(2)利用技术来减少产生的影响。英国石油公司的许多业务部门研究、开发和应用各种技术及创新解决方案，帮助减少能源生产的环境影响。这些解决方案的目标包括：减少钻井数量、削减某加工厂在运营中产生的废弃物数量、改进产品配方，以及改变运输产品的方式。在英国石油公司的上游业务部门，其环境技术计划研究与各种上游业务活动(如进入区块、地震勘探、钻探和运营)有关的潜在环境风险和影响，并支持创新以开发缓解技术。该公司投资开发了一种在线工具，其设计宗旨是评估并量化海洋环境中计划内外的污染物释放所涉及的环境风险。

(3)关注水资源。英国石油公司正在整个集团范围对水资源问题采取更具战略性的方式，保持对当地水管理的重视，因为水是一种当地的、共享的资源。英国石油公司的运营部门需要识别环境危害，并评估各种风险和机遇，以尽量减少环境影响，包括其取水或排水的影响。在印度的塔塔英国石油太阳能公司(TATABPSolar)生产厂主要使用淡水在制造太阳能电池期间清洗玻璃。该厂通过回收利用一部分洗涤用水，将用水量削减了大约30%。英国石油公司对其向水体的常规排放进行处理，去除碳氢化合物和化学成分，使排放水平既考虑法规要求，也考虑环境敏感性。

(4)碳捕获计划。碳捕获与埋存(CCS)技术在帮助减少温室气体的排放方面具有巨大的潜力。这项技术能防止二氧化碳进入大气层，气体将被注入地表以下数千米的地质层中。碳捕获与埋存技术(CCS)可以被应用在发电站和石油及天然气生产过程中的脱碳工艺中。随着碳捕获与埋存技术的不断改进，成本将不断降低，也将会标准化，并在世界范围内广泛应用。

(5)在控制自身的排放上取得突破。化石能源不仅在其生产中产生二氧化碳，更在消费过程中产生排放。二氧化碳排放源自在生产热力和电力时燃烧碳氢燃料，源自火炬燃烧废气和生产装置尾气，及其分离或转化过程。英国石油公司投入资金用于消除挥发性有机化合物的排放，并在开展持续性科学研究方面投入资金。英国石油公司是世界上最大的低碳燃料研究和技术开发的投资者之一，它支持一系列重大国际研究计划，以寻求解决全球气候变化的方案。

(6)降低二氧化碳排放的解决方案。英国石油公司已开发低碳产品，帮助客户减少碳排放，大幅提高了天然气的生产和销售。天然气发电是现有碳排放量最低的化石燃料发电方式。英国石油太阳能公司开发利用项目进展顺利，英国石油公司还率先采用"碳捕获与埋存"技术，将分离出来的碳重新注入地层长期储存，还利用分离出来的氢气生产清洁的电力。

2. 利用领域

英国石油公司在以下 5 个方面采取措施应对气候变化：

(1) 高效运营。英国石油公司表示，在未来的发展中，仍将保持这 10 年来的努力，继续控制其在运营中产生的温室气体排放。2008年，英国石油公司实现了 400 万 t CO_2 当量的减排，例如，英国石油公司在美国的沃姆萨特气田大范围采用气井智能自动化系统以减少放喷，并改进了完井流程以减少放空燃烧，这些措施实现减排 48000t CO_2 当量。

(2) 高效产品。英国石油公司将与汽车和设备制造商开展合作，努力提高燃料和润滑剂的整体使用能效。燃料和润滑产品的不断开发，促进了大量的技术革新。英国石油公司的车队研究显示，这种燃料可以降低一氧化碳、二氧化碳、氮氧化物和未燃尽碳氢化合物的排放。在德国，英国石油公司正在营销一种低硫加热油，它用于传统锅炉时平均可减排 4% 的二氧化碳，如果使用冷凝式锅炉还可以实现更大的减排量。

(3) 低碳能源。英国石油公司将重点投资一系列可再生能源和低碳能源业务。经过多年运营，英国石油公司已经建立了大规模且多元化的低碳能源业务。自 2005 年以来，英国石油公司在低碳业务方面的投资已超过 29 亿美元，与其最初承诺到 2015 年投资 80 亿美元的目标相符。

(4) 呼吁倡导。英国石油公司将会持续保持参加政策辩论，呼吁政府采取行动来控制碳价格，并刺激可再生和低碳能源的发展。英国石油公司持续在各个地区积极参与公共政策的制定，如其曾向美国联邦政府、澳大利亚政府、加利福尼亚州政府和欧盟提交正式提议。英国石油公司还把在客户和公众中间传播对气候变化的认知看作责任之一。

(5) 创新驱动。英国石油公司将资助并积极参与技术和政策研究，为未来的发展创造更多的可能性。英国石油公司在 2008 年继续支持各种创新,包括:未来10年投资5亿美元在美国能源生物科学研究院的承诺,以及与中国科学院共同投资7300万美元建立清洁能源商业化中心,以促进中国清洁能源技术的商业化。英国石油公司对美国普林斯顿大学的"减碳行动"进行了续资,该项目主要是对气候科学进行更深入的研究,并为管理二氧化碳排放制定可行的解决方案。英国石油公司还是英国"能源技术研究所"的创始赞助商,年度投资额可达500万英镑。

(6)增加技术投资,以技术进步成为节能抓手。①现有技术的延伸:在节能方面,主要采取开发和实施新技术,以提高能源利用的效率。近几年中有多项提高燃料效率和节能的措施正在进行当中,其中包括热电联产、减少火炬以及大幅度提高能源效率的项目。②突破性研究:英国石油公司开发了先进的燃料和能源技术,其清洁燃料技术——SCANfining汽油脱硫技术,在保持汽油辛烷值的同时降低了硫的含量,在确保发动机良好运转的同时减少了环境污染。

(7)开发替代能源作为资源节约的新领域。英国石油公司在2005年宣布成立了新的替代能源业务部门,并在其后的10年时间里投入80亿美元致力于太阳能、风能、氢能,以及联合循环燃气发电(CCGT)等低碳发电业务,积极探索减少碳排放的商业之路。

(三)壳牌公司生态文明建设的经验

1. 勘探开发领域

荷兰皇家壳牌石油公司(以下简称壳牌公司)推广使用燃烧更清洁的天然气,尤其是在发电行业推广天然气的使用,对于构建可持续的能源体系至关重要。随着天然气产量的增加,正致力于凭借先进技术和创新方式开发资源,并设法减少环境影响。

(1)加快致密气的开发。2011年,壳牌公司出台了一系列全球性陆上作业准则,以应对陆上致密气开采,尤其是与水力压裂相关的问题。其方针是将安全和环境保护始终放在首位。该公司气井有多层钢套管保护，从地面一直到远低于地下水位的地方，都用水泥密封。与此同时，还通过循环用水，减少对淡水的需求。

(2) 促进液化天然气的发展。早在40年前，壳牌公司就是液化天然气领域的先驱。如今，壳牌已成为全球最大的液化天然气供应商之一，液化和再气化设施遍布世界各地。全球约30%的液化天然气产自壳牌公司参与的合资企业。从2012年起，壳牌公司还把液化天然气应用在特别改装后的卡车上，替代以前使用的柴油。

(3) 减小环境影响。壳牌公司早期的项目计划和决策中都会包含保护环境的措施。壳牌加强规定了安全环保指标的监督力度，尽力管理二氧化碳排放、节能节水、防止漏油事故和石油开采过程中的放空燃烧，并保护生物多样性。当壳牌公司考虑开发新项目或对现有设施进行扩建时，保护自然界的多样性至关重要。因此，在规划项目时会开展生物多样性评估，来衡量壳牌公司运营活动可能带来的潜在影响。

努力提高能源效率，发展二氧化碳捕集与地下封存技术，并借助严格的控制和标准，减少运营过程中的连续放空燃烧和漏油事故。随着人口增长，水资源变得更加有限，大型工业企业管理淡水使用的方式变得愈来愈重要。壳牌公司通过采用新技术和循环用水，减少对淡水的依赖。在缺水地区，其工厂还制订了用水管理计划，对监控和减少水资源的使用作出规划。

壳牌公司与包括国际自然保护联盟、湿地国际、大自然保护协会以及地球观察研究所在内的领先环保组织密切合作。通过这些合作，该公司能够得到相关的专业支持和实用建议，从而在项目设计早期就发现和应对环境挑战，并发现改进的机会。

2. 利用领域

气候变化是人类社会共同面临的严峻挑战之一。为达到减排目的和帮助实现低碳未来，壳牌公司提出了六个主要途径：①提高公司运营的能源效率。壳牌公司制订了长期计划，并为提高各公司运营及项目的能源效率而投入大量的资金。②二氧化碳捕集和封存(CCS)能力大大增强。壳牌公司表示,将会继续参与一系列示范项目,帮助推进 CCS 技术的发展,增进人们对 CCS 的了解。③继续研究和开发先进技术,在油气生产中实现增效减排。④开发包括天然气和低碳燃料在内的低碳能源。壳牌公司的天然气产量多年来不断增长。另外,还投资新技术研究,努力开发面向未来的先进生物燃料。⑤开发节能减排产品与服务的市场,从而有效管理能源需求。⑥与各国政府开展合作,呼吁制定更有效的减排政策。在哥本哈根联合国气候变化大会上,壳牌公司呼吁主要国家的政府制订相应的政策框架,鼓励企业开发二氧化碳减排技术。壳牌公司积极倡导市场化机制,包括设定全球统一的二氧化碳排放权价格,从而鼓励企业投资 CCS 技术和提高能源效率的措施。

可再生能源作为节能的重要组成部分得到壳牌公司重视。壳牌公司早在 20 年前就开始了对可再生能源的探索和研究,并于 1997 年成立了壳牌国际再生能源公司,并将可再生能源业务定为集团的五大核心业务之一。壳牌公司可再生能源业务已活跃在 75 个国家和地区,员工超过了 1300 名,形成了一个拥有强大技术实力的可再生能源专家小组。壳牌公司已经成为全球太阳能、风能及氢能技术的领先者,并且壳牌公司也相信同样能够成为其他可再生能源领域的领先者。壳牌公司在节能减排方面的主要措施有以下几方面。

(1) 通过煤气化、乙烯裂解等技术大力降低了能耗。壳牌公司在湖南岳阳与中国石化合资兴建了一座处理能力 2000t/d 的煤气化工厂,该项目把煤转化成合成气,代替石脑油作为化肥厂的原料,极大地节约了能源。中海壳牌石油化工有限公司由于具有壳牌乙烯裂解装置的核心技术,其先进的回收系统与壳牌用于凝析油裂解的混合喷嘴技术,使得所用燃料既可采用较轻的石脑油,也可采用较重的凝析油,原料的灵活使用有效节约了资源,又极大地提高了装置的竞争优势。另外,排放的废气通过各种高效燃烧装置、低氮烧嘴、除尘和余热回收等装置及技术的处理被最大限度地回收利用或再利用。中海壳牌石油化工有限公司的单位产品耗水量,比目前国内一般的石化同类项目低20%~25%。

(2)努力提高能源效率,发展二氧化碳捕集与地下封存技术,并借助严格的控制和标准,减少运营过程中的连续放空燃烧和漏油事故。随着人口增长,水资源变得更加有限,大型工业企业管理淡水使用的方式变得越来越重要。壳牌公司通过采用新技术和循环用水,减少对淡水的依赖。壳牌公司在开发领域的生态文明规划主要分为两点:减少运营活动对环境的影响;保护生物的多样性。壳牌公司计划主要立足四大领域来帮助解决全球的二氧化碳排放问题:提高天然气产量、帮助发展碳捕集与封存技术、生产低碳生物燃料以及提升运营过程中的能源效率。此外,该公司还开发了一个全面的治理框架,来监管所有与二氧化碳相关的业务活动,其中包括研发能够提高能效和帮助减少二氧化碳排放的技术。壳牌公司不断努力改善自身业务运营的能效,以帮助减少二氧化碳排放,并提升成本竞争力。自2005年以来,该公司启动了一项预算高达数十亿美元的项目,提升现有业务的能源效率。壳牌公司还提供先进的产品和服务,帮助客户节约能源,比如为消费者提供高能效的燃油和润滑油。

(3)扩大天然气的应用。整个能源体系的二氧化碳排放中,有三分之一来自发电。如果电厂用燃烧更清洁的天然气来取代煤,二氧化碳排放量将减少一半左右。对于许多国家而言,推广天然气发电可以最快速、最经济地实现"更多能源、更少二氧化碳排放"的目标。

(4)在太阳能领域,壳牌公司的目标是满足市场的增长需求;在风能方面,壳牌公司的重点是风能场的开发和经营,以及销售"绿色电力"。壳牌公司预计到2020年再生能源将占全球能源的5%~10%,至2050年可望达到50%。

(四)道达尔公司生态文明建设的经验

1. 勘探开发领域

道达尔公司主张通过善待环境的积极政策,把当今消费者的需求和子孙后代的利益考虑在内,善待环境是道达尔公司可持续发展战略必不可少的一部分。道达尔公司环境和社会报告中将能源供应和环境保护作为公司应对未来挑战的两大策略。道达尔公司提出企业社会责任承诺:在可持续发展的基础上满足能源需求,同时保障员工、承包商和邻居的安全,并不断降低对环境的影响。

(1)满足能源需求的同时应对气候变化和自然资源方面的挑战。通过发展技术和技能提高油气田公司采收率,更加高效地生产石油和天然气,同时最大限度减少能源和水资源的使用。通过制定积极的内部目标帮助减少温室气体排放。通过道达尔生态解决方案向其客户提供在环境保护方面超越市场标准的创新解决方案。

(2)管理和减少公司经营活动对人类和环境的影响。遵循公司的"健康、安全、环境及质量章程",道达尔公司将运营安全、公共健康和环境保护视为首要责任之一。事先对所有新项目的环境与健康风险和影响进行系统性的评估,制定改进目标,并实施行动计划来实现这些目标。此外道达尔公司也特别注重保护生物多样性。

(3)溢油与事故预防。预防事故与溢油始终是道达尔公司的一项首要任务。道达尔公司在中国的所有业务机构都定期采取最新措施,控制并降低风险。举措包括:过程安全管理与改进计划、应急预案、培训与演习、应急设备准备与测试,以及专门的应急团队。

(4)重油气研发,促高产环保。作为全球著名的多样能源供应商,道达尔公司一直致力于优化能源开发技术,同时降低能源消耗对环境产生的影响。此外,道达尔公司还积极开发可再生能源,以保障未来能源安全。道达尔公司在现有地震成像技术的基础上,近年来又开发了四维地震技术,通过重复进行地震测量,获得了更加准确的地下地质图像，为科学合理地开采油气资源提供了基础条件。

(5)环境保护仍将是道达尔公司工作的首要任务。对于道达尔公司勘探开发领域的环境保护，该公司有以下两个方面的目标：①气候变化。减少温室气体排放，设计新的环境解决方案，例如：碳捕集与封存；提高生产过程中的能源效率；帮助客户更高效地利用能源。②环境。限制产品生产及运输过程对空气、水和土壤质量的影响；减少生产过程中产生的噪声以及视觉和嗅觉上的干扰；保护生物多样性。

(6)道达尔公司在运用创新达到环境管理目标的同时，也在不断改善公司产品的性能。在其产品中，被贴上"道达尔生态解决方案"标签的产品和服务在能效方面具有显著优势。在能够帮助客户降低其环境影响的同时，享有同等质量的服务。

(7)不断加大节能研发投资，着力创新节能工艺技术。在节能减排方面，道达尔公司非常注重加大投入，鼓励创新，而且具有前瞻性眼光，着重于非常规气的研发，如道达尔公司对可再生能源进行了深入研究，并付诸实践。

2. 利用领域

(1)提高能源使用效率，降低生产操作成本。实行炼油和石化装置大型化和炼化一体化，通过优化原料配置、共用服务基础设施、汽电联产、节能降耗、提高装置操作灵活性及配套性的技术改造等措施，使之适应各种原料来源，并使上下游流程配套更趋合理，是道达尔公司在炼油、石油化工生产装置的建设、操作和运营方面降低成本的主要做法。

(2)注重资源节约的全过程管理。道达尔公司提高能效并非仅仅依赖于技术突破，还通过能源使用的监控和操作方面的改进和优化措施来提高。在管理流程上，企业向矩阵和提供服务模式转化，使内部资源管理更加高效，能源效率一体化管理的基本思路就是对整个生产过程进行整体考虑，通过提高资源使用效率，以减少资源浪费，减少"非产品"输出。

(五)国外大石油公司生态文明建设经验的启示

随着经济全球化的发展以及我国油气田公司国际化经营的深入，国际经济社会环境变化对我国油气田公司的影响越来越大，传导速度加快。作为全球油气行业的重要组成部分，国际石油公司在发展中所遇到的挑战，我国油气田公司同样也面临着。因此，国际石油公司的探索和已经取得的经验值得我国油气田公司学习和借鉴。国内的能源企业，应该充分认识到肩负的责任，总结学习国外能源公司的经验，对国内相关企业的发展有以下几点启示。

1. 转变观念和做好角色定位是生态文明建设的前提条件

观念决定发展方向。传统的发展观，偏重于物质财富的增长而忽视人与环境的全面发展，单纯地把自然界看作是人类生存和发展的索取对象。在这种发展观的影响下，企业创造了经济增长奇迹，社会积累了丰富的物质财富，但人类却为此付出了巨大代价。建设资源节约型企业首要的任务就是摒弃这种传统的发展思维，辩证地认识物质财富的增长和人的全面发展的关系，转变重物轻人的发展观念；辩证地认识资源节约与企业发展的关系，转变把节约与发展割裂开来的观念；辩证地认识人与自然的关系，转变单纯利用和征服自然的观念。国际上一些知名石油公司的发展无一不是从这种情况下走出来的，应当借鉴他们的先进理念，把企业节约资源作为一项重点工作并上升到战略管理的高度，摒弃传统管理理念中的不合理成分，提炼出符合企业发展实际和时代要求的新理念，并深入持久地进行宣传和教育，培育节约型企业文化，倡导文明节约的行为理念，营造创建资源节约型企业氛围。

提升对可持续发展的认识，从战略、管理和运营各个层面加强可持续发展。企业，尤其是管理层应深化对可持续发展的理解和认识，置身全球可持续发展背景中认识企业的发展和责任。在路径选择上，应充分评估自身和社会可持续发展面临的风险和挑战，从公司发展战略、管理体系和生产运营各个层面体现对环境、社会的关注。只有这样，才能真正提升企业的可持续发展能力。

做好角色定位，处理好企业可持续发展和社会可持续发展的关系。我国油气田公司一直具有担当责任、为社会分忧的优良传统。近年来，行业领先企业一直在推进履行社会责任。但是，作为商业运营实体，企业应该如何面对社会各种诉求，企业要履行哪些责任或责任界限。因此，企业的首要问题是解决自身在社会中的角色定位，处理好自身可持续发展与社会可持续发展的关系。

加强可持续发展问题沟通，获得利益相关方的支持和理解。我国油气田公司应在各个层面积极参与政府及公民社会对环境、社会问题的研讨，提高参与程度。与此同时，应将自身对可持续发展的认识以及在平衡经济、环境和社会方面的规划和具体行动方面与社会进行沟通，促进利益相关方对公司的认识和理解。

2. 推进技术进步是生态文明建设的重要举措

科技进步是世界石油石化工业发展最持久、最根本的动力。在石油石化领域，技术进步是降低能耗和生产成本的关键。建设资源节约型企业要着眼于增强自主创新能力，大力推进节能、节水、节地、降耗、"三废"综合利用、再生资源回收利用和可再生能源等领域的新技术、新设备、新材料的研究开发和推广应用。

特别是在新建炼化项目中，应该实行炼油和石化装置大型化和炼化一体化，通过优化原料配置、共用服务基础设施、汽电联产、节能降耗、提高装置操作灵活性及配套性的技术改造等措施，使之适应各种原料来源，并使上下游流程配套更趋合理。

此外，还应大力开发自用油替代、降低油气损耗、伴生气回收利用、能量系统优化、水资源综合利用、提高设备能效、能源计量与监控及非常规气和可再生能源利用等新技术。

3. 重点领域和关键环节是生态文明建设的突破口

从国外能源公司建立循环经济的实践看,建设资源节约型企业,必须从源头抓起,全面推进节能降耗,最大限度地减少污染物排放。在资源开采环节要大力提高资源综合开发和回收利用率,加强共生、伴生矿产资源的综合开发,实现综合勘探、综合开发、综合利用。在资源消耗环节要大力提高资源利用效率,加强节能、节水、集约和节约利用土地,实现能量的梯次利用、资源的高效利用和循环利用,不断提高资源的产出效益。在废弃物产生环节要大力开展资源综合利用,提高废水、废气的综合利用率,减少环境污染。在再生资源产生环节要大力回收和循环利用各种废旧资源,推行企业垃圾分类收集和分选系统,开展收旧利废活动,不断完善再生资源回收、加工、利用体系。在社会消费环节要大力提倡绿色消费,利用销售窗口,宣传健康文明、有利于节约资源和保护环境的生活方式与消费方式的形成,坚决抵制浪费资源等行为,把节能意识深入到员工之中。

二、国内大石油公司生态文明建设主要经验

(一)中国石油生态文明建设经验

中国石油在建立之初就提出了"创造能源与环境的和谐"的发展思路,"奉献能源、创造和谐"也一直统领企业的社会责任理念不断提升。社会责任无异于要更着眼于企业、社会和人类的长远发展,注重经济、环境与社会三大责任的统一协调,强调企业要在自然资源开发与环境保护中平衡自身的角色与定位。在长期的发展中,中国石油也深刻地认识到关爱生命、保护人类赖以生存的自然环境才是企业长青的基石。资源型企业就是要切实把节能减排作为转变经济发展方式、优化调整结构、实现制度与技术双创新的核心工作;增强持续、有效、较快、协调发展的动力,制定立足生态设计、着

力清洁生产、加强资源综合利用的循环经济技术政策体系的构建，并通过积极开展资源综合利用活动，努力创建资源节约型和环境友好型企业。

1. 以理念创新引领社会责任

在长期的发展中，中国石油深切地体会和理解到：世界上最重要的资源是人类自身以及人类赖以生存的自然环境，把关爱生命、保护环境当作核心工作之一。关注并积极应对气候变化，强力推进节能减排；追求零伤害、零污染、零事故的目标，努力在健康、安全与环境管理方面达到国际同行业先进水平；推行安全生产、清洁生产、节约生产，大力倡导生态文明，努力创建资源节约型和环境友好型企业。

作为资源型企业，不仅在企业的生产运营过程中，力争把对环境的负面影响控制到最小，还以大企业的资源和影响力，搭建广阔的社会参与平台，积极倡导和带动全社会共同参与到绿色生态环境建设的大行动中去。在减碳理念与碳捕获、碳储存专业技术与社会公民绿色行动之间，搭建桥梁和通道，就是中国石油开展的绿色创新行动。

2. 以管理创新促进方式转变

(1)建立并完善健康安全环保管理体系，即(health, safety, environment, HSE)管理体系。健全的管理制度是实现集团化运营、提升管理水平的重要保证。1998年，中国石油开始在全系统实施HSE系统管理，制定了既与国际标准接轨，又结合自身管理经验和发展实际的HSE系统管理文件。中国石油HSE管理体系遵循PDCA(plan、do、check、action；计划、执行、检查、调整)管理模式，以实现良性循环。在HSE管理体系运行过程中，中国石油还建立了自我监控体系和保障机制，以确保HSE战略和方针得以贯彻。

(2)推行环保目标责任制管理。环境保护目标责任制管理是中国石油强化环境管理的重要手段。具体做法是将环境污染事故控制和治理污染达标率等环境保护指标，纳入企业各级管理者的综合业绩考核中，建立起年度环境保护指标分解体系，对污染排放总量实施动态管理，分级明确每个排放口的达标排放责任人，及时治理污染源。

(3)实施"三同时"生态文明建设绩效评估指标。严格执行建设项目生态文明建设绩效评估指标，环境保护设施与主体工程同时设计、同时施工、同时投产使用的"三同时"制度，并实现了生态文明建设绩效评估指标执行率和环境保护验收执行率两个100%。

(4)推广ISO14001体系认证。为实现世界水平综合性国际能源公司的战略发展目标，获得国际竞争中的主动权，中国石油不断学习和借鉴同行经验，严格遵循国际环保法规和惯例，以高水平的管理和优良的环境绩效赢得信任与商机。多年来，中国石油通过实施国际环境管理体系(ISO14001)认证，持续提高环境管理水平。

3. 以节能减排强化环境保护

中国石油切实把节能减排作为转变经济发展方式、优化调整结构、实现制度创新、推进和谐企业建设的重要途径。积极响应政府的节能减排号召，率先发起带头分解国家节能减排任务的倡议，以技术创新为引领，扎实有效地推进节能减排工作。把发展循环经济作为实现持续、有效、较快、协调发展的动力。积极倡导和带动社会力量共同参与到创建文明生态、保护人类家园的大行动当中。

(二)中国石化生态文明建设经验

中国石化注重以人为本，牢固树立安全高于一切，生命最为宝贵和绿色发展理念，坚持把安全环保、节能减排放在突出位置，积极引入现代管理理念和方法，不断强化节能、减排、节水、治污等各项措施，取得明显成效。公司注重在勘探开发油气资源的同时保护环境，保护生物的多样性。中国石化把保护生物多样性作为生态文明建设的重要内容，在施工、运营中保护动植物资源。中国石化始终坚持"创造能源与环境和谐"的方针，积极推行"绿色生产"、节能减排，确保环境美丽清洁。

1. 勘探开发领域

(1) 加大投入，大力开发非常规气，建设"环境友好"型能源。非常规气主要包括：页岩气、煤层气、致密气、天然气水合物，这些气体最后使用的形态都是天然气，天然气作为一种洁净环保的优质能源，几乎不含硫、粉尘和其他有害物质，燃烧时产生的二氧化碳少于其他化石燃料，造成温室效应较低，可改善环境质量。减少勘探过程中对于环境的破坏及影响，计划在未来的勘探过程中要多加重视地震对于周边房屋、环境的破坏，事先做到充足的考察与准备。

(2) 开展清洁生产，提供绿色产品。推进烟气脱硫脱硝除尘治理工程，基本完成锅炉烟气脱硫治理，有效减少污染物排放；加大油田污水等环保隐患的治理力度，实施隐患治理项目分级挂牌和后评估制度，隐患排查治理实现常态化、规范化、科学化；开展火炬气回收专项治理；积极发展循环经济提高资源利用水平；坚持以技术创新为动力，大力发展清洁生产和循环经济，加大节能减排技术研发和应用力度，努力为节能减排提供技术支撑。

(3) 发布环境保护白皮书。2012年11月29日，中国石化在京举行发布仪式，正式发布《中国石油化工集团公司环境保护白皮书》(2012版)，这是中国石化首次发布环境保护白皮书，也是中国企业发布的首个环境保护白皮书。中国石化发布《中国石化环境保护白皮书》，不单是介绍中国石化的环保理念、政策和成绩，更重要的是要向全社会公开承诺，把这些理念和认识切实转化为行动，并使之成为公司文化的一部分。

(4) 完善应急体系，防范环境风险。精细化管理和技术创新是节能减排的秘诀，成立专业部门和岗位对节能减排工作进行安排、分析和考评，开展"比学赶帮超""四单核算""厉行节约"等多项节能活动，涌现出了一批节能先进单位。

（5）引进和推广新技术助力节能减排和能效提升。在光能充足的大漠里建光伏发电站，降低柴油消耗；将部分低效的抽油机更新成变频节能控制型；掺稀井适时调节加热炉温度，减少耗气量。制定绿化工程建设计划，建立环境监测数据库，为后期开发建设和环境风险预警提供依据。同时建立了环境监测跟踪、监督、反馈机制，环境监测率达到了100%。

（6）研发新型环保技术驱动清洁开采，增加油气开发的环保支出。"十二五"期间投资300多亿元用于环保。中国石化为实现减排目标和绿色低碳承诺，未来将加大天然气开发和利用力度，积极发展煤层气和页岩气，推进生物质新能源应用，深化地热资源发展，实现优化调整能源资源结构。在发展清洁能源方面，加码天然气业务是未来的一大趋势，中国石化一直是全国重点的绿色环保型企业，近些年中国石化对于油气开发的环保投资不断增加，未来中国石化在油气开发环保领域的投入还会进一步增多。

（7）提高资源效率，发展绿色能源。加强钻井、作业施工中的污染治理，解决好采油（气）污水的出路问题，加快固体废物的治理工作，重视油气区的生态保护和生态修复工作，继续做好噪声污染与防治，逐步开展生活污水治理，做好地下水污染预防，进行环保专项资金实施效果后评估，加大环保投入和科技开发，发展环保产业，加强环保监控系统建设，强化环保队伍建设。到2020年，中国石化低碳能源将形成规模化产业，成为主营业务的有益补充，为公司的长远可持续发展做出贡献。通过科技和管理创新，打造出了集经济、环境和社会效益为一体的效益型生态环保体系，不仅仅是做到了环保，更具闪光点的是其创造的价值已大幅超出了投入。

2. 利用领域

中国石化致力于通过不断的技术创新和技术应用，使生产过程的消耗和温室气体排放越来越低、对环境的伤害越来越小,并为社会提供绿色低碳、清洁环保、安全无污染的产品,努力成为与社会和环境和谐发展的高度负责任和高度受尊敬的企业,成为资源节约型和环境友好型企业。

(1)开展清洁生产,从源头减少污染物排放。高度重视生产过程的清洁化,力争从源头上控制污染物的产生。继续加强环保隐患治理。继续推进油气回收治理。进一步深入创建清洁生产企业活动。

(2)生产清洁产品,减少消费环节污染物排放。在注重减少自身生产过程污染物产生的同时,也十分重视生产清洁产品,减少下游和消费环节污染物的排放。

(3)加强"三废"治理,努力实现完全达标排放,尽可能减轻对环境的影响。发展循环经济,变废为宝,推进资源高效利用和循环利用,推广副产物的综合利用,实现低消耗、低排放、高效率。

(4)增强各级管理者的清洁生产和综合利用意识以及理顺其运行机制。上游企业的生产建设管理部门是推动清洁生产和综合利用工作的主导力量,要将清洁生产和综合利用纳入新技术推广和先导试验项目中管理。上游企业的生产经营管理部门是推行清洁生产和综合利用的责任部门,要把清洁生产和综合利用工作纳入生产经营管理中去,实行"谁主管、谁负责"。

(5)进一步建立清洁生产和综合利用约束激励机制。从建设项目审批、投资政策和成本考核方面向清洁生产和综合利用项目进行倾斜;进一步严格内部验收规范,根本问题没有解决或者没有取得明显成效者不得申请验收。应将上游企业完成清洁生产审核作为一项重要指标严考核、硬兑现。要对综合利用实施激励政策,"三废"所得税应免尽免,形成投入—减税—再投入—再减税的良性循环发展。

(6)进一步完善清洁生产和综合利用技术创新和推广体系。逐步执行国家产业政策,淘汰落后工业技术,发布上游企业清洁生产实用技术目录,开展清洁生产技术先导试验,建设绿色环保示范油气田公司和清洁生产示范企业。

（三）中国海油生态文明建设经验

中国海油秉承"绿色、低碳、清洁与循环经济"的发展理念，加大了"资源节约型、环境友好型"企业建设力度，通过不断调整产业结构和优化产品结构，淘汰落后生产工艺和技术，推行清洁生产，发展循环经济，积极应对全球气候变化，实施节能减排与环境保护，履行环境责任，努力实现社会生态文明建设与企业经济建设的双赢局面。

1. 勘探开发领域

中国海油认真贯彻政府环保要求，采取一系列有效措施，杜绝重大环境污染事故，充分展现大型国有企业的表率作用。油气利用行业是一个高风险的行业，安全事故等往往可能演变为重大的环境污染事故，为此，确保不发生次生的环境污染事故是中国海油环境保护管理的一个重点，其中，生产区域的清净下水系统存在的污染隐患整治是一项重要内容。对于事故状态下地区清净下水系统有可能引发的环境污染，中国海油相关单位聘用具有资质的机构对所有相关生产单元进行了全面、详细的评估。中国海油相关单位全部完成了事故池扩建，从源头杜绝了因事故水排放而造成环境污染的可能性。

减少温室气体排放。从 2006 年开始，中国海油已经开始通过回收油田伴生气来降低温室气体的排放。为了进一步做好温室气体减排，公司对所有海上油气田启动了温室气体排放统计工作。通过数据统计，每个月均可及时掌握温室气体排放量，为采取进一步减排措施提供了有用信息。

中国海油未来的生态文明建设的主要方向就是海洋环境保护和炼化节能减排两方面。对于勘探领域的生态文明建设自然就是通过研发新技术，减少噪声污染来保护海洋环境，其中重要的就是保护生物的多样化。

扩大绿色产业领域。中国海油"十二五"绿色产业所占比例达到25%以上，天然气发电、新能源等产业将达到更高层次。其中，天然气发电产业将不断加大基础设施建设和资金投入，加大市场开发力度和液化天然气资源获取强度，继续巩固国内液化天然气产业领军地位。全力推进风电、煤制天然气、动力电池三大核心产业发展。

公司把保护生态环境，创建环境友好型企业放在重要位置。贯彻实施绿色、清洁、低碳和循环经济的可持续发展理念，将节能减排融入生产运营的各个环节，为全面建设资源节约型和环境友好型企业打下了坚实的基础。

2. 利用领域

中国海油以高标准严格管控产品及服务质量，以打造知名品牌推动公司软实力提升，以优质客户服务树立良好商誉。该公司产品认证齐全，客户服务周到细致，现已形成了多个知名品牌，市场影响力不断增强。中国海油公司秉承"以人为本、安全为先、诚信守法、夯实基础、创新驱动、以质取胜"的质量方针，依靠质量创造市场竞争的新优势，增强中国海油产品、企业、产业的核心竞争力，发挥产品质量的战略性、基础性和支撑性作用，努力提高质量管理总体水平。公司发布《中国海洋石油总公司"十二五"质量规划》，明确"十二五"期间质量管理的9项任务，提出了落实领导责任、建设质量管理人才体系、质量管理经费投入3项保障措施。

实施节约能源、减排降污、注重环境保护、设立生态保护公益基金会。认真贯彻落实国家有关资源节约和环境保护的法律法规与方针政策，紧紧围绕建设国际一流能源公司的战略目标，把节能减排作为转变发展方式和提高核心竞争力的重要抓手，通过不断完善管理体系、强化目标责任考核、加强监督管理和大力实施技术改造等措施，把节能减排工作落到实处。重点实施了透平余热利用、燃油改燃气发电、伴生气回收利用、终端气电置换、终端低压燃料气回收、常减压加热炉改造、重碱二次脱水、加装相变换热器、能量系统优化等节能减排项目，实现节能。成立中国海油海洋环境与生态保护公益基金会，致力于海洋环境与生态保护，推动海洋环境生态科学研究与技术开发，支持海洋领域的国际交流与合作活动。

产品质量策略。中国海油追求"卓越领先，顾客满意"的质量目标，提高全体员工的质量管理意识，努力争取产品质量、工程质量、服务质量达到领先水平，满足顾客日益增长的质量需求。加强质量管理体系建设，提供优质产品，加强产品质量监督管理。

品牌建设策略。中国海油持续加强品牌建设，通过建立一套具有海油特色的品牌管理机制、品牌管理体系和品牌管理协同平台，不断提高品牌的内在价值，为进一步提升品牌管理水平打下了坚实的基础。2012年初，中国海油试运行品牌管理协同平台。该平台是集品牌管理体系、重点项目的策划运营和监控回馈，以及经典案例分析于一体的资源共享应用系统，提高了品牌管理工作的效率。

发力交通船用环保的液化天然气市场。从国际上看，液化天然气作为车辆、船舶的燃料，已经过多年的探索和发展，无论是设备还是系统的安全设计都日趋完善。中国海油气电集团业务范围已形成从天然气开发到液化、液化天然气运输、接收站、管网、发电、液化天然气加注、城市燃气和工商业用气等完整的产业链，业务遍及海外和国内20多个省（直辖市），已跃居为全球液化天然气长期资源第三主力买家。

扩大绿色产业领域。到2015年，中国海油绿色产业所占比例将达到25%以上，"十二五"天然气发电、新能源等产业达到更高层次。全力推进风电、煤制天然气、动力电池三大核心产业发展，并立志成为国际一流的动力电池主力供应商。

第三节　中国石油西南油气田公司生态文明建设成效与经验

一、"十二五"生态文明建设规划完成情况

（一）"十二五"考核指标完成情况

"十二五"期间，国务院国有资产监督管理委员会和环境保护部分别将中国石油环保统计工作纳入管理。西南油气田公司高度重视污染减排工作，通过督促加快污染治理工程和治污设施建设的进度，实现工程减排；淘汰、关停"高耗能、高污染"设施，鼓励采用新技术、新工艺，积极推广节能工艺，努力推进技术进步和清洁生产，实现结构减排；加强污染治理设施的运行管理，控制污染物的增量，提高污染物排放的达标率，实现管理减排。

"十二五"期间工业废水排放 79.21 万 t、工业废气排放 134.25 亿 m^3，排放达标率 100%；工业固废产生 43.21 万 t，处置率 100%；固定源工业废水、有控工业废气排放达标率 100%；建设项目环评及"三同时"执行率 100%。

除二氧化硫外的主要污染物排放实现了减排目标。国家要求"十二五"期间，在 2010 年基数上化学需氧量和二氧化硫减排 12%、氨氮和氮氧化物减排 10%，除二氧化硫外，其余三个指标实现了国资委、环保部的减排目标。

（二）"十二五"规划目标完成情况

我国从 2006 年开始就实行了节能目标责任制。"十二五"期间，国家提出的节能目标是单位国内生产总值能源消耗（单位 GDP 能耗）降低 16%，各级政府和企业主管部门都已经逐级分解节能指标，延

续"十一五"的节能考核机制。可以肯定地说，油气田公司企业节能降耗的压力更大、任务更重、困难更多。

目前，油气田公司企业节能考核指标主要有三类：①工作量综合单耗，即工业万元产值（不变价）综合能耗、单位油气综合能耗；②单位工作量耗能品种分项能耗，即油气生产单耗（电）、油气生产单耗（燃料气）等；③节能量指标。

四川省政府对西南油气田公司下达的"十二五"节能指标为节能量2.6万t标准煤，中国石油对西南油气田公司下达的"十二五"节能指标为节能量1.9万t标准煤，西南油气田公司"十二五"期间的节能规划目标为：油气田公司开发业务能效水平达到国际同行业先进水平，节能量达到3.2万t标准煤。只有统计报告期工作量单耗小于基期（指作为对比基准的时期）工作量单耗，才有节能量，否则为超耗量。为此，当前首先要解决的难题是如何科学、准确地计算气田节能量。

"十二五"期间，除厂界噪声超标治理率未达到规划目标外，其余4项指标均达到规划目标要求，详见表1-1。

"十二五"的规划实施主要从气田水的零排放、噪声治理、钻井废弃物治理、污染物减排、环境监测等5个方面进行规划并实施。在"十二五"期间，以上方面都进行了落实。特别是在气田水的回注、污染物的减排、以及钻井废弃物的处理、重点实验室的建设等方面取得了预期的效果。"十二五"期间，气田水处理规划完成率为92.3%；噪声治理改造增压站完成率为84.4%；钻井废弃物治理处理钻井废弃物完成率为233.5%；污染物减排"十二五"末二氧化硫应达到2253.04t/a，实际为3270t/a，是因为西南油气田公司天然气产量的增加所致。总体看，"十二五"基本完成了环境保护规划的相应目标任务。

表 1-1　西南油气田公司"十二五"规划目标完成情况表

序号	指标项目	规划目标	完成情况
1	工业废水外排达标率	≥95%	100%
2	工业废气外排达标率	≥98%	100%
3	厂界噪声超标治理率	100%	95%
4	建设项目环评及"三同时"执行率	100%	100%
5	重大、特大环境污染事故发生	0	0

二、生态文明建设经验

（一）强化制度生态化建设，全过程清洁化、标准化、精细化生产

1. 建立健全规章制度

"十二五"期间，西南油气田公司加强规章制度的建立和完善，有效推行了全过程清洁化生产，实现了环保工作标准化、精细化。①修订了《中国石油西南油气田公司分公司环境保护管理规定》《西南油气田公司分公司建设项目环境保护管理办法》《四川油气田公司钻井（试油）工程环境保护管理规定》《中国石油西南油气田公司分公司环境监测管理规定》《西南油气田公司分公司承包商安全环保监督管理办法》5项管理制度。各单位严格执行中国石油和西南油气田公司有关环保规章制度，公司环保管理工作有章可循。②对《四川油气田公司钻井废弃物无害化处理技术规范》等企业标准进行了修订，颁布并实施了《钻井废弃物无害化处理技术规范》（Q/SY XN 0276—2015）。

2. 严格执行环保"三同时"制度

"十二五"期间，西南油气田公司加强建设项目环境管理，严格执行环保"三同时"制度，建设项目环评及"三同时"执行率100%。抓好建设项目的申报、月报、档案等基础管理工作，依法开

展建设项目环评及竣工环保验收、水保方案及水保验收工作，确保环保"三同时"制度的落实，保证新、改、扩建项目依法验收、合规运行，工作效果显现化。

例如，川中油气矿加强制度生态建设。①强化HSE体系建设，实现责任的层层落实。完善安全环保责任制建设。对照业务工作，完善全员岗位安全环保履职考核标准，定期考核；层层签订HSE责任书，层层落实责任，形成"一级对一级负责，一级一级抓落实"的主动工作氛围；始终保持严管态势。坚持"全覆盖、零容忍"，以"铁手腕"狠抓员工队伍管理，对照各项安全规章制度和工作标准严肃查处现场违反管理规定的行为和违反"十条禁令"等行为并及时进行考核；优化体系审核及改进模式。创新审核方式方法，采取全要素审核和专项审核相结合、集中审核和滚动审核相结合的方式，在严格监督阶段审核标准基础上，进一步突出油气矿HSE管控重点的审核。②强化隐患问题排查，实现问题的整改闭环。根据季节和时段持续开展专项安全环保大检查。开展硫化氢防护、污染物防治、隐患与问题整改、交通路检、施工现场的突击检查等专项检查，举一反三整改，防止重复性问题的发生；强化隐患治理力度。对列入西南油气田公司、油气矿治理的隐患实行项目督办，每月通报治理进度和效果；将隐患按A、B、C类进行分级管理，A类隐患争取西南油气田公司立项整改，B类隐患矿区立项整改，C类隐患各单位自行督办整改。严格责任追究，对隐患治理不彻底或产生新隐患的要定期考核，甚至责任追究。③强化HSE标准化建设，实现现场的全面受控。推进基层站队HSE标准化建设。按照西南油气田公司总体部署，推行基层站队的HSE标准化，从管理标准化、现场标准化、操作标准化方面，完善各单位管理、操作两个层面安全环保管理的具体要求。组织编制现场受控工作手册。落实"一制度、两确认、三方案"，进一步推进生产现场的受控管理。加强对新进单位的对标整治。对部分单位实施重点对标整治，查找管理短板，在业务管理、安全环保综合整治方面加强综合整治提升。④强化应急体系建设，实现处置的快速有效。完善应急预案体系。修订应急预案体系，推行应急处置"一案一卡"，提升现场员工应急处置能力；充实应急力量。规范战备管理，落实专业消防队伍准军事化管理和24小时不间断战备值班制度，持续开展一线员工应急处置能力培训，开展一线操作员工灭火器材使用、硫化氢检测防护、空呼使用及应急处置程序的培训；强化应急物资管理。制定应急物资配置标准，按标准对现存物资器材进行全面检查清点和补充，加强各单位应急库房功能完整性管理。

(二)强化经济生态化建设，有效全面推进环境隐患综合整治

1. 环境风险识别与控制

"十二五"期间，西南油气田公司制定了环境风险识别及评价方案，开展天然气生产场站内外环境风险识别与评估、气田水输送管线环境风险识别与评估，完成环境因素台账和重要环境因素台账，掌握了各基层单位环境有害因素的最新动态及其分布情况，建立了环境风险评估分级标准，提出环境风险分级控制及应急处置措施，形成公司重点场站和管道环境风险分级控制及应急处置方案。编制《西南油气田公司环境突发事件应急预案》，开展公司级和基层单位级环境突发事件应急演练，根据演练结果，及时修订和完善应急预案。

2. 狠抓重点污染源防治工作，全面推进环境隐患综合整治

"十二五"期间，西南油气田公司共投资2.97亿元，对已显现的环保隐患进行了治理，消除公司面临的重大环保隐患，取得了较好成绩。废水处置投资1.49亿元，占总投资的52%；其次是固废处置，投资0.71亿元，占24%。①废气治理。实施了荣县天然气净化厂硫磺回收装置的大修改造、宁201-H1井放空天然气回收工程等，达到了减排的效果。②废水治理。实施了长寿分厂等4个分厂污水

处理系统及外排管环保隐患整改工程、龙岗净化厂污水经处理达到污水回用工程等，起到了减排和防止污水污染风险的作用；在气田水治理方面，实施沙坪场、双家坝、寨沟湾、大天池、卧龙河等气田水治理工程，保证了气田水的零排放。③噪声治理。实施了威远增压机消声器大修、宜宾增压工程、张家1井增压机降噪治理工程、莲花1—1井增压机降噪治理工程等噪声治理的工程，降低了噪声对当地环境的影响。④固体废弃物治理。实施大竹、万州、綦江分厂固体废弃物堆放场建设工程，针对2011~2014年的钻井完井遗留废弃物以及新钻井的废弃物进行无害化治理，消除固体废弃物对外部环境的影响。

牢固树立清洁绿色发展理念，持续提升QHSE管理水平。①督促相关生产建设单位继续贯彻执行新《安全生产法》和《环境保护法》，将新"两法"的要求落实到页岩气勘探开发具体工作中，确保依法合规。组织现场安全环保检查，督促新"两法"及安全环保各项规章制度落实。②督促相关生产建设单位严格执行页岩气相关技术标准、规范及规定，指导其抓好方案、设计、建设、投运、生产管理、检维修、应急演练及防灾等各个环节的工作，强化过程控制，做好风险识别和防范措施，抓好质量建设，确保页岩气勘探开发安全平稳。③督促相关生产建设单位做好页岩气钻井安全环保管理，加强钻井压裂液、返排液、钻井泥浆、废弃物等处理工作。积极推动水基钻井液现场试验，有效降低环保风险，确保安全清洁生产。④组织好QHSE体系审核对标检查。按照中国石油QHSE体系审核清单要求，进行审核主题的对标管理，组织进行风险防控、危险源识别、管理工作梳理、隐患治理、生产运行、设备设施、HSE培训等工作，重点对检查出的重复性问题、突出性问题进行管理追溯，进一步提高安全环保意识，弥补短板，提高QHSE管理水平。⑤建立部门HSE职责及管理制度。编制了部门及部内各科室HSE职责、HSE责任书和部门风险辨识清单；按照QHSE体系审核要求，组织编制年度HSE专业检查计划和方案并实施；梳理部门适用HSE法律法规和规章制度；编制页岩气部 QHSE 知识读本汇编等。

(三)强化技术生态化建设，开展技术攻关，提升清洁安全生产服务水平

1. 开展技术攻关，着力服务生产

"十二五"期间，针对川渝地区高含硫气田开发区域地形复杂、人口稠密、气井产量大、安全环保风险高和气田开发工艺流程长、污染源分散且组分复杂、治理难度大等特点，开展了 44 项科研课题技术攻关。研究形成了一套涵盖钻井、完井、集输与净化的高含硫气田开发全过程的安全环保风险系统识别与控制、事故后果预测和事故应急保障的技术体系；建立了完整的高含硫气田开发安全环保标准体系构架，钻井固体废弃物烧砖技术；水基钻屑微生物处理技术和油基钻屑生物堆肥处理技术；页岩气返排液回用处理技术；开发了含硫天然气泄漏中毒扩散定量风险评价软件。

"十二五"期间，西南油气田公司环保节能方面的科研课题项目获得厅局级科技成果一等奖 2 项、二等奖 3 项、三等奖 8 项，取得专利 4 项。

强化实验室平台建设。西南油气田公司设有 4 个环境节能监测中心，各中心拥有相应实验室，其中西南油气田公司环境节能监测评价中心实验室为西南油气田公司重点实验室，是"国家能源高含硫气藏开采研发中心"的安全环保技术研究所和"页岩气评价与开采四川省重点实验室"的储层改造实验室的主要技术支撑平台之一，主要承担油气行业的安全评价、生态文明建设绩效评估指标、节能监测与评估、环境监测与污染治理、水土保持、土地复垦六大领域的技术研发及技术服务工作。

2. 环境监测技术服务与技术支持作用凸显

立足"说清环境质量现状、说清污染源状况、说清潜在的环境

风险",全面开展水和废水、空气和废气、噪声与振动、固体废弃物等各环境要素的常规监测、污染源监督性监测和应急预警监测工作,每年获取近十万个监测数据,在污染减排、污染源监督方面发挥了重要支撑作用,为西南油气田公司环保事业的发展做出了积极努力和重要贡献。

狠抓环境监测计量认证、持证上岗,开展环境监测专业技术人员大比武,目前公司4个环境监测中心通过国家或省级计量认证,环境监测人员持证率100%,监测队伍综合素质不断提升,监测能力明显增强。

对渠县净化厂、川西北净化厂、大竹净化厂等三个国家重点排污口安装了自动在线监测系统,对尾气的流量、SO_2、NO_x以及废水的pH、COD、NH_3^+等指标进行在线监测,实现了向中国石油总部污染源在线监测监控中心的实时上传监测数据,并与地方环保局和中国石油监控系统联网,充分发挥监控设施的监督和生产指导作用。

积极参与环境保护现状的调查与评估、环境风险的识别与控制、环保隐患治理项目的可行性研究及治理效果评价等专项工作,形成了各类综合性调查报告、专业技术报告、专项监测报告,进一步扩大环境监测工作的影响,充分发挥了环境监测的技术支持与技术服务作用。

(四)强化生产运行安全环保全过程管理

1. 狠抓依法合规建设

多部门、多单位、多机构协调联动,齐力共推"三同时"措施落地,完成了五探1井钻井工程等重点项目专项评价,龙王庙组气藏产能建设等重点项目一次性通过股份公司验收;开展建设项目环境保护合规性清理,全面完成环境影响现状评估和审查报备。

2. 深化 QHSE 体系建设

扎实深入推进安全环保责任制建设，基层井站班组全面实行安全环保履职考核；2016年西南油气田公司审核发现问题1547个，整改合格率90.5%，整改质量和深度较往年明显提升；督导抓好上级审核发现问题整改，上半年板块公司专项审核发现的29个问题全部整改完成，下半年中国石油 HSE 管理量化审核发现的61个问题已整改完成58个，其余3个问题将结合检维修和制度建设落实整改。

3. 推进隐患排查治理

2012~2014年上级下达的49项安全隐患专项治理项目已全部完成；排查出的873处管道隐患，已治理完成826处，治理完成率94.6%，187处国家督办的长输管道隐患已全部治理完成，并在四川省、重庆市安监部门销项。

4. 提升应急处置能力

优化完善应急预案体系，开展预案文本优化简化，减少各类专项预案161个；推行基层现场"一案一卡"，制定了"一案一卡"制订、修订标准和84个案例模板；西南油气田公司开展了龙王庙含硫天然气泄漏突发事件地企联合应急演练、长宁页岩气试采干线地质灾害突发事件应急演练，各级组织共开展应急演练6340次，有效提升了应急处置能力。

5. 强化 HSE 监督工作

深化监督内容，规范监督行为，积极发挥三级 HSE 监督机构作用，发现问题2374个，开具三违处罚通知书30份，出示 STOP 卡停止作业7次，发出警示通报2份，责成处理违规员工49人，处理承包商10个，生产作业和施工现场风险得到有效管控；针对重要风险和关键领域，开展了防硫化氢泄漏中毒、危险化学品、管道安全、城镇燃气、交通安全、消防安全专项检查。

6. 构建安全环境风险防控体系

按照油气田公司、基层单位、井站、班组四个层级，逐级明确生产安全风险防控责任，建立四级安全风险防控体系；推动开展环境风险排查，评估出 77 个重大环境风险，制定针对性的管控措施。

(五)管网运营强化考核，注重落实和审核改进

1. 强化体系建设

制度体系、培训体系、绩效考核体系基本形成，作业许可、事故事件管理、变更管理等专项工作有序推进，油气田公司 QHSE 管理体系审核中名次位于前列，代表油气田公司参加中国石油 HSE 体系量化审核。完整性审核达到 7 级水平，排名油气田公司第一。

2. 落实隐患整治

油气田公司处理地方建设与管线相遇和地方出资迁改管线问题，提前一年完成油气管道隐患治理地方销项工作。2016 年，累计消除管线站场安全隐患 169 处；建立完善隐患排查治理长效机制，制定《输气管理处 2017~2019 年隐患滚动规划》，16 项工程全部实行挂牌督办。

(六)狠抓节能减排

1. 持续夯实节能基础管理，节能取得显著成效

持续夯实节能基础管理，深入开展节能技术研究，通过系统运行优化、节能技术改造、淘汰低效落后设备等措施，2016 年实现节能 0.87 万 t 标准煤，节能量完成值为年度计划指标 109%。节水 15.8 万 m^3，节水量完成值为年度计划指标的 143%。完成节约费用

549万元，为年度计划指标的109.8%。

突出环境风险防控体系建设，开展环境风险排查，评估出80个重大环境风险并制定针对性防控措施；完成7个净化厂污染源在线监测系统安装调试，规范监测系统管理，为中国石油实时掌握主要净化厂废气、废水排放达标提供了条件。持续开展能效对标，大力实施节能技改，荣获全国"十二五"石油石化行业节能先进单位称号，在四川省节能评价考核中排名第一。

2. 典型企业节能经验与成效

(1)川中油气矿。大力推进节能降耗改造，清理并报停20口井站变压器，开展高耗能电机、凝结水回收、分子筛脱水塔、循环水凉水塔风扇等技术改造，全年节约成本144.32万元。例如，遂宁龙王庙净化厂充分与供电部门协商，利用四川省富余电量政策，开始享受相应的优惠电价，全年节省购电成本320万元；新建龙会气藏至龙岗净化厂原料气管线，将龙会气藏所产原料气集输至龙岗天然气净化厂进行处理，提高装置处理负荷，年节约燃料天然气100万m^3，节电100万kW·h。

(2)川西北气矿。深挖节能降耗潜力，全年实施2项节能技措，实现节能486t标准煤，其中天然气36.57万m^3，电力7.95万kW·h，节约费用53万元。

(3)天然气净化厂。①优化装置运行，降低能源消耗。适时停运引进分厂80万装置和长寿分厂装置，渠县分厂单套运行；单套运行引进分厂CBA装置、压缩机K-3301，适时启停凉水塔风机和空冷器。共计节约成本约146万元。②优化装置设备改造，降耗降费。对引进分厂、长寿分厂锅炉进行节能改造，淘汰改造高耗低效电机；优化调整万州分厂溶液过滤系统，实施MDEA溶液复活及过滤。共计节约化工溶液、能耗成本约23万元。③开展修旧利废。严格技术标准和操作程序，大力开展MDEA溶液循环泵、硫磺结片机等设备零部件国产化和修旧利废工作。节约购置成本约27万元。④争取政策节耗降本。遂宁净化公司依据当地富余电量优惠政策，积极与地方协商，2016年冲减电费300万元。⑤节约采购成本。强化物资管理，实行两级平库，加强两级物资集中采购工作力度。节约采购成本81万元。⑥压缩非生产支出。持续开展"人均节约千元"活动，严控接待标准，推行无纸化办公，提倡视频会议。节约非生产性支出322万元。

第二章 天然气全产业链生态文明建设总体模式研究

第一节 天然气产业绿色低碳发展的内涵

一、天然气产品绿色低碳特点

天然气是一种多组分的混合气体，主要成分是烷烃，其中甲烷占绝大多数，另有少量的乙烷、丙烷和丁烷，此外一般还含有硫化氢、二氧化碳、氮和水汽，以及微量的惰性气体，如氦和氩等。

天然气热值较高，国家标准 GB 17820-1999《天然气》对其热值有规定：高位发热值大于 $31.4 MJ/m^3$。而其燃烧后产生的温室气体只有煤炭的 1/2、石油的 2/3，对环境造成的污染远远小于石油和煤炭，是一种高效清洁的能源。根据生成原因的不同，可以将天然气分为常规天然气和非常规天然气，其中常规天然气可分常规伴生气和常规非伴生气，而非常规天然气可分为致密气、煤层气、页岩气和天然气水合物。出于运输方式的需要，还将天然气分为一般天然气、液化天然气和压缩天然气三类。

二、天然气产业链概念与特征

产业链(industry chain)是一个十分传统的概念，是指某种产品从原料、加工、生产到销售等各个环节的关联。天然气产业链是指以天然气及其副产品的产出、输送或消费作纽带所形成的上中下关联衔接的产业集合。天然气勘探与开发统称为天然气产业链的上游，天然气管道建设、天然气储运系统称为天然气产业链的中游，天然气消费利用统称为天然气产业链的下游。

天然气产业链的总体特殊性。天然气工业和消费市场具有区别于一般能源工业和市场的特殊性，主要表现在以下3个方面：①天然气是稀缺的不可再生的自然资源，也是一种重要的战略能源。②天然气的运输方式具有较强的垄断型，制约天然气市场的开发范围和开发速度。③天然气供需均衡矛盾突出。天然气市场需求的季节性波动较大。夏季用气需求低，常导致气田压产；冬季用气高峰，常常严重供不应求，巨大供需缺口导致大面积供应紧张。

天然气上游勘探生产环节的高风险性和长周期性。①天然气勘探风险性与不确定性是人们认识局限性的体现，某地下有无天然气资源是难以确定事件。②天然气勘探环节的较长周期性增加了这种风险与不确定性。与其他能源（例如煤）勘探环节的周期相比，天然气勘探周期相对较长，一般长达5~10年。③给定单元产量的自然递减性与给定单元生产成本的自然递增性。给定单元产量在不进行增产作业的条件下随连续生产时间而递减。给定单元的生产成本在技术与管理水平基本不变的条件下，经过投产后的上产和稳产阶段后，随连续生产时间而递增。生产成本的自然递增性主要源于油气采掘业的特殊规律。

天然气产业链中游输配领域的自然垄断性及其对于下游的影响性。阻挡进入市场的任何障碍叫作壁垒，与天然气产业链中游输配领域的自然垄断性相关的主要有：①技术性壁垒；②法律壁垒；③天然气输配管道的单一性；④管道网络建设影响天然气市场划分；⑤天然气运储设施建设投资高、周期长，天然气中游产业的发展需要大量的前期基础设施投资。

天然气产业链产、输、配、销环节在物理实体上的一体性。任何产业链一般都具有一体性，即必须与其他相关产业共生、共存的这种"一体性"。物理实体上的一体性或物联性以油气和电力行业为甚。电力行业在物理实体上的一体性甚至超过油气行业，但它生产和输送的是能源却不是物质，而油气行业产业链上具有物联性，供需平衡才能更好促进行业发展。天然气从生产井口出来，经过集输、净化处理、管道运输，再进入千家万户，体现出了天然气这种物质的各个环节的物联化。天然气产业链的"一体性、物联化"要求产业各环节均衡协调发展，而勘探、开发、生产、输配环节的较长周期性可能会增加这种不协调性；产地和市场的变化将导致各环节设备（施）利用率降低甚至投资沉淀，勘探、开发、生产、输配环节设备（施）很难长期维持理论上的较高利用率。

总之，天然气产业链的上述基本特征决定了该产业链各环节只能在协调中求发展，单兵突进往往事与愿违，产业整体升级才能更好地发挥出天然气清洁能源的优质性。

三、天然气产业发展的相关概念

（一）天然气产业集约化发展

天然气产业集约化发展涉及天然气利用产业集约化发展的相关重大问题，从现代能源产业体系与可持续发展层面，深入研究天然气利用产业集约化发展的基础理论与应用方法集成创新问题、发展模式构建及其协调发展机制、风险识别与控制、综合绩效评估、产业集约化发展的规划与布局等，是对天然气利用产业集约化发展理论的进一步丰富和发展。

（二）天然气产业资源优化配置

天然气产业资源优化配置涉及天然气产业发展相关机制的作用和关系，市场配置目标、市场配置动力、市场配置结构、市场配置主体、市场配置机制、财税政策体系、贸易政策体系、监管机制及各个机制的运行机理。

(三)天然气产业绿色发展

天然气产业绿色发展是一项系统工程，基于全球绿色发展背景下，涉及天然气可持续发展模式、产业链协调发展机制模式、工业基地创建模式、科学体系构建模式、文化及绩效评估模式等方面，以及相应的策略与措施。

第二节 天然气产业生态文明建设形势与面临挑战

一、党和国家加快和强化生态环境治理力度

(一)党和国家高度重视生态文明建设

1. 十八大报告提升了生态文明的重要地位

党的十八大报告指出："建设生态文明，是关系人民福祉、关乎民族未来的长远大计。面对资源约束趋紧、环境污染严重、生态系统退化的严峻形势，必须树立尊重自然、顺应自然、保护自然的生态文明理念，把生态文明建设放在突出地位，融入经济建设、政治建设、文化建设、社会建设各方面和全过程，努力建设美丽中国，实现中华民族永续发展。"十八大报告提出将生态文明建设融入经济建设、政治建设、文化建设和社会建设的各个方面和全过程，提升了生态文明的重要地位，把生态文明建设纳入中国特色社会主义总体布局之中，使之成为"五位一体"发展布局中很重要的一个组成部分，这充分体现了生态文明对国家生存和发展的重要意义。

2. 十八届三中全会进一步强化生态文明建设

党的十八届三中全会审议通过了《中共中央关于全面深化改革

若干重大问题的决定》(下文简称《决定》)。《决定》明确了全面深化改革的总目标,指明了全面深化改革的任务,指出了全面深化改革的目的,部署了全面深化改革的重点,提出了全面深化改革的出发点和落脚点,阐释了全面深化改革的根本保证,是指导中国改革发展里程碑式的纲领性文件。《决定》第十四部分专题论述了加快生态文明制度建设,报告指出,建设生态文明,必须建立系统完整的生态文明制度体系,实行最严格的源头保护制度、损害赔偿制度、责任追究制度,完善环境治理和生态修复制度,用制度保护生态环境,要健全自然资源资产产权制度和用途管制制度、划定生态保护红线、实行资源有偿使用制度和生态补偿制度、改革生态环境保护管理体制。党的十八届四中全会也明确提出,面对新形势新任务,必须更好发挥法治的引领和规范作用,更好统筹社会力量、平衡社会利益、调节社会关系、规范社会行为,使我国社会在深刻变革中既生机勃勃又井然有序,实现经济发展、政治清明、文化昌盛、社会公正、生态良好,实现我国和平发展的战略目标。

3. 国家推动能源革命,生态文明建设是必然要求

中共中央总书记、国家主席、中央军委主席、中央财经领导小组组长习近平2014年6月13日主持召开中央财经领导小组第六次会议,研究我国能源安全战略。习近平总书记就推动能源生产和消费革命提出5点要求。第一,推动能源消费革命,抑制不合理能源消费。第二,推动能源供给革命,建立多元供应体系。第三,推动能源技术革命,带动产业升级。要以绿色低碳为方向,紧跟国际能源技术革命新趋势。第四,推动能源体制革命,打通能源发展快车道。第五,全方位加强国际合作,实现开放条件下能源安全。能源革命意味着现有能源发展模式的大转变。国家2014年出台的《能源发展战略行动计划(2014—2020)》成为"十三五"能源发展的行动纲领。《行动计划》明确表示,我国要推进能源消费革命,严格控制能源消费过快增长,着力实施能效提升计划,推动城乡用能方式变革。在

当前及今后一段时期，加快推进清洁替代能源，尤其是天然气的大规模利用，降低煤炭消费比例，推动能源结构持续优化。为提高天然气消费比重，《行动计划》提出，实施气化城市民生工程。新增天然气应优先保障居民生活和替代分散燃煤，组织实施城镇居民用能清洁化计划，到2020年，城镇居民基本用上天然气。适度发展天然气发电。在京津冀鲁、长三角、珠三角等大气污染重点防控区，有序发展天然气调峰电站，结合热负荷需求适度发展燃气—蒸汽联合循环热电联产。在2014年北京APEC峰会期间，中美签署了《中美气候变化联合声明》，我国在2030年左右，二氧化碳排放将达到峰值。到2030年，非化石能源在一次能源中的比例提升到20%，生态文明正是基于此而进行的理性选择。

4. 中央政治局《关于加快推进生态文明建设的意见》

中共中央政治局2015年3月24日召开会议，审议通过《关于加快推进生态文明建设的意见》。会议指出，生态文明建设事关实现"两个一百年"奋斗目标，事关中华民族永续发展，是建设美丽中国的必然要求，对于满足人民群众对良好生态环境新期待、形成人与自然和谐发展现代化建设新格局，具有十分重要的意义。

会议强调，要全面推动国土空间开发格局优化、加快技术创新和结构调整、促进资源节约循环高效利用、加大自然生态系统和环境保护力度等重点工作，努力在重要领域和关键环节取得突破。必须加快推动生产方式绿色化，构建科技含量高、资源消耗低、环境污染少的产业结构和生产方式，大幅提高经济绿色化程度，加快发展绿色产业，形成经济社会发展新的增长点。必须加快推动生活方式绿色化，实现生活方式和消费模式向勤俭节约、绿色低碳、文明健康的方向转变，力戒奢侈浪费和不合理消费。必须弘扬生态文明主流价值观，把生态文明纳入社会主义核心价值体系，形成人人、事事、时时崇尚生态文明的社会新风尚，为生态文明建设奠定坚实的社会、群众基础。必须把制度建设作为推进生态文明建设的重中之重，按照国家治理体系和治理能力现代化的要求，着力破解制约生态文明建设的体制机制障碍，以资源环境生态红线管控、自然资源资产产权和用途管制、自然资源资产负债表、自然资源资产离任审计、生态环境损害赔偿和责任追究、生态补偿等重大制度为突破口，深化生态文明体制改革，尽快出台相关改革方案，建立系统完整的制度体系，把生态文明建设纳入法治化、制度化轨道。必须从全球视野加快推进生态文明建设，把绿色发展转化为新的综合国力和国际竞争新优势。通过多措并举、多管齐下，使青山常在、清水长流、空气常新，让人民群众在良好的生态环境中生产生活。会议要求，加强顶层设计与推动地方实践相结合，深入开展生态文明先行示范区建设，形成可复制可推广的有效经验。

5. "一带一路"倡议实施带动重大生态工程建设

2015年政府工作报告提出为碧水蓝天，加倍努力建设生态文明。推进重大生态工程建设，拓展重点生态功能区，办好生态文明先行示范区，开展国土江河综合整治试点，扩大流域上下游横向补偿机制试点，保护好三江源。把"一带一路"建设与区域开发开放结合起来，加强新亚欧大陆桥、陆海口岸支点建设。推进京津冀协同发展，在交通一体化、生态环保、产业升级转移等方面率先取得实质性突破。推进长江经济带建设，有序开工黄金水道治理、沿江码头口岸等重大项目，构筑综合立体大通道，建设产业转移示范区，引导产业由东向西梯度转移。加强中西部重点开发区建设，深化泛珠等区域合作。增加公共产品有效投资。确保完成"十三五"规划重点建设任务，启动实施一批新的重大生态工程项目。

(二)国家部委联合进行大气污染治理,强化生态文明建设的重要性

1. 新环保法的实施对环保提出了更高要求

新环保法的实施进一步强化了油气田公司污染防治的责任,加大了对环境违法行为的法律制裁,规定了按日计罚、不设上限、将环境违法信息记入社会诚信档案、向社会公布违法者名单、公众参与、行政拘留等法律措施,将形成更加严厉的环保违法处罚机制,大大提高油气田公司环境违法成本。新的环保政策"水十条""气十条"的颁布和实施,"土十条"呼之欲出,油气田公司需要投入大量资金、"出重拳"进行污染治理。

按照《国家环境保护"十三五"规划》要求,规划将从过去的单一"总量"管控过渡到"质量"与"总量"的平衡兼顾,且更加重视"质量"指标,除对 4 种常规污染物[二氧化硫、氮氧化物、化学需氧量(chemical oxygen demand,COD)、氨氮]实行总量控制外,还将新增工业烟粉尘、挥发性有机物(volatile organic compounds,VOCs)、总氮、总磷等 4 种污染物。由此可见,对企业的环境保护指标考核、达标排放提出了更高的要求。

2. 三部委联合发布《能源行业加强大气污染防治工作方案》

2014 年 5 月,国家发展和改革委员会、国家能源局和环境保护部三部委联合发布《能源行业加强大气污染防治工作方案》(简称《能源大气方案》),对能源领域大气污染防治工作进行全面部署,要求按照"远近结合、标本兼治、综合施策、限期完成"的原则,通过加快重点污染源治理、加强能源消费总量控制、着力保障清洁能源供应以及推动转变能源发展方式等多种措施,显著降低能源生产和使用对大气环境的负面影响,为全国空气质量改善目标的实现提供坚强保障。

《能源大气方案》提出了能源行业大气污染防治工作的指导思想和总体目标，确定了4个方面13项重点任务。①加强对火电、石化、燃煤锅炉以及分散燃煤等能源领域重点污染源的治理，突出解决目前较为严重和迫切的污染问题，减少能源生产和利用过程中的大气污染物排放。②控制能源消费过快增长，逐步降低煤炭消费比重，通过强化能源消费总量控制来减轻日益增长的环境压力。③通过加大向重点区域送电规模、推进油品质量升级、增加天然气供应、安全高效推进核电建设以及有效利用可再生能源等措施，大幅提高清洁能源供应能力，为能源结构调整提供保障。④从长远出发，加快转变能源发展方式，重点推动煤炭高效清洁转化、促进可再生能源就地消纳、推广分布式供能方式和加快储能技术研发应用，实现能源行业与生态环境的协调和可持续发展。

《能源大气方案》同时提出建立国家有关部门、有关地方政府及重点能源企业共同参与的工作协调机制，要求进一步强化规划政策引导、加大能源科技投入、明确总量控制责任、推进重点领域改革、强化监管措施、完善能源价格机制以及加大财金支持力度，共同落实好能源领域大气污染防治各项任务。

国家能源局已部署和安排了增供外来电力、天然气供应、提前供应国Ⅴ油品、核电以及可再生能源等一系列重大能源保障项目。相关部门还将陆续出台《商品煤质量管理暂行办法》《燃煤发电机组环保电价及环保设施运行监管办法》《煤电节能减排升级与改造行动计划》《京津冀散煤清洁化治理行动计划》《关于天然气合理使用的指导意见》《关于严格控制重点区域燃煤发电项目规划建设有关要求的通知》《煤炭消费减量替代管理办法》《大气污染防治成品油质量升级行动计划》《加快电网建设落实大气污染防治行动计划实施方案》《生物质能供热实施方案》《清洁高效循环利用地热指导意见》等一系列配套政策，确保《能源大气方案》取得实效。

3. 中共中央办公厅、国务院办公厅印发《党政领导干部生态环境损害责任追究办法(试行)》

2015年8月17日,中共中央办公厅、国务院办公厅印发了《党政领导干部生态环境损害责任追究办法(试行)》,并发出通知,为贯彻落实党的十八大和十八届三中、四中全会精神,加快推进生态文明建设,健全生态文明制度体系,强化党政领导干部生态环境和资源保护职责,要求各地区各部门遵照执行。

二、天然气产业链生态文明建设面临的挑战

(一)天然气勘探开发生态文明建设面临的挑战

1. 天然气资源分布、协调发展为生态文明建设带来挑战

1)环保理念尚需进一步提升

大力开展环保法律法规、标准规范的宣贯、对标工作,员工的环保意识得到进一步提高,但是随着新《环保法》的实施,国家加大了环保执法力度,油气田公司将面临较大环保挑战,避免建设项目未批先建、久试不验难度较大,"环保优先"的理念未得到充分体现,员工环保理念需进一步提升,以满足新形势下油气田公司勘探开发的环保从精细化到精准化过渡与提升的要求。例如,气田区域社会环境敏感,环境保护要求高:油气田公司气田及主要生产设施均位于四川盆地,而四川盆地位于三峡库区上游,环境非常敏感。《三峡库区及其上游水污染防治规划》要求:三峡工程上游区的水污染防治和生态保护重点完成城镇污水处理、垃圾和危险废物处理、工业污染防治、生态环境保护以及船舶污染控制等5大工作任务。上游区要严格控制新污染,执行国家产业政策和环境保护法规,采取清洁生产工艺和设备,并通过"以新代老"或区域环境综合整治,

做到增产不增污和增产减污。抓好上游区天然林保护、坡耕地退耕还林还草、水土流失综合防治、高效生态农业建设、矿山生态恢复等工程，使上游区生态环境状况有较为明显的改善。

2) 天然气资源分布不平衡为生态文明建设带来挑战

天然气资源分布不平衡为生态文明建设带来挑战表现在：管输、储气设施建设规模大，且管道建设线路长，所经自然地理人文社会环境复杂。天然气储运设施建设项目多、涉及地域广大大增加了生态文明建设综合难度。在建设期，由于所经地域环境复杂，生态文明建设将面临技术难题多、协调管理难度大等一系列问题。在运营期，管道沿线自然灾害、人为破坏不确定因素随管线长度增加而显著增多。

3) 上下游协调发展难度大，天然气集群培育和基础设施统筹规划难度大

天然气资源与市场分布差异大，必然导致天然气产业链上下游协调发展难度大；同时，受技术、利益格局等因素制约，天然气产业易于集群发展的区域可能不易建设管道，而易建管道的区域又可能由于各种原因不易实现天然气产业集群发展。要实现天然气产业协调发展、集群发展、基础设施集约化发展的有机统一，需在国家层面统筹规划。

4) 产量不断增加，污染物减排难度大

污染物基数与勘探开发实际污染物排放量差距较大、大气藏的投产和页岩气区块的持续开发，在天然气产量不断增加的同时，新增了污染物排放量，加之回注气田水中的 COD 和氨氮纳入排放总量控制，增加了产污总量。工程减排、结构减排后劲不足，减排空间将逐渐减少，持续减排压力加大，油气田公司的减排潜力逐渐下降、减排难度很大。

2. 天然气勘探开发污染治理技术与装备瓶颈突破面临挑战

1) 污染治理工艺技术支撑能力尚需进一步提高

耗气设备能源利用效率偏低。从节能监测情况可以看出，部分

水套炉、加热炉和锅炉的过剩空气系数大、热效率低。究其原因，①现场操作人员平时对进风量极少进行调节，配风不合理导致燃烧损耗增大；②生产负荷变化大，实际运行参数小于原设计值，存在大马拉小车的情况，增压系统能效有待提高，气田水回注系统能效普遍偏低。

2) 低效高耗设备还没有全部淘汰

节能措施未充分发挥作用，造成能源浪费和生产成本增加。现场调研发现，部分油气田公司生产井站（如脱水站、污水处理站等）的无功补偿装置未启用或运行不正常，导致功率因数考核不达标。因此对于有无功补偿装置的井站，应当立即启用，并对操作人员和管理人员进行相关知识和技能的培训；对于没有安装无功补偿装置的井站，应根据实际情况，对用电系统进行无功补偿改造，使其功率因数达标，从而提高用电质量。

3) 环境治理水平仍然较低

污染物排放仍处于一个较高水平，气田水产生量较大（每年约产生气田水 350 万 m^3），回注压力不断升高，部分回注站高压回注，高达 35MPa，增加回注成本和回注风险；生产过程产生废气未进行计量、噪声振动的环境影响还普遍存在。增压站的低频噪声治理、气田水处理达标排放、气田水恶臭等治理存在技术瓶颈，制约企业生产经营的发展，且气田水回注系统环保风险日益严重、脱硫富剂的最终处置等环境隐患依然存在。污染治理技术瓶颈难以突破，主要是低频噪声、气田水的达标外排、页岩气压裂返排液处理、温室气体减排潜力研究等技术，如何实现技术可行、经济可承受、环境质量达标等相应方面的研究需要进一步深入、拓展。

3. 天然气勘探开发过程补偿机制不够健全

1) 国内政策环境变化对天然气生产经营提出更高要求

随着我国推进油气体制改革，在全产业链各环节放宽准入，创造页岩气、煤层气等非常规油气开发新机制，国内油气市场将进一步开放，市场主体更加多元，竞争更趋激烈。同时，国家在税费征收、土地征用、项目审批、安全环保监督等方面的政策越来越严，争取政策支持的余地越来越小。地方政府发展本地经济的诉求增多，对央企在当地开展生产经营活动的要求更加严苛，特别是征地、环评获批难度越来越大，企地关系协调更加困难。公众环保意识的不断增强以及各国环保法规的相继出台给行业的可持续发展带来一定的压力。石油加工生产是一种重要的自然资源开发生产活动，这不仅是因为它对经济发展的贡献重大，而且还在于油气田公司生产对生态环境的负面作用也很显著。对于长期以"高污染、高耗能"为特征的油气田公司来说，上述环境的变化将迫使其使用更为先进的节能、高效、低污染的装置及相关环保技术，增加其在环境保护方面的成本，降低企业盈利空间。

2) 天然气资源补偿机制存在诸多不足

长期以来，我国在资源开发过程中的资源补偿机制一直存在不足，主要原因有：①缺少合理确定各种资源价值和补偿的理论和方法。在市场经济条件下，合理确定各种资源的价值并实现资源"成本"的定量化估算，以及确定环境成本扣除比例的理论和方法还有待深入研究。②资源开发利用分配主体缺位。无论是国有化的资源开发还是市场化的资源开发，在开发利益分配上对资源开发地的发展和当地居民的长远利益考虑不充分，补偿机制不健全。③开发地居民的补偿机制不完善。在补偿机制和体制上，重安置，轻开发；重前期一次性补偿，轻后期扶持。难以实现移民安置不降低生活水平并逐步富裕的要求。④环境恢复补偿机制不完善。国家至今没有建立系统和完善的环境恢复补偿费的征收制度，造成的环境问题留给了社会。本来就十分脆弱的生态环境欠账越来越多，包袱越来越重。资源开发相关补偿性收费的征收、分配及管理政策有待完善。

3) 环境成本核算、生态补偿等约束机制不完善

生态补偿是指人类对受到其污染破坏的生态环境和自然资源，进行的"减少、治理污染和破坏，使其恢复、维持自净能力、承载

能力、生长能力等生态功"的活动。生态补偿机制通过要求污染环境、破坏生态的市场主体承担补偿责任、支付环境成本来达到遏制其污染和破坏生态环境行为的目的，从而促使生态资源开发利用者更合理有效地开发利用宝贵的生态资源。建立环境成本核算和生态补偿制度实现生态服务消费的有偿化，无疑将增大天然气储运企业实施生态保护的内在动力，是有效保护生态环境的重要途径。

4. 生产、施工两个现场的安全风险管控存在漏洞

生产、施工两个现场的风险管控还存在不足，部分单位设备设施管理不到位，偏远井、无人值守井和报废井管理缺位，对"围墙"外生产现场的风险管控不足，施工现场风险作业管控不到位。

近几年，油气田公司大力推动风险分级防控，狠抓安全环保责任制落实，但部分基层单位对生产、施工两个现场的风险管控还存在不足。生产现场的问题突出表现在以下几个方面：①设备设施管理不到位，部分场站存在自动化控制设备系统未有效运行，报警和联锁参数设置不合理，腐蚀性介质压力容器、管道未定期检测，设备选型错误、维护保养不到位、故障未及时排除等问题。②偏远井、无人值守井和报废井管理缺位，部分中心站缺失站内管理的偏远井资料，对井异常未采取监控措施，个别无人值守场站的周界系统、远程截断系统不能正常运行，部分报废井管理缺失，外来人员可随意接触井口装置。③对"围墙"外生产现场的风险管控不足，个别管道巡线保护工作标准执行不到位，管理单位未严格应用GPS巡检系统监控巡检质量，对管道状况及风险掌握不够，含硫气田水转运过程缺乏跟踪监管等。施工现场方面承包商"低、老、坏"问题依然突出，个别单位对承包商准入资质审查把关不严，HSE合同不符合项目风险管控要求，个别现场存在作业人员资质作假、机具不按要求进行检查、不进行安全交底、不按要求进行气体检测等现象，属地监督和承包商考核不逗硬，作业许可从票证管理到现场管控还存在不足。

5. 环保管控水平与趋严趋紧的政策环境要求还有差距

当前国家把环境保护、生态文明建设摆在更加突出的位置，出台的环境保护政令法规更为系统严格，环保责任追究的力度更强更硬，但油气田公司部分干部员工的环保意识依然薄弱，仍把环境保护工作当作"软指标"，没有作为"硬任务"来有效推动。污染物减排的部分技术还不够成熟，净化厂尾气处理、气田水处理、噪声超标治理、含硫井站恶臭治理等污染物处理技术工业化应用不足，从程序合规到实质合规还存在巨大挑战。

新增用地保供形势异常严峻。①国家出台了《关于加快投资项目在线审批监管平台应用的通知》（发改投资〔2016〕1010号）等系列项目用地新政策，规定建设项目必须首先办理地方核准或备案手续，并取得统一项目代码后，才能开展后续审批工作。②国家从严管控建设项目占用基本农田，项目用地预审阶段就必须出具项目用地范围的拐点坐标、功能分区及用地规模核定情况说明，取得项目用地符合地方土地利用总体规划审查图、现状图、占用基本农田的规划调整方案。受上述影响，油气田公司申报的为2017年准备的一批新增建设项目用地预审将难以获得政府批复，可能影响建设项目正常供地。

（二）天然气储运生态文明建设面临的挑战

管道是天然气产业链的重要一环，当前天然气管道设施保护中存在诸多问题。诸如随着各地经济建设发展，公共基础设施建设、工程项目的改扩建、征地拆迁等与管道线路、设施及其占有的土地使用权的管理矛盾突出。在运输高含硫化氢气体管道里，由于硫化氢气体对管材和水泥均具有极强的腐蚀性，很可能就造成天然气的泄露以至爆炸事故，搞好天然气输送管道建设和维护管道正常运行事关重大。

1. 理论体系、制度体系和技术支持体系不完善

天然气产业生态文明建设的相关理论、制度和技术主要散见于环境保护的相关内容，其中不少也尚需完善，特别是环境保护标准、规范和立法等支持体系亟待完善。因此，这些体系的整合和实践模式的形成尚需努力。

2. 实践领域未完全覆盖天然气储运设施领域

目前，明确提出实施生态文明建设的天然气储运项目也仅限于水土保持生态文明建设。例如中缅油气管道水土保持生态文明建设工程和川渝地区天然气管网调整改造工程北外环集输气管道工程（一期）水土保持生态文明工程。然而，生态文明建设并不只限于水土保持，大气环境、噪音、废气废水、人、自然、社会三者间关系等都是其重要内容。此外，天然气储运设施除了管道，还包括储气库、LNG 接收站等。因此，目前的天然气产业生态文明建设远未完全覆盖天然气全部领域。

（三）天然气销售利用生态文明建设面临的挑战

1. 节能减排将面临更大的国际压力

对于国际社会积极推进资源节约、减少碳排放的努力，我国政府也早已承诺，到 2020 年实现 GDP 二氧化碳排放下降 40%～45%。各类国际环保公约谈判，对今后天然气产业节能减排提出了更高的要求。

在国际金融危机影响下，部分发达国家通过大量发行货币等手段刺激国内经济复苏，这直接导致的后果是原油、天然气、天然橡胶等大宗商品价格的过快上涨，增加了油气田公司的生产成本，部分生产能力相对落后的中小企业受困甚至倒闭。另一方面，发达国家通过提高全行业智能化水平，降低成本，增加产品附加值，使得

产品更具有市场竞争力，这对我国企业来说也是一个不小的考验。

2. 节能减排面临转变发展方式的更高要求

在发展战略性新兴产业过程中，推进节能减排也成为首要之举。国家"十三五"期间将节能环保作为战略性新兴产业，既对行业节能减排提出了更高要求，也为行业发展提供了难得的机遇。通过出台能源总量控制、资源税、环境税、环境责任险等一系列手段和环保政策，政府层面对天然气产业节能减排也提出了越来越高的要求。天然气产业发展必须适应内外形势变化，从根本上实现绿色和可持续发展。

节能管理存在的问题。《节约能源法》颁布以后，国家和油气田公司对节能管理的力度日益加强，工作量逐年加大。随着固定资产项目节能评估和审查制度等节能制度的确立，企业节能的工作量和技术要求还将越来越高。西南油气田公司各级单位目前的节能节水管理人力资源配置已无法满足日益深入的节能管理工作量的需要，计量器具配备不能满足节能工作的深入开展，能耗定额管理和激励约束机制还有待进一步完善和加强，节能节水"四新"技术推广和节能技改力度不足，节能效果评价的规范性和可行性有待加强。

3. 节能减排工作本身也面临更严峻挑战

1）建设项目节能节水管理工作还需加强

建设项目的节能管理主要涉及4方面的工作：①参与可研和初步设计审查，确保可研和初步设计符合国家节能政策和标准要求，确保节能篇章符合国家和油气田公司相关规定和标准要求；②按照国家和地方政府相关规定，督促、协助建设项目履行节能评估手续；③严把节能产品和高耗能产品的市场准入关；④参与项目验收，确保可研和初步设计提出的节能措施得到落实，能耗指标达到设计要求。从目前管理现状看，节能管理部门还没有参与到可研和初步设计审查和项目验收，节能评估也仅进行了2个项目的试点和探索，没有形成长效机制，节能产品和高耗能产品市场准入制度也没有建立。目前这种情况，不利于新建项目的本质节能。

2）生产过程的节能管理工作需进一步加强

从现场调查的情况看，西南油气田公司目前还有低效高耗能的设备在应用；而且锅炉、明火加热炉、机泵等重点耗能设备中，存在不根据工况变化及时调整操作的现象。如部分锅炉及明火加热炉操作人员不根据生产和环境变化及时调节进风量，配风不合理导致过剩空气系数大、效率低、燃烧损耗增大等现象。

3）环保队伍建设有待加强

"十二五"期间，西南油气田公司有专兼职环保工作人员近250人，主要基层单位设置有质量安全环保科，负责环境保护管理工作；油气田公司设置有4个环境监测中心站，负责环境监测工作。但部分基层单位质量安全环保科未配备分管环保的副科长，基层单位未设置专职环保管理人员，不符合中国石油环境保护管理规定要求，不能满足油气田公司环保队伍建设需要，给油气田公司环保管理造成一定不利影响。

第三节　天然气产业生态文明建设总体模式研究

一、模式结构设计

（一）模式构建的主要依据

1. 依据党和国家要求，严格执行政策法律

十八大报告中提出，加强生态文明建设要把资源消耗、环境损害、生态效益纳入经济社会发展评价体系，建立体现生态文明要求的目标体系、考核办法、奖惩机制。深刻阐明了加快生态文明建设，必须要解决体制、制度问题。严格执行生态文明建设相关政策法律，真正做到利用科学发展观引导正确的政绩观，用正确的政绩观实践科学发展观，构建保护与发展统筹兼顾，高度统一的发展思路和发展模式，实现生态保护与经济发展的双赢。

2. 适应新常态下市场化改革与能源体制改革要求

天然气作为优质清洁高效的绿色低碳能源，增加供应、扩大利用、提高天然气利用水平是我国加快转变经济发展方式、促进节能减排和绿色发展最现实的选择。在这种典型的碳基能源经济下，天然气利用产业主营业务的快速发展，本身就是在有力推动绿色低碳经济的发展。天然气利用在节能减排和绿色发展方面的突出作用，与天然气生产和储运对环境影响较大，要求切实加强天然气产业生态文明建设问题。

未来我国天然气产业生态文明建设中，迫切需要市场化配置天然气资源，通过市场机制，调整优化我国能源结构、实现减排目标。走向无碳，低碳能源是低碳经济的基本保证，清洁生产是关键环节，循环经济是持续发展低碳经济的根本方式。因此，必须树立环境保护优先的理念，健全完善HSE环境管理体系，注重环境与安全业绩指标，建立全面沟通、积极参与机制，对社会投资进行战略化管理。

3. 符合能源产业技术经济发展内在要求

我国正处在依靠高碳能源产业向绿色低碳能源产业转化过程中，绿色低碳能源利用产业系统主要包括5个板块：①以天然气能源开发与利用为主体的清洁化石能源板块；②高碳化石能源向较绿色低碳能源转化产业板块（包括清洁煤发电和清洁煤利用等）；③节能减排板块；④新能源产业板块；⑤碳汇板块。因天然气具有低能耗、低污染和高附加值的特点，可作为原料和燃料利用，与前三个绿色低碳板块密切相关。因此，天然气利用涉及绿色低碳产业和领域非常广泛。

4. 依据国外油气公司的经验与启示

随着经济全球化的发展以及我国油气田公司国际化经营的深入，国际经济社会环境变化对我国油气田公司的影响越来越大，传导速度加快。作为全球油气行业的重要组成部分，国际石油公司在发展中所遇到的挑战，我国油气田公司同样也面临着相应的机遇与挑战。因此，国际石油公司的探索和已经取得的经验值得我国油气田公司学习和借鉴。

（二）生态文明建设思路与目标

1. 基本思路

认真贯彻落实党的十八大提出的"五位一体"的总体布局，以战略思维、大局意识和世界眼光，主动适应低碳经济发展趋势，全面认识和把握低碳经济，推进生态文明建设，把生态文明融入建设世界水平的绿色低碳产业战略目标上，融入推进资源、市场、国际化战略里，融入打造绿色、国际、可持续的发展模式中，并以此为切入点和重要抓手切实转变发展方式，提高发展质量和效益，增强可持续发展能力。必须转变发展方式，全面促进天然气资源开发与节约，推动资源利用方式根本转变，提高利用效率和效益，严格控制开发强度，促进生产空间集约高效、生活空间宜居适度、生态空间山清水秀。

全面树立生态文明建设的理念，把生态文明建设落实到生产建设的全过程，确保"零污染、零缺陷、零事故"，保护环境，绿化站场，努力建设美丽气田，持续提高天然气这种清洁能源的生产供应能力，努力建设天然气产业利用示范区，积极推动能源消费结构优化，促进低碳经济、循环经济、绿色发展，为生态文明做重要贡献。

2. 总体目标：创建世界水平的绿色低碳天然气产业

生态文明建设体系初步建立，生态环境质量持续改善，经济结构更加绿色,主要污染物总量减排扎实推进,突出环境问题有所缓解。2020年达到天然气产业生态化的世界中等水平,在2030末达到天然气产业生态化的世界先进水平。

(三)模式结构

制定和推进一系列以循环经济、低碳经济为核心的绿色新政,旨在将高能耗、高消耗、高排放的传统经济发展模式,转变为低能耗、低消耗和低排放的绿色可持续发展模式。生态文明的发展是一个经济、技术、社会和文化价值观上的整体性转变和变革过程,需要在经济、技术、政治、法律、道德等各个层次上共同推进。在建设生态文明的过程中,应当在努力推进生态或清洁技术、产业开发,推进可持续发展的法律和政策体系建设的同时,努力推进生态文化和道德观念建设,实现三者之间相互促进。因此,能否走向新型天然气工业化和生态矿区,实现生态文明天然气工业和生态文明矿区,是检验我国能否建设好天然气产业生态文明的最好标准(图2-1)。

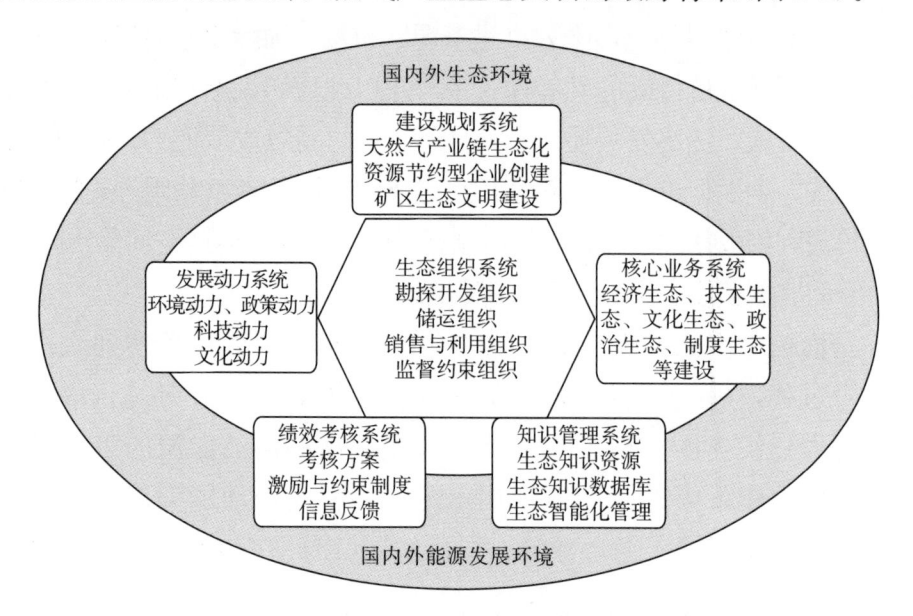

图2-1 天然气产业生态文明建设模式结构图

二、模式结构内容

(一) 生态文明建设动力系统

天然气产业生态文明建设动力主要包括：生态环境发展动力、生态环境保护政策激励力、生态环境会计驱动力、天然气文化力等。

(二) 生态文明建设规划系统

生态文明建设与企业发展同步规划、部署、推进、考核的责任体系和工作机制，对环境保护工作做到优先研究、优先布局、优先投入、优先实施。在规划和建设前，要做好项目勘察工作，依法合规做好安全、生态文明建设绩效评估指标、水土保持等专项评价。在建设过程中，要注重节约土地、保护生态环境，降低能源、水、土地消耗，提高利用效率和效益。在建设后期，要认真做好生态恢复工作。主要规划目标是：

1. 天然气产业链生态化

天然气开发生态化，天然气储运生态化，天然气利用生态化。

2. 资源节约型企业创建

提倡节约用水用地，推进资源综合利用，严格实施污染控制力度。

——固定源工业废水排放达标率达到100%；

——有控工业废气排放达标率达到100%；

——固废有效处置率100%；

——建设项目环评及"三同时"执行率保持100%；

——杜绝Ⅲ级以上环境污染事件发生；

——在线监控数据有效传输率大于95%；

——污染物减排目标达到100%。

3. 矿区生态文明建设

矿区是指以开发利用天然气资源的生产作业区和职工及其家属生活区为主，并辐射一定范围而形成的经济与行政社区。狭义上的矿区是指以天然气生产作业气区为核心的矿区。随着天然气资源的开采会不同程度地造成地形地貌破坏、水土流失、环境污染、地质灾害等问题。矿区生态文明是以可持续发展和科学发展观为指导思想，倡导资源节约、环境友好的矿区生产方式、生活方式、文化形式，以使矿区所在地居民与环境资源开发和谐共生、持续发展为目标的一种文明形式，体现着矿区居民在处理与自然关系上所达到的文明程度。

(三)生态文明建设组织系统

1. 产业链生态文明建设组织

产业链生态文明建设组织主要包括勘探开发生态文明建设组织、储运生态文明建设组织、利用生态文明建设组织。

2. 生态文明建设监督约束与激励组织

(四)生态核心业务系统

在整个产业链生产运行与经验管理过程中，要突出重点领域、关键环节、要害部位和生态敏感区的安全环保管理，切实减少生产过程中COD、二氧化硫、氮氧化物、氨氮等的排放，确保完成上级下达的节能减排指标，努力建设美丽天然气产业。主要包括五个方面内容：

(1)经济生态建设。积极推进循环经济，创建生态矿区建设，实施天然气绿色营销。

(2)技术生态建设。生态文明建设的科技需求，生态科技体系建立，绿色技术创新措施。

(3)文化生态建设。企业文化、排放、消费生态化。

(4)政治生态建设。矿区生态文明建设与管理，生态文明地企联动机制，生态文明建设的国际合作。

(5)制度生态建设。生态文明制度构建，加强生态文明建设规划，HSE与生态文明建设。

(五)知识管理系统

知识管理系统主要包括生态文明建设知识资源、生态文明建设知识数据库、生态文明建设智能化管理系统。

(六)绩效考核系统

绩效考核系统包括天然气全产业链生态文明建设的绩效考核，以及相应的激励政策制度。详见第四节。

第四节 天然气产业生态文明建设综合绩效评估指标体系构建

一、构建思路与原则

(一)构建思路

运用系统的思想观点和思维方法构建天然气生态文明建设绩效指标体系。生态文明评价指标体系能衡量和反映区域生态文明水平、监测生态文明进程、制定生态文明建设目标、明确生态文明建设方向与重点。

生态文明评价指标体系是对生态文明建设总体成效的综合反映。生态文明建设涉及经济、政治、文化、社会、环境等多个层面，是一项复杂的系统工程,所构成的一级、二级和三级指标能相互关联相互影响,综合反映出生态文明的建设成效。

(二)构建主要原则

生态文明建设是一项系统工程,要用多个指标组成一个有机整体才能客观、全面地反映其发展状况。生态文明评价指标体系要能反映生态治理的有效程度和生态环境的改善程度,能反映生态经济的发展程度和生态安全的保障程度,能反映生态产业的开发程度和生态制度的建设程度,能反映生态理念的意识程度和生态文化的健康程度,因此构建生态文明评价指标体系须遵循以下原则:

(1)科学性原则。评价指标的选取应建立在科学准确的基础上,要选取能反映所评价对象生态环境质量本质特征以及生态环境质量变化状况的指标。

(2)综合性与主导性原则。影响天然气产业生态环境的因素很多,受地质、地貌、水文、土壤、植被、气候、设备以及人为活动等多种因素影响的制约,在众多的因子中,各种因子的作用过程及作用方式是不同的,利用单一因子不可能对整个天然气产业生态环境质量及变化状况做出科学评价,但若以一概全既不可能又不现实。因此,应该选择具有代表性的,能直接反映天然气产业链各环节生态环境主要特征的主导性指标。

(3)可获取原则。指标体系的设计,应尽可能考虑数据的易获性和可采集性。一些指标虽能很好地反映产业链各环节生态环境的现状及变化情况,但在实际评价过程中根本无法获取相应数据。在这种情况下,指标体系设计得再好也无法实现。因此,在选取指标时应当遵循数据便于获取、概念比较清楚且易于操作和量化的原则。

(4)可比性和可量性原则。各项指标的含义、统计口径以及适用的范围对于不同的区域要基本一致,要具有可比性,选择的指标要能根据相关的度量方法进行度量,同时也要便于比较相关的研究项目。

(5)可操作性与可靠性原则。指标是理论研究与实践操作的结合点。构建天然气产业生态文明建设评价指标体系既要以相关理论为基础，同时又必须考虑其实践操作和现实数据资料的可行性。

(6)动态性原则。天然气产业生态文明建设是一个多层次的复杂系统，通常采用定性与定量相结合的方法进行评价。在确定具体评价指标时，应注意动态性原则和操作性原则的把握。动态性原则是生态环境评价的基本原则，由于生态环境处于不断的发展变化之中，对生态环境的评价就不应当是一次性的，必须适时变化。

二、评价指标体系框架

(一)评价指标体系框架设计

为构建现代天然气产业体系，促进绿色发展，根据天然气产业绿色发展模式架构，充分考虑低碳循环经济理念、天然气产业战略经营业绩和对自然、社会、环境的贡献，遵循系统优化与层次化相结合、科学性与可行性相结合、全面性和代表性相结合、动态性和稳定性相结合、定性分析与定量计算相结合的原则，从天然气安全供应、产业结构优化、能源消费利用、节能减排、绿色发展效益、绿色发展保障6个层面构建天然气产业生态文明建设指标体系架构。具体由6个一级指标、17个二级指标、66个三级指标构成。见表2-1。

表2-1 天然气产业生态文明建设评估指标体系表

序号	一级指标	二级指标	三级指标
1	天然气安全供应	国内天然气安全供应	国内天然气供应量、天然气管网建设强度、天然气净化量、储气库建设强度等
		国外天然气安全供应	国外管道气安全供应量、液化天然气安全供应量等
		天然气安全生产与输送	天然气安全生产率、净化安全生产率、管网安全运营率等

续表

序号	一级指标	二级指标	三级指标
2	产业结构优化	产业改造	天然气利用产业结构优化率、高新技术产业产值比重、生产流程改造率等
		服务业	天然气生产性业产值比例、天然气生活性服务业产值比例等
3	能源消费利用	能源消费	一次能源消耗结构；一次能源消耗结构变化；万元产值能耗；万元产值用水量；万元产值能源消耗量下降速度等
		资源循环利用	天然气净化率、水资源重复利用率、气田水回注率、生活和工业垃圾无害化处理率、工业固体废弃物综合率、CO_2利用率、土地复耕率等
4	节能减排	减排	万元产值排放CO_2、万元产值排放SO_2、万元产值排放COD、万元产值碳排放量、万元产值废水排放量、万元产值固废排放量等
		节能	天然气生产节能、天然气储运节能、办公节能等
5	天然气绿色经济效益	区域社会经济效益	油气田公司创造的增加值、油气田公司创造的增加值对地区GDP的贡献、对国民经济的社会贡献率、对就业的贡献、对地方财政的贡献、对居民收入的贡献、替代高碳能源、对其他低碳产业、低碳城市、低碳工业园区的贡献等
		环境效益	改善大气质量对人体健康的贡献、改善大气质量对农林等的贡献等
		骨干企业经济效益	企业净利润、企业销售利润率、企业投资回报率等
6	绿色发展保障	制度与政策创新	低碳制度执行创新、低碳政策执行创新等
		技术创新	生产技术创新、输送技术创新、储气技术创新、利用技术等
		财务与金融创新	天然气财务管理创新、天然气市场交易中心、天然气金融市场体系、天然气清洁发展机制项目执行情况等
		文化创新	天然气产业低碳责任与文化、天然气骨干企业责任与文化、员工低碳责任与文化、绿色出行比率等
		碳管理创新	产业低碳战略与规划管理、产业组织与人才创新管理、产业风险管理创新、产业国际低碳管理合作、交流与话语权等

目前使用较多的有调查研究法、目标分解法、多元统计法、层次分析法等确定指标权重。主要评价步骤：①通过对评价系统的初步分析，构造出一个按评价系统组成层次为基础的层次结构模型；②对层次结构模型中的结构要素进行两两比较，从而建立判断矩阵；③判断矩阵的一致性，假如不满足一致性的条件，就要修改判断矩

阵，直到一致性得到满足为止；④计算权重向量，最后求出合成权重向量；⑤采用标准型无量纲化法对数据进行无量纲化处理；⑥计算综合值，进行综合评价。

(二)指标体系的内涵

1. 天然气安全供应

(1)国内天然气安全供应。①国内天然气供应量：油气田公司向用户供应的常规与非常规天然气总量。②天然气管网建设强度：主要是骨干管网建设长度与合理布局。一般不包括天然气场站内部集输管道。③天然气净化量：指脱出天然气中所含水分、硫化氢、二氧化碳和固相杂质，回收有经济效益的硫磺和二氧化碳，并按大气排放的环保要求进行尾气处理，以获得符合技术标准的净化天然气的综合工艺过程。天然气净化量是指经过上述工艺后的天然气体积数量。④储气库建设强度：由储气库的数量以及单个储气库的工作气容量两个指标来度量。

(2)国外天然气安全供应。①国外管道气安全供应量：指进口管道气的总量扣除其在管输过程中的损耗量。它为确保城市(区域)供气的安全可靠，必须建立完善的天然气供应体系，而多气源供气是该体系的重要组成部分。②液化天然气安全供应量：指安全进口液化天然气的总量。它为确保城市(区域)供气的安全可靠，必须建立完善的天然气供应体系，而多气源供气是该体系的重要组成部分。

(3)天然气安全生产与输送。①天然气安全生产率：天然气生产过程中的事故率。②净化安全生产率：天然气净化过程中的事故率。③管网安全运营率：管网运营过程中的事故率。

2. 产业结构优化

(1)产业改造指标。①天然气利用产业结构优化率：为适应绿色发展，城市燃气、CNG、发电、工业和化工用气优化率；②高新技术产值比例：高新技术产业产值占天然气规模工业产值的比例；③生产流程改造率：已进行改造的天然气生产流程的数量占总生产流程数量的比重。

(2)服务业指标。①天然气生产性服务业产值比例：天然气生产、加工服务业的产值占总产值的比例；②天然气生活性服务业产值比重：矿区生活服务的产值占总产值的比例。

3. 能源消费利用

(1)能源消费指标。①一次能源消耗结构：清洁能源消费占一次能总消费量中的比例；②一次能源消耗结构变化：各类一次能源消费量在一次能源总消费量中的比例发生的变化；③万元产值能耗：每万元工业产值所消耗的能源量(吨标准煤)；④万元产值用水量：每万元工业产值所消耗的水量；⑤万元产值能源消耗量下降速度：当年每万元工业产值所消耗的能源量与去年同期下降的比率。

(2)资源循环利用指标。①天然气净化率：已净化天然气量与天然气总产量的比值；②水资源重复利用率：重复利用水量与总供水量的比值；③气田水回注率：气田采出水的回注水量与气田采出水的总水量的比值；④生活和工业垃圾无害化处理率：生活垃圾/工业垃圾无害化处理量与生活垃圾/工业垃圾产生量的比率；⑤工业固体废弃物综合率：每年综合利用工业固体废物的总量与当年工业固体废弃物产生量和综合利用往年贮存量总和的百分比；⑥CO_2利用率：通过技术转换，将CO_2转换成其他能源的利用率；⑦土地复耕率：对生产建设过程中，因挖损、塌陷、压占等造成破坏的土地采取整治措施，使其恢复到可供耕种的土地的数量与被破坏的土地的数量的比值。

4. 节能减排

(1)减排指标。①万元产值排放CO_2：每万元工业产值所排放的CO_2；②万元产值排放SO_2：每万元工业产值所排放的SO_2；③万元产值排放 COD：每万元工业产值所排放的 COD；④万元产值碳排放量：每万元工业产值所排放的含碳量；⑤万元产值废水排放量：每万元工业产值所排放的废水；⑥万元产值固废排放量：企业每万元工业产值所排放的固体废物。

(2)节能指标。①天然气生产节能：通过提高技术、加强管理，降低天然气在勘探、开发等生产环节的能量损耗，由节能率指标反映；②天然气储运节能：通过提高技术、加强管理，降低天然气在储存、管输等环节的能量损耗，由节能率指标反映；③办公节能：调动一切技术和管理因素加强企事业单位、机关团体在办公活动中的节能减排，由节能减排的效率指标反映。

5. 天然气经济效益

(1)区域社会经济效益指标。①油气田公司创造的增加值：包括天然气主营业务链创造的增加值、整个技术服务作业与天然气相关的增加值和整个用户企业生产链创造的与天然气相关的增加值。②油气田公司创造的增加值对地区 GDP 的贡献：油气田公司创造的增加值为地区 GDP 作出的贡献，通过天然气产业链创造的全部增加值占地区国内生产总值的比例来表示。③对国民经济的社会贡献率：企业主营业务链、技术服务链和用户链的相关社会贡献总额占社会贡献总额的比例；④对就业的贡献：主营业务链、相关技术服务作业、用户生产链的就业人数占地区就业总人数的比例；⑤对地方财政的贡献：油气田公司对中央财政和地方财政收入的贡献率，包括天然气业务链、技术服务作业链和用户生产链的财政收入占地区财政收入的比例；⑥对居民收入的贡献：油气田公司对地区居民收入的贡献率，包括天然气业务链提供的职工工资、技术服务作业链企业的职工工资和用户生产链企业职工工资占地区职工工资总额的比例；⑦替代高碳能源：用天然气替代高碳能源后减排的总量；⑧天然气利用产业集群的贡献：天然气应用于低碳产业、低碳城市构建、低碳工业园区建设中相比其他能源减排总量。

(2)环境效益指标。①改善大气质量对人体健康的贡献：包括总悬浮颗粒减少对大气环境的贡献价值和 SO_2 减少对大气环境的贡献价值；②改善大气质量对农林等的贡献：包括根据天然气替代煤减少硫沉降对地区农作物和林业的损失、当年对农作物和林业的损失价值、天然气替代煤使硫沉降减少率等。

(3)骨干企业经济效益指标。①企业净利润：在利润总额中按规定交纳了所得税后油气田公司的利润留成；②企业销售利润率：企业一定时期销售利润同销售收入净额的比率；③企业投资回报率：企业一定时期净利润同总投资的比率。

6. 绿色发展保障

(1)制度与政策创新指标。①低碳制度执行创新：国家低碳制度执行与创新情况；②低碳政策执行创新：国家扶持天然气产业适应绿色发展的相关政策的执行与创新情况。

(2)天然气技术创新指标。①天然气生产技术创新：天然气生产过程包括物探、钻井、井下作业(包括试油、酸化及酸压、压裂、修井)、采气生产中技术创新情况；②输送技术创新：天然气输送过程中技术创新；③储气技术创新：天然气储气过程中技术创新；④天然气利用技术创新：提高城市燃气、压缩天然气、工业、化工、发电利用效率的技术创新。

(3)财务与金融创新指标。①天然气财务管理创新情况；②天然气市场交易中心健全和完善情况；③天然气金融市场体系健全和完善情况；④天然气清洁发展机制项目执行情况。

(4)天然气文化创新指标。①天然气产业低碳责任与文化。主要体现在保证天然气资源安全，应对气候变化，促进经济发展3个方面。②天然气骨干企业责任与文化。主要是建立节能减排的责任与文化，生产和使用天然气清洁能源的责任与文化，需要合理调整天然气产业与能源结构，开发有利于节能减排的天然气技术，关注二氧化碳捕获、重复利用和埋藏，以实现节约能源、保护自然生态和经济可持续发展的目标。③员工低碳责任与文化。倡导绿色生活方式、绿色办公、理性消费理念，引导人们向低碳生活方式转变，使之成为大家的普遍行为。④绿色出行比率。是指采取相对环保的出行方式，通过碳减排和碳中和实现环境资源的可持续利用和交通的可持续发展。

(5)碳管理创新指标。①天然气产业低碳战略与规划管理；②天然气产业组织与人才创新管理；③天然气产业风险管理创新；④天然气产业国际低碳管理合作、交流与话语权。

第三章　天然气勘探开发生态文明建设模式与途径研究

第一节　天然气勘探开发关键作业对生态环境的影响机理

一、地震勘探作业对生态环境的影响

（一）地震勘探作业流程

地震勘探是寻找油气矿藏较好的一种方法，通过人工爆炸（炸药作为震源）或非炸药震源（发射空气枪、电火花震源、蒸汽枪震源等）的方法激发地震波，再利用地震仪接受地壳震动引起的地震波在岩石层中的传播情况与规律，通过计算机处理，作出地质解释而获得地层的储气（油）构造，以查明地下地质构造，是寻找油气田或其他矿产的一种物探方法，也是物探方法中最有效的方法。其作业特点是作业时间短、地震测线呈线状或网格状。

（二）地震勘探过程中的主要污染源及影响

地震勘探阶段的环境污染源主要是放炮震源和噪声源。地震钻井泥浆会对地表水和地下水产生影响，在有地下水进行炸药爆炸作业后，对地下水的影响会加剧。地震勘探时会对一些地区的地层结构、地下水源产生不利影响。炸药爆炸产生有毒气体，这些气体在炮井中溶解于水，会对地下水造成不同程度的污染。震动和噪声会影响野生动物的正常生活习性，以及炮孔附近的植被造成影响。

二、钻井作业对环境的影响

(一)钻井作业过程

钻井是利用一定的工具和技术,用足够的压力把钻头压到地层,用动力转动钻杆带动钻头旋转破碎井底岩石,在地层中钻出一个较大孔眼的过程。钻井工程主要包括:利用钻头、钻具等工具,按照钻进技术高效率地切割岩石,取岩心、固井和完井,预防与处理钻井事故等。钻探工程主要包括主体工程(钻前工程、钻进工程、完井工程)以及附属工程。

钻前工程一般包括井场建设、设备搬运安装。针对项目所在地层特点,采用空气钻、常规钻或两种相结合的方式进行钻井。完井后,若勘探井不产天然气或所产气量无工业开采价值,则将井口用水泥封固后搬迁,放弃的井场应进行植被恢复和复耕。附属工程主要为施工现场、生活营地、附属设施、井场道路及施工变道等。

(二)钻井过程中的主要污染源及污染物

钻井过程中的主要污染源及污染物:在钻井过程中不但会占用土地,破坏地表植被,而且会排放废钻井液、机械冲洗水及跑冒滴漏各种废液、油料等污染物。钻井阶段的污染源主要是来自钻井设备和钻井施工现场,在实际生产作业过程中产生大量的固体废弃物、废水、废弃泥浆、岩屑、噪声等各种污染物,对环境造成一定的影响和危害。

1. 固体废弃物

钻井过程中产生的固体废弃物主要有废弃泥浆、钻井岩屑和生活垃圾等。废弃泥浆主要是钻井过程中无法使用或钻井完工后弃置于泥浆池中的泥浆,以及施工过程中由于各种原因溅落在井场的泥浆，其中含有大量石油类物质和处理剂。废弃泥浆对环境的影响主要取决于泥浆本身的组分，给环境造成危害的主要是可溶性金属元素，石油类及酸碱类污染。不同钻井过程中产生的废弃泥浆由于其组分和使用处理剂的类型的不同产生不同的环境影响，其中油基泥浆有毒有害物质含量高，用量大，对环境影响大。

钻井岩屑主要指在钻井过程中被钻井破坏、通过泥浆循环带回地面的地层岩屑。钻井岩屑对环境造成影响的主要物质是与岩屑相混杂的泥浆和石油类物质。生活垃圾是由于钻井作业队伍在钻井作业期间吃、住、行等活动都在井场附近，会产生大量的生活垃圾，对环境具有一定的影响。

2. 废水污染物

钻井过程中水的使用量较大，配制泥浆、冲洗井底、冷却泥浆泵以及设备润滑等都要消耗大量的水，不可避免地要产生大量废水，容易造成环境污染。钻井废水中主要污染物为石油类、悬浮物、COD、挥发酚、有机硫化物、泥浆混入物（铁铬盐、褐煤、磺化酚）等，pH偏高。主要包括机械废水、废钻井液、冲洗废水及其他废水等几种。

3. 废气污染物

钻井施工中使用很多动力设备，其运转主要依靠燃烧油料提供动力，因而会产生大量的烟气、烟尘，这是钻井废气的主要来源，其中包括的主要污染物成分有二氧化硫、氮氧化物、烃类、一氧化碳和烟尘等。在钻井过程中从井口逸出的天然气、硫化氢等。

4. 噪声

柴油机、联运机、发电机、泥浆泵、钻机等设备以及生产过程中设备与底座、底座与基础、钻盘与方补心等各种振动冲击碰撞、快速放气阀产生的异常刺耳的气流噪声等，是构成钻井噪声的主要来源。这些噪声在钻井作业停止后,立即消失。

(三)钻井作业及存在的环境影响

1. 对社会环境的影响

占用耕地。钻井作业永久性征用耕地,尤其是高产良田,将会影响当地农业生产和农民生活水平。实际上,任何开采活动都不可避免地需要占用一定的面积用来修筑道路、固定井架、建立陆上钻井平台、停放钻井器械及建立必需的生活设施,以保障钻井活动的顺利进行等。据估计,正常情况下每一口井的钻井占地面积大约为 $1500m^2$,甚至更多。

建筑物拆迁。考虑到安全、环保等因素,要求对范围内的建筑物进行拆迁,居民永久性搬迁,这会给搬迁居民的正常生产和生活带来较大干扰,也会在经济上产生一定影响。

对基础设施的影响。《钻前工程及井场布置技术要求》规定油气井井口距高压线及其他永久性设施不得小于75m,所以在生产中将会对范围内的电力、通信等基础设施进行拆除,会给居民生产生活造成短时间的影响。

2. 对生态环境的影响

对土壤环境的影响。施工过程中的机械碾压、人员践踏等活动都会对施工界限外的土壤产生不良影响,表现在机械设备的碾压和施工人员的践踏使土壤紧实度增高,影响表土通透性,进而影响植被的生长。完钻复耕后的土地因理化性质改变、肥力下降,农作物及其他一些经济型林木难以生长。

对植被的影响。钻井作业中公路、井场等建设会改变地形、地貌及破坏地表植被,原有地表土体结构和土壤理化性质发生改变,进而改变了一些植物的生存环境。施工中会产生大量尘土,这些尘土附着在植物叶片表面,影响植物光合作用,尤其对植物幼苗影更明显。钻井过程中人为有意或无意破坏也是影响植被的一个重要原因。

对动物的影响。钻井作业也会使周围动物生境发生改变，尤其是施工产生的噪声会对周围的动物产生很大影响。

对水土流失的影响。井场公路、井场修建时会堆放一定量的土石方，这必将破坏土体的自然平衡，引起水土流失。特别是施工期间，地表植被遭到破坏后表土变得疏松，川渝地区夏季降雨量大，将会造成一定的水土流失。

对景观的影响。天然气钻井作业对景观的影响主要体现在井场道路修建上。相比高速公路、省市县道等，天然气钻井作业修建的公路短、窄，产生廊道效应微乎其微。因此，修建的井场公路会在小尺度上改变景观斑块性，造成农田景观（生境）的破碎化，影响其连接度。

3. 对环境的污染

对土壤环境和水环境的污染。钻井过程中产生的固废、废水，如果处理不当乱弃乱排，会污染周边土壤环境和水环境。钻井废弃物外泄导致附近农田、浅层地下水等遭受不同程度的污染事故，极大地影响农民的正常生产与生活。尤其是土壤环境一旦遭污染很难修复。实践证明，在钻井过程中，钻井液对于周围的土壤环境，废弃钻井液对土壤及其农作物都有一定的影响。其化学添加剂的种类和数量都将大幅度增加，如果废弃的钻井液被直接排入生态系统，必将对环境造成极大的危害。

噪声污染。钻前施工机械产生的噪声与钻进时钻井设备产生噪声不但对施工人员影响很大，而且对周围敏感目标及其他动物也会产生一定的影响。尤其是夜间施工作业，各种机械设备同时运行产生的噪声经叠加后会严重影响附近居民的生活，而且这种影响会持续几个月。

三、井下作业对生态环境的影响

(一)井下作业流程

井下作业是油气开发进行采油生产的重要手段之一,是对油、气、水井实施油气勘探、修理、维护正常生产、增产、报废前善后等一切井下施工的统称。井下作业是石油开发中的重要环节,主要工艺过程包括射孔、酸化、压裂、试油、修井、清蜡、除砂等作业环节。

(二)井下作业过程中的主要污染源及影响

井下作业其主要污染物有固体污染物、液体污染物、落地原油、气体污染物、噪声等。井下作业产生的废水中,石油类污染物、有机物及固体颗粒含油高,废水矿化度高、腐蚀性大,固体颗粒粒径小,若大量外排将对环境产生较大的危害。井下作业产生的废气主要是施工过程中挥发的烃类气体,例如通井机、压裂车、酸化车等车辆产生的尾气,油气井作业时逸出的或水井酸化、管线酸洗时产生的硫化氢气体,其主要污染物成分有二氧化硫、氮氧化物、烃类、硫化氢、一氧化碳和烟尘等。噪声主要来源于通井机、压裂车、酸化车等车辆工作时产生,都将对环境造成影响。

四、天然气开发作业流程对生态环境的影响

(一)天然气开发作业流程

天然气开发过程系指井口出口开始至天然气处理(净化)厂出口的一个过程系统。从总体工艺上划分,天然气开发过程包括三大环节,即单井站、集气系统和处理(净化)厂。气井井口产气,经集气

系统集中和计量后，输送到处理（净化）厂进行处理，合格后外输。

随着各气田地质和气源条件的不同、开发时期的不同、建设环境的不同，所采用的地面建设方式及处理手段也不尽相同，分别形成了适合自身气田特点的主导建设模式。

各气田的产气性质不同，对于某些气田，产气组分比较单纯，如青海气田，产气经脱水后即能满足外输要求；而对于塔里木气田，所产气中重组分含量超标，所以需要经过脱水和脱烃工艺以保证外输气的质量；对于川渝气田，由于产气中含 CO_2 和 H_2S，所以需要经过脱酸气、脱水和硫磺回收等工艺以保证外输气的质量并满足环保排放要求。

（二）天然气开发过程中的主要污染源及影响

天然气开发过程中对于环境的污染物质主要有钻井过程中的钻井液（泥浆），包括油基钻井液和水基钻井液；油气开采、试井、钻井过程及事故（如井喷等）中的落地原油；油气井大修中的洗井液；油气储运过程中产生的油气泄漏以及油气生产、开采、储运过程中产生的含有污泥等。

1. 分布特点

地域分布的广阔性。天然气田污染源地域分布的广阔性主要是由天然气资源的分布决定的，天然气资源一般生成在陆相沉积、海相沉积和海陆过渡相沉积相中，分布广阔，使得气田开发的过程产生的污染也相应地呈现广阔性。

点源分布的高度分散性。天然气田基本的污染单元是地震炮孔、探井、注水井和采气井，此外，还有计量站、接转站、联合站、压气站、脱水站、油库、天然气净化处理站等。它们由油、气、水管网联成一个整体，形成高度分散的点污染源。

面污染源分布的区域性。一个天然气区通常包括许多气田，大小不一，小的只有几平方公里，大的有几百或几千平方公里。它们由众多的点源(采气井、接转站、联合站等)组成,形成没有具体厂界的区域性污染源。

与地方工业污染源的交叉性。许多气田的开发建设与原有地方工业及其他行业所属企业相互交叉分布,这种相互交叉的情况,随着地方工业及其他行业所属企业的发展而日趋明显。

2. 排放特点

点源与面源兼有,以点源为主。天然气开发最基本的组成单元是气井、钻井工程、联合站和计量站等,这是天然气开发生产中主要的点污染源,众多的点污染源构成面污染源。对于油气田公司来说,有些设施的生命周期比较稳定,例如集输设备、油气处理和储存设备、注水设施等,污染物的排放量只是随着油气田公司产量的变化做相应调整。在这些设施中,其污染的排放大多是以点源排放为主。天然气开发的污染源还有较强的流动性,由于天然气勘探、钻井、井下作业等施工工程具有生产周期短、流动性大的特点,在作业过程中排放的污染物具有较强的流动性。

无组织排放与有组织排放兼有。就气田废气排放而言,大多以无组织排放形式排入环境,如钻井、井下作业时使用的大功率柴油机的烃类气体排放,钻井、井下采气过程中井口伴生气释放等,联合站内的天然气储罐大小等,都属于难以避免的无组织排放源,而柴油机的废气排放、加热炉、蒸汽炉则属于有组织排放。

正常生产排放和事故排放兼有,以正常生产排放为主。在天然气开发过程中,正常生产中的排放是不可避免的,如气田废气排入环境,钻井过程中大功率柴油机的烃类气体排放,井口伴生气释放等。由于人为因素和自然灾害的影响导致石油、天然气的泄漏,也是难免的。

连续排放与间歇排放兼有,以间歇排放为主。天然气开发各生产过程中排污多以间歇方式为主,如含气污水的排放,其中钻井污水、洗井污水、井下作业污水均属在施工期间的间歇排放,只有油气采出水的排放属连续排放，处理后回注，固体废弃物和钻井施工期间的噪声、废气排放更具有间歇排放的特点。

可控排放与不可控排放兼有，以可控排放为主。气田环境污染源的可控性，是气田的一大特点，主要体现在气田采出水的可控性方面，气田含油污水的处理率已高达98%，废水回注率接近100%，而由于人为操作原因导致的油、气、水、钻井液、泥浆等的排放属于不可控排放。

污染环节多，污染物排放无规则。天然气开发主要由地质勘探、钻井、测井、井下、油建、采油、集输等多单位来完成，不同的作业工程都有各自的排污行为，不同作业单位同时可能造成多处污染，同一单位不同地点作业可能造成污染数起，排放的污染物在时间上继起，在空间上重叠，其排放量、排污口位置、排污时间、排污方向、排污原因、排污种类，均没有一定的规则。

污染物有害成分繁多，污染潜伏期长。在天然气开发过程中要产生大量有毒有害物质，主要有：在天然气开发过程中使用多种化学添加剂、絮凝剂、杀菌剂、固化剂、压裂液、酸化液、调剖液、解堵液、放射性物质等，各种药剂和物质存在不同的毒性和腐蚀性，对土壤、地下水、地表水、大气影响较多，对人和其他生物有一定的危害。以钻井泥浆为例，钻井是高技术工艺，风险性较大，为防止井下发生卡、塌、漏、喷等情况，需分阶段配制不同成分的泥浆，其成分主要有纯碱、重铬酸钠、硫酸钙、铁铬盐、磺甲基丹宁等，这些工艺上的必需品除少量残留在井内和回收处理外，大部分随钻井泥浆、岩屑等废弃物堆积在井场，不但占压大量土地，而且长期风化流失，给生态环境造成严重危害。输气管线的破裂泄漏会对沿途环境(土壤、水体等)造成严重污染，大量的泄漏可以及时发现，而微量的泄漏可能很长时间都不会被发现，由于管线的深埋，污染面积大，因此对周围环境(土壤、水体等)的影响是长期性的。

3. 环境影响特点

环境影响的时间性。气田开发过程的环境影响具有一定的时间性。有的属于暂时性的污染，如地震噪声、作业噪声、气体临时排放噪声等，在施工和作业时产生、施工停止时即消失；有的属一定时期内的污染，如钻井污水、钻井废弃岩屑、落地原油、油砂等。由于作业的周期有长有短，而在作业后即停止排放，因此这些污染物的存在时间有限，对环境造成一定时间内的影响；长期性的污染，如连续排放的采出水（含油污水）、炼化污水、烃类等，在气田生产过程中随时产生，其影响贯穿于气田生产全过程。

环境影响的可恢复性与不可恢复性。天然气开发工程属于资源开发型建设项目，天然气资源作为一种矿物资源是难以再生的，除对水体、大气、土壤环境造成污染外，还表现在对地层和地表景观的破坏以及对原始自然生态环境的改变。这种对原始自然生态环境的影响有些是可以恢复的，而有些影响则不可恢复或难以恢复。

环境影响的全方位性。所谓环境影响的全方位性，是指气田开发工程对环境的影响不仅表现在对大气、水体、土壤等方面，还表现在对生态环境，乃至居住环境等诸多方面。

环境影响的双重性。气田开发工程对环境带来的影响并不全是不利影响。同任何事物一样，具有双重性，即气田开发对环境产生污染的同时还有有利的一面，如：气田开发建设在改变原有生态环境的同时，又建设了一个与原有生态环境并存的新的人工生态系统。由于合理规划和建设，这一系统较之原有环境更适合人们的生产和生活，同时对当地及周边地区的社会经济发展也可能起着极大的促进作用，有利于人类生存环境的改善。

（三）天然气生产过程中温室气体排放

根据IPCC以及国内外油气行业对温室气体排放源类别的规定，天然气生产过程中温室气体排放源划分为四大类：燃烧排放源、过程与放空排放源、逸散排放源和间接排放源。其中燃烧排放源、过程与放空排放源和逸散排放源可划为直接排放源一类里。

1. 燃烧排放

燃烧排放主要指通过燃烧设备产生的温室气体排放。燃烧设备包括发动机、加热器、燃烧器等固定源以及企业内部自己控制的交通运输设备。对于燃烧排放来说主要有 CO_2、CH_4 和 N_2O 三种温室气体的排放。

2. 过程排放

过程排放主要指工艺过程排放，诸如放空火炬燃烧排放、生产工艺中脱水装置的排放、天然气净化过程等正常或非正常工况下的工艺排放。工艺过程与放空排放产生的温室气体视具体工艺情况而定，比如脱水装置产生的过程排放主要指 CH_4 气体的排放。

3. 逸散排放

逸散排放主要包括：①天然气在开采、运输、处理等过程中由于管道裂痕、法兰及装置密闭性问题等出现的无意泄漏，这部分逸散排放中产生的温室气体主要是 CH_4；②废物(废气、废水、固废等)处置所产生的温室气体排放，这部分产生的温室气体类别视处置具体情况而定，如废水无氧降解过程主要产生 CH_4，废气燃烧排放主要产生 CO_2。间接排放包括外购的电力、蒸汽、原材料等在其生产过程中产生的温室气体排放。

五、天然气净化作业对生态环境的影响

(一)天然气净化作业流程

部分气田生产的含硫天然气，将腐蚀输气管道和设备，危及输

气系统的安全生产。另外含硫天然气燃烧后排放的 SO_2 会污染大气环境，因此要将含硫天然气送至天然气净化厂进行脱硫处理，将 H_2S 转变成工业原料硫磺，既获得了净化天然气，又变废为宝。原料天然气在净化厂经过滤分离、脱硫、脱水后，干净化气送至厂外输气管线；脱硫单元产生的酸气经硫磺回收后，送至尾气灼烧装置灼烧后放空。

(二)天然气净化清洁生产特点

在实际开采过程中，大部分的天然气都需要通过天然气净化厂脱硫、脱水等净化处理工艺，去除其中的有毒气体和杂质才能够转化为可供直接使用的天然气资源，并通过硫磺回收装置将有毒气体 H_2S 和有机硫转化为工业原料硫磺，因此天然气净化本身就是一项以生产清洁能源为目标的清洁生产。与其他行业相比，天然气净化厂在清洁生产水平评估方面还有以下特殊性：

1. 天然气净化工艺复杂

天然气净化工艺主要包括脱硫、脱水、硫磺回收工艺及尾气处理工艺，且工艺种类多种多样。脱硫工艺的主导工艺是胺法以及砜胺法；脱水工艺通常使用三甘醇法，需要深度脱水时则采用分子筛法；硫磺回收工艺主要采用克劳斯工艺及克劳斯组合工艺，因酸气 H_2S 浓度的不同而有多种工艺；尾气处理工艺主要有低温克劳斯法及还原吸收法，它还与克劳斯工艺组合而形成了一些克劳斯组合工艺。

天然气净化工艺的选择是依据原料天然气的气质组分、产品指标、处理规模、以及废气排放指标的要求等而共同决定的。同时要综合考虑所选工艺的经济性和耗能小，从而导致所选工艺的唯一性。

2. 工况偏离设计值常态化

天然气净化厂是建立在气田开发基础上的。目前的气田多数采用衰竭式开发，其生产量通常呈现递减趋势，生产寿命也有限，随着气藏的衰竭原料气气质组分也会随之发生变化。并且，气藏性质不同的、原料气气质也有会存在差异，从而导致天然气净化厂的运行工况如温度、压力、流量等随着原料天然气气量和气质的变化而变化。气田本身的非稳产状态决定了净化厂在很多情况下很难维持在设计值范围内运行。

(三)天然气净化作业污染源对环境产生的影响

1. 生产废气排放

因天然气净化厂采用的脱硫工艺不同而不同，SO_2 排放量从每小时几千克至上百千克不等，近年来新建的天然气净化厂由于采用了先进的脱硫工艺，SO_2 排放量一般都小于 10kg/h。

2. 废水排放

正常生产废水中主要污染物有 COD、石油类、氨氮及硫化物等。设备大修时将产生检修废水(主要是设备、场地冲洗水)，其中 COD、石油类含量高，将废水贮存于检修污水池，在生产过程中，与其他污水调配处理。污水重力流汇至污水处理装置，经调配、气浮、生化、沉淀、过滤、吸附及消毒等处理，达到 GB 8978－1996《污水综合排放标准》中新(改、扩)建设项目污染源排放浓度的一级标准。

3. 噪声源情况

天然气净化厂的噪声主要有风机噪声、工业泵噪声、排气放空噪声等，噪声主要污染源为空压机、氮气站。通过合理设备选型和噪声治理措施，厂区内噪声可控制在 80dB(A)内。

第二节　天然气勘探开发生态文明建设模式研究

一、构建依据

(一)天然气开发与环境需要互为生存

天然气产业面对日益凸显的能源与环境的挑战，掀起了一股"绿色"浪潮。天然气开发建设不同于一般的工程建设项目，对开发区域的生态环境必然会产生影响。在我国自然环境恶劣地区和环境脆弱地区的天然气开发作业会直接导致天然气勘探开发与环境的冲突。

天然气开发在现有的勘探开发技术条件下，在生产过程结束或放弃生产时，避免不了对环境造成影响或破坏。通过勘探和开采之后的补救措施，来修复、维护环境，以及不断提高勘探和开发技术，加大在钻探与开采期对环境的法定手段来弥补、修复、培育环境，以此来减少对环境的破坏，确保天然气开发和环境的和谐安全。

在现实中天然气开发与环境安全都应从生存与发展的深层次来同等对待，而不是以短期的利益来确定，天然气开发既要做到和谐生产，又要保护环境。很多环境问题是一种缓慢的积累过程，刚开始可能不会有很大的影响和后果，称不上是对环境安全形成威胁，也就得不到足够的重视。

生态文明强调人与自然的和谐相处，要求不能为了经济利益而牺牲人的生存安全的权利。天然气开发技术人员在勘探天然气的过程中势必会接触到许多有害物质（CO、NO_x、HC、SO_x、铅、挥发性有机物等），特别是针对含硫化氢的气井钻探开采危险性非常大。

(二)勘探开发全过程需要强化生态文明建设

在天然气开发初期(经济增长期),天然气开发在经济中占据了首要位置,而环境安全在天然气开发的过程中,要按程序和要求实施。天然气开发中期(经济稳定期),经济产出处于平稳阶段,对环境的影响和污染因素比初期逐渐增多,就要求对环境保护必须加大投入。天然气开发后期(经济动荡期),经济产出处于不稳定、下滑阶段,对环境的影响和破坏因素,处于不可预见时期即危险阶段。

二、勘探开发生态文明建设模式架构

天然气开发主要工程活动有勘探工程、钻井作业、地面工程建设及相关辅助工程的建设。天然气开发和环境安全在经济发展的初期到后期,都应放在同一位置和水平上,才能确保两者和谐共存。特别是在设计和实施过程中,天然气开发利用对环境安全的可预见性和不可预见性的技术措施、手段和投入,应放在经济发展的前沿(图 3-1)。

作业流程	污物排放	管控重点	发展方式	发展途径	发展目标
地震勘探	固体废物	关键业务	低碳经济	生态价值	生态矿区
钻井工程	废水排放	保护区	循环经济	作业环保	节能企业
测井工程	废弃排放	居民	持续发展	生态技术	消费生态
集输工程	废弃泥浆	地企协助	消费生态	节能减排	规划目标
地面工程	钻井岩屑	应急预案	创新驱动	政策保障	年度目标
净化工程	作业噪声	HSE体系	制度变革	组织领导	示范目标

图 3-1 勘探开发生态系统建设机制构建图

第三节 天然气勘探开发生态文明建设途径与实证

一、加强天然气资源开发与环境保护力度

全方位加强勘探，发展非常规天然气，增强我国天然气供应和储备能力。坚持立足国内，持续加强以常规天然气为重点的能源生产供应体系建设。加快与社会资本、民营资本的合资合作理储采比，实现产量持续稳定增长。努力统筹国内国际两种资源，突出重点勘探开发区，推动天然气发展国际国内一体化。加快我国页岩气和煤层气产业基地建设的产业化示范区建设，促进页岩气、煤层气生产和利用规模化。

(一)天然气勘探开发文明生产，确保人身安全

为了确保生产人员及周边群众人身安全，采取的具体措施包括：①严格按照国家安全生产监督管理局编制的《陆上石油和天然气开采业安全评价导则》，做好开采天然气开采的安全预评价、安全验收评价和安全现状综合评价。②在生产作业技术上加以安全保证。在作业现场有可能出现硫化氢气体的部位应安装固定式硫化氢探测仪，工作人员应配备便携式硫化氢探测器；作业人员易于看到的地方应安装风向标、风速仪等标志信号。同时，要进一步加强与国内外高含硫气田开发公司、国内外研究院所的合作，使企业适应高含硫气田的开发。③所有生产作业人员和周边居民都应该接受硫化氢防护、安全意识和防范、自我保护意识培训，提高对防范硫化氢中毒的认识。④提高应灾处理能力。政府应建立紧急事故应急预案，在井喷事故发生后尽可能将人员财产损失降低到最小。油气田公司应加快应急监测能力建设，以便及时了解和处置突发污染事件。同时要建立企业内部环境监测机构，开展地表水、地下水、环境空气、土壤、

生态等日常监测工作，企业环境监测站要适应污染源监测、环境质量监测和应急监测的要求，重点污染源实现自动在线监测。油气田公司要进一步深化本辖区、本部门和本单位的环境污染事故应急预案，建立污染排放浓度超标和生态环境安全的预警机制，对重点污染源、重大环境隐患进行监控。

（二）加强天然气勘探开发中生态环境保护机制建设

1. 勘探开发天然气过程中，加强对气田周边环境的保护

天然气勘探开发利用还不够成熟，勘探开采设备陈旧，勘探开发效率低下；高含硫天然气田开发难度大、危险系数高；天然气净化处理程度不够等突出问题还没有得到解决。特别是针对含硫化氢的气井钻探开采危险性非常大，必须使其井控装置更为完善，应增加多重保险，尤其是远程控制（甚至包括井下控制）的研究，保证在各种状况下都能有效控制井口。同时应加强地面监控系统自动报警的研究，出现情况自动报警，避免人工监控的疏忽和失误。另外，由于硫化氢气体对管材和水泥均具有极强的腐蚀性，为了保证气井开采的安全，在现有高含硫气井固井、完井技术研究的基础上，应针对具体的气藏，对套管和油管材质、固井水泥浆、完井工艺、完井管柱及防腐工艺措施进行深入研究，提出最佳方案，确保高含硫气藏在开采过程中的安全。这样才能避免勘探开发天然气的过程中破坏周边环境，实现以天然气资源的开发利用践行生态文明的根本目标。

2. 天然气开采和净化处理过程中，应建立环保机制

为提高天然气勘探开采和净化处理的实际效果，应建立一套完备的环境保护机制来评估勘探开发质量，监督勘探开发对环境影响的每一个环节，才能在保证环境效益取得的同时，也实现经济效益。

(三)创新气田的生态环境损害的恢复治理方法

1. 提高环保管控水平,适应政策环境要求

健全完善公司环境保护制度框架,加大制度宣贯推动,培养和树立员工刚性的环境意识。协调联动抓好建设项目生态文明建设绩效评估指标与环保措施落地,优化完善环境风险识别评价方法并建立长效机制,抓好钻井无害化处理、净化厂尾气外排达标处理等技术攻关与现场试验,扎实推动环保技术进步。开展环境监测机构人员配置调整和实验室改造,持续夯实环境监测基础管理。

2. 强化对于油气集输过程中的污染控制

为减少油气集输过程中的大气污染,必须加强大罐抽气、原油稳定及轻烃回收等工艺的研究和应用,进行回收处理。同时分清管道漏气类型及原因,包括腐蚀穿孔、人为事故、自然灾害事故及机械性损伤事故等。注意定期进行漏油检测,对于漏油量较大的情况,可以采用流量增加或压力降低检测法、压力梯度法、负压力波法、在线平衡法以及动力模型法等进行检测;对于规模较小的天然气漏失可以采用差压实验法和智能清管器法等。

3. 加强钻井液和洗井液选择与控制

首先应选择环境可接受泥浆或称为环境友好型泥浆并尽可能地节约。同时加强废液返注的研究和应用工作,尽可能地将对环境有害的钻井液和洗井液经简单的处理以后进一步经注水井注入地下。可以使注入的废液参与开发,即作为开发的动力,也可以选择与开发无关的地层,注入地下。做这种工作时一定要研究好地层的特性,注意注水给相邻地区和地层带来的影响并注意跟踪检查。四川石油管理局设计了一种钻井防污土建结构,该结构与原结构相比能杜绝处理渣泥流入废水沉砂池参与废水循环,也可以防止废弃钻井液和

陶罐泥浆水直接进入沉砂池，因此能较好地控制钻井废水浓度，在一定程度上提高钻井废水达标率。同时，这种结构有进一步隔油、净化等特点，值得现场推广。

(四)做好天然气资源开发对当地环境生态补偿工作

大规模、全方位、高强度的天然气开发，给资源地带带来了一系列生态问题，如耕地占用、环境污染、地质灾害、生态移民安置及后期扶持难度加剧等问题。在资源项目建设之前，就要建立公平、合理的资源补偿标准。由专门的评估公司对天然气开发所带来的各种负面影响进行合理评估，项目开发企业严格按补偿标准和评估结果对当地环境进行补偿。

根据我国油气资源和生态环境补偿机制的现状与问题分析，结合国外一些做法，可从以下几个方面对油气资源开发的资源和生态环境补偿机制加以完善：①将矿区使用费、资源税和资源补偿费合并为资源补偿费，并提高标准。②对合并后的资源补偿费，收费依据还是采用企业的开采量。③加大对排污收费制度的收费力度。④新开征生态补偿费。⑤在现阶段不要将油气资源和生态环境的补偿延续到石油的下游产品，条件成熟时，再考虑延伸。

二、加强勘探开发的关键业务领域环境保护

(一)控制钻井作业对环境污染

为保护项目所在区环境，钻井作业必须从确定井位、钻前工程和完钻后三个阶段中给予重视，并采取必要的防治措施保护环境。

1. 钻前工程的环境防治

钻井作业环境污染的对策。为保护项目所在区的社会和生态环境，钻井作业必须从井位确定、钻前工程和完钻后废物处理与地表

恢复三个阶段中给予重视，并采取必要的防治措施。确定井位阶段要重视社会区域环境和生态基础资料的调查研究，认真做好社会区域影响与环境影响分析，请环保专家和当地相关部门人员直接参与井位确定工作和征求他们的意见，加强社会区域发展与环境保护的总体决策。天然气井井位确定时，井口位置应满足《钻前工程及井场布置技术要求》有关井位确定的距离要求，井口500m范围应绕避下列环境敏感目标及区域：①地质结构不良地段和河滩地；②饮用水水源保护区；③生态敏感区；④城镇及工业规划区；⑤自然保护区。

钻前施工过程对环境的影响最大，而且很多影响是后期难以消除的，因此要给予足够的重视，可以采取以下措施：①制定严格的环保措施，对所有施工人员进行环保政策宣传及环保知识的普及，在思想上认识保护环境的重要性；②划定施工界限和范围，明令禁止对施工界限外的土壤或植被进行扰动或破坏，对于临时性占地做出严格的规定，尽量少占用土地；③施工前应根据周围地形地貌、植被概况及季节降水量制定相应水土保持措施，尤其是针对地表植被剥离后裸露的地表和弃土场的水土保持措施；④对钻井作业造成居民拆迁与基础设施的拆除，应按相应规定提出拆迁、安置、重建的补偿措施。完钻后井场遗留废物处理和生态恢复要严格落实有关"三废"处理措施与生态恢复措施，主要包括：完井后对井场固废实施减量化、无害化处理，通过固化等处理工艺以分散处理或集中处置的方式减轻或消除对环境的影响。

2. 钻井作业过程中采取的环境防治措施

钻井试修作业污染事故的预防和处理。修建污水池时在保证质量的前提下做好池壁防腐技术处理，完井后及时对固体污染物积极进行无害化技术处理，废水经过物化或生化技术处理后进行回注处理。

生产过程中污染事故的预防和处理。完善场站清污水分流系统和集污坑，为安装有收球装置的井站配置便携式水泵，便于及时处理清管通球作业产生的废水。引球放空时做好开启闸阀的控制，尽可能避免猛开快放造成冲浅；做好更换或添加六剂（脱硫剂、缓蚀剂、三甘醇、化排剂、防冻剂、消泡剂）管理，合理处置其废弃物；提气排液作业中，做好风向的环境因素的观察，避免在大风时候废水被吹到附近农田及农作物上；加强有组织的点燃放喷。

增压站噪声污染的预防和处理。根据增压站实际情况采取成熟的技术措施消减固定噪声源，如吸声、屏蔽、隔离、扩容、变频、减震、阻尼等降噪原理和治理技术，对设备采用复合式降噪方式，给员工配备隔声耳塞等。

3. 完钻后的环境防治措施

完钻后井场遗留废物处理和生态恢复要严格落实有关"三废"处理措施与生态恢复措施，主要包括：①严格限制污染物的排放和传播。对于完钻后井场固废、钻井废水应及时无害化处理，不得乱弃乱排，以防污染水环境和土壤环境。②完钻后做好土地和植被的恢复工作。临时性征用的土地及无开采价值废弃的井场应及时恢复到其原来土地利用状态；无害化治理后的废水池和岩屑池及时覆土恢复植被，植被恢复应遵循适地适植的原则。

（二）地面工程安全风险消减

天然气开发必须建立和实施一种连贯的 HSE 管理计划，以涵盖工程的方方面面。为有效管理 HSE 项目，项目管理必须系统完整。根据地面工程项目开展的危害识别、HSE 的设计标准、安全理念行为准则、实际影响模拟、定量风险评估、工艺设施布局审查、危险作业界面分析、仪表安全完整性及仪表控制的保护职能评估、识别和建立关键安全控制和屏障、建立人员资格认证和上岗标准、制定应急反应计划、医疗服务评价、安全预评价、生态文明建设绩效评估指标、职业危害预评价，制定并完成与实际影响模拟等相关 HSE

技术基础工作。项目建设过程中，HSE管理必须全面覆盖建设过程中的各个方面，项目建成后的所有管理全部纳入企业的HSE管理体系。

（三）生产、施工两个现场的安全风险管控

以基层站队QHSE标准化建设为载体，狠抓安全环保责任制落实，紧密围绕基层现场风险管控核心，规范优化基层QHSE制度流程，推行卡片式管理，强化现场设备设施完整性管理，结合数字化气田建设提升无人值守场站的本质安全水平，督促硬件设施不能满足安全标准的场站及时调整管理模式；持续强化硫化氢泄漏防护，从安防器具配置、意识技能培训、监督考核等方面推动防控措施落地；坚持"五位一体"的承包商监管模式，强化项目管理单位和属地单位监管责任追究。

强化硫化氢泄漏防护，从安防器具配置、意识技能培训、监督考核等方面推动防控措施落地。探索推行"五位一体"的承包商监管模式，制定承包商HSE业绩考核制度，逐步"淘汰小而差、培养大而优"的承包商。发布《站场形象规范和员工行为手册》，有效地规范了形象行为；结合基层站队QHSE标准化建设，有效扼制了"低、老、坏"行为，并提升生产一线安全风险管控水平。

（四）实施天然气净化厂清洁生产

为了创造更大的环境经济和社会效益，进一步规范和加强天然气净化厂的清洁生产，持续提升其清洁生产水平。规范和指导天然气净化厂的清洁生产，持续提高净化厂的清洁生产水平，能够创造更大的环境、经济和社会效益。

清洁生产要求使用清洁的能源和原料、采用先进的工艺技术与设备、改善管理、综合利用等措施，从源头削减污染，提高资源利用效率，减少或者避免生产、服务和产品使用过程中污染物的产生和排放。其重点强调预防污染物的产生，即从源头和生产过程防止

污染物的产生，增加原料及中间产物利用率，实现节能减排、可持续发展。

天然气净化厂的清洁生产工作应当在符合国家方针政策的前提下，结合行业自身特点，以废物减量化、污染物达标排放和提供清洁的产品为目标，以生产技术持续改进和管理水平持续提高为基本点，不断提升自身清洁生产水平。例如，西南油气田公司各天然气净化厂采用先进的工艺、技术、设备，进行生产过程控制和管理，资源开发的回收利用，污染物的达标排放，以及环境管理等，从而促进净化厂的清洁生产水平持续提高，为净化厂实现更大的环境、经济和社会效益。具体做法：①强化清洁生产工艺与装备要求。对原料使用、资源消耗、资源综合利用以及污染物产生与处置等进行分析论证，优先采用资源利用率高以及污染物产生量少的清洁生产技术、工艺和设备。②加强节能减排技术应用。天然气净化厂应当采用先进适用的节能减排技术、工艺和设备，对生产过程中产生的余热、余压进行综合利用、对废水进行再生利用。③探索污染防治措施。"三废"的防治应立足于合理选择工艺流程和设备，以减少废气、废水、废渣的产生并做好综合治理，尽可能提高回收利用率，使天然气净化厂在正常生产状况下，符合国家或当地政府规定的"三废"排放标准及总量控制指标。④推行清洁生产管理。建立健全相关规章制度、过程管理、清洁生产审核及评估、培训、激励机制。

三、积极推进勘探开发生态技术研发与应用

（一）绿色钻完井技术

加强钻井液和洗井液选择与控制。应选择环境可接受泥浆或称为环境友好型泥浆并尽可能地节约，同时加强废液返注的研究和应用工作。尽可能地将对环境有害的钻井液和洗井液经处理达标以后进一步经注水井注入地下，可以使注入的废液参与开发，即作为开

发的动力，也可以选择与开发无关的地层，注入地下。

气井钻井或修井作业后，在向销售管线生产天然气前的最后一步是立即"清洗"井筒和气井周围的地层。一般情况下，这种完井方法包括将气井连接到敞开的地沟或储罐中收集砂粒、钻屑和油气藏流体以便进行处理。为了掌握气藏性质和气井产能，还要进行气井试井作业。

另外，还有气井排液技术、天然气管道不停输带压封堵施工创新技术、天然气管道抽吸技术、控制压缩机活塞杆密封系统泄漏、压缩机放空气回收减排技术、锅炉节能增效技术、烟气碳捕获技术、二氧化碳封存技术、火炬气回收减排技术。

(二)集输过程中的污染控制技术

为减少天然气集输过程中的大气污染，必须加强大罐抽气及轻烃回收等工艺的研究和应用，进行回收处理。同时分清管道漏气类型及原因，包括腐蚀穿孔、人为事故、自然灾害事故及机械性损伤事故等。对于漏气量较大的情况，可以采用流量增加或压力降低检测法、压力梯度法、负压力波法、在线平衡法以及动力模型法等进行检测。

(三)天然气净化处理技术

天然气勘探开发过程中伴随着含硫元素的有害物质，对环境的危害性极大。天然气勘探开发企业应大力加强天然气净化处理能力，按照净化厂建设及相应配套产能建设要求，将高含硫气田项目部署分为若干个具体目标，建设天然气净化厂，并针对具体区域具体实施净化处理措施。随着目前环保标准的日趋严格，完善配套的天然气净化工艺技术，减少天然气净化厂净化处理所带来的环境污染已成为当务之急，具体表现在优化总工艺技术路线、脱硫溶剂的选择、硫磺回收和尾气处理工艺的选择、工艺设备和材料的选型以及硫磺成型工艺等方面都必须上一个新的技术台阶。天然气生产过程中，还会有废水出现，可以利用一些新技术来循环利用。例如，发明专利"天然气生产废水处理及循环回收利用应用技术"（申请号/专利号：200610021213），就充分利用了物化法，化学法以及生物法的优势，将几种方法有机地结合起来，扬长避短的技术方式应用在处理天然气工业生产污水中，并使处理后的工业废水可循环回用作天然气生产中。

（四）污水和温室气体减排技术

温室气体排放源主要包括：燃烧排放源、过程与放空排放源、逸散排放源。西南油气田公司温室气体主要排放源是：火炬与放空系统、增压机、锅炉和CO_2过程排放。

过程排放主要指工艺过程排放，诸如放空火炬燃烧排放、生产工艺中脱水装置的排放、天然气净化过程等正常或非正常工况下的工艺排放。工艺过程与放空排放产生的温室气体视具体工艺情况而定，比如脱水装置产生的过程排放主要指CH_4气体的排放。逸散排放主要包括：天然气在开采、运输、处理等过程中由于管道裂痕、法兰及装置密闭性问题等出现的无意泄漏，这部分逸散排放中产生的温室气体主要是CH_4；废物（废气、废水、固废等）处置所产生的温室气体排放，这部分产生的温室气体类别视处置具体情况而定，如废水无氧降解过程主要产生CH_4，废气燃烧排放主要产生CO_2。

天然气放空减排措施：气举气放空回收、绿色完井。气井钻井或修井作业后，在向销售管线生产天然气前的最后一步是立即"清洗"井筒和气井周围的地层。一般情况下，这种完井方法包括将气井连接到敞开的地沟或储罐中收集砂粒、钻屑和油气藏流体以便进行处理。为了掌握气藏性质和气井产能，还要进行气井试井作业。

（五）减少土地占用和污染土壤的修复技术

油气田公司的开发是从钻每一口井开始的，对于油气田公司的钻井所占用的土地，一个重要的处理办法就是最小化原则，即加强管理、实行集成化模式，使所占用的操作面积减到最小。例如通过建立陆上平台式操作模式，尽量缩小生活区的占地面积等。对于油污土壤和含油污泥，目前国内不同的油田和单位的具体对策都有所差别，但不外乎两个方面：①对油污土壤和含油污泥的处理；②对所含污油进行回收。概括来说，对于油污土壤和含油污泥的修复技术主要有以下几种：焚烧法、土地耕作法（生物降解法）、固化法、干化法、热脱附法、溶剂萃取法、洗涤法、离心法、化学破乳法、热滤法等。

（六）环境影响的技术经济评价技术

天然气勘探开发工程对环境的影响时，工程引起的环境条件变化、环境质量变化、资源利用条件等必定会影响到经济开发的易难，开发成本的高低，开发效益的大小。因此，工程引起的资源和环境变化应作为经济发展的一个成本因素、经济价值因素加以研究和评价。

天然气勘探开发的生态文明建设绩效评估指标实际上就是按环境科学观点及其相关的价值取向，就工程项目影响引起的自然生态、社会生态和环境的价值变化，进行评判预断。因此，在整个研究和评价的过程中，从研究范围的圈定、研究重点的选择、评价体系和边界的确定、评价因子的筛选，到权重的权衡、环境经济分析的定值等，都以一定的环境价值观贯穿其中。

四、抓好生产运行的安全环保管理

（一）抓细安全环保基础建设

突出抓好基层站队 QHSE 标准化建设试点成果培育工作，持续深化安全环保责任制建设，优化履职考核标准和考核方式，强化履职监督，推动责任落实。坚持量化审核工作机制，进一步完善审核标准、规范审核程序、丰富审核方式、严格问题整改验证，推动管理提升。

（二）抓实隐患管理和重点工程推进

督促做好管道隐患治理收官工作，核查督导管道隐患完成治理销项；抓好安全环保隐患治理跟踪督办，推动开展隐患治理效果后评估；继续推进钻井废弃物无害化处理和资源化利用试点，做到技术流程定型化、设备设施撬装化、工艺控制自动化。

（三）严抓重点领域安全环保监管

严格安全环保专项评价工作节点跟踪，规范评价基础管理；继续做好与壳牌 HSE 合作改进。开展新版作业许可执行督导审核，做好事故事件分析分享，强化开发生产领域变更管理改进；抓好"一案一卡"建设，突出"第一时间、第一现场"应急处置，组织开展公司级应急演练，基层现场推行"双盲"演练。

（四）积极推动污染减排技术进步和清洁生产

抓好页岩气开采过程固废处理、钻试返排液和气田水处理技术及风险控制、龙王庙组气藏气田水回注地下水环境风险监控及预警、集输站场气流噪声治理、散排闪蒸气以及干法脱硫废剂处理等技术攻关和工艺路线优化，推动开展现场实验。持续开展环境风险评估，强化环境风险预警、应急管理，实现废弃物减量化、无害化、资源化，确保达标排放和合规处置。

五、实施"资源保供"战略工程，建立多元网络供应体系

加大天然气常规与非常规开发力度，进一步增加天然气来源，逐步形成多元化供应布局，积极做好供气相对宽松环境下多余气量的储备工作，把国内外天然气资源在主要消费地区得到优化配置，

努力做到产得出、引得进、供得上、出得去、效益高。同时，健全和完善天然气供应应急预案，确保应急供气安全。

(一)加强天然气输配网络和储备设施建设，促进天然气基础设施持续完善

完善的天然气管道基础设施是天然气大规模广泛利用的前提条件和安全保障。随着气源增加、市场区域扩大和消费量增加，骨干管道还面临着复线建设的需求，而保供调峰的地下储气库一直是我国天然气基础建设的短板，严重威胁着我国冬季高峰期用气安全。同时，天然气管道也是中国石油的天然气业务的主要利润点之一，国家发改委已出台了新的管输价格形成机制，天然气管道的运营收入和利润是有保障的。最近，国家发改委又明确了储气设施相关价格政策，扫除了储气库建设的主要障碍。

加强天然气管道和地下储气库等天然气基础设施建设，不仅是油气田公司扩大天然气市场区域、增加天然气销售量和供气安全保障的需要，而且能提高企业业务收入，增强赢利能力。所以，油气田公司应加强全国各省、市、自治区天然气市场调研、分析和预判，科学预测未来天然气需求，并积极与地方政府和用户沟通，抓紧天然气管道和储气库等基础设施建设，尽早制定中长期发展规划计划，既能巩固或占领市场，又能保证天然气清洁高效利用的长期供应安全。

借助国家能源外交和"一带一路"倡议有利条件，加强战略谋划，有序推进天然气战略通道、国内天然气骨干管网等战略工程建设。加快建设连接周边国家和地区的战略性管网，形成以中国为中心的内外互联、南北互通、海陆互补的亚洲天然气管网，将海外生产和贸易获取的资源转化为进口顺畅的能源保障。根据天然气资源和市场情况，科学控制天然气管道建设力度和节奏，配套完善天然气骨干管网、储气库和液化天然气接收站，努力增加非常规气供应量，加强战略储备和储气库建设，形成资源多元、调度灵活、运行高效的市场供应体系，提高天然气管网安全战略预警能力、基础设施防护能力和天然气供应突发事件应急反应能力，确保通道安全平稳运行。

(二)尽快建立天然气战略市场储备，推动市场稳健发展

储备市场是现代天然气市场的重要组成。可利用储气库和大型气田两种资源，加强大型气田战略储备选址与布局，提前进行资源储备，率先建立区域天然气战略储备体系。

加强应急储备设施工程建设，打造蛛网式储运网体系，促进市场开放与优化。吸取前几年北京、陕西、江苏以及川渝地区等地区"气荒"或"气紧"的教训，重视和加强天然气应急储备设施集中或分散建设的经济性和效率性。按国家规定逐步建立天然气储备设施，满足季节调峰和安全供应的要求。同时，鼓励大型企业用户合资、合作或独立建设储备设施，配合调峰。

加快完善主要消费区域内和外输管网建设，按照产、运、销协调发展原则，综合考虑资源、市场分布，在现有管网骨架的基础上，进一步强化第三方准入推进作用，促进管网设施建设资源优化配置，实现主要消费地区主要县级以上城市、重点工业园区支线管网全覆盖，形成以骨干通道、储气库集群为调节中枢、区域支线管网为市场抓手的四通八达、调配灵活的蛛网式管网格局，满足市场开发、气量调配、应急保障和管网公平开放需求。

六、川渝天然气勘探开发生态文明建设实例

(一)西南油气田公司重庆和蜀南气区生态文明建设

1. 重庆气矿：风险管控更加有力，安全环保得到新巩固安全环保责任制有效落实。通过开展风险隐患排查识别、全员

HSE 履职能力评估、HSE 专项审核、安全环保专项检查等，有效确保"一岗双责"落实到位。

隐患排查治理不断深化。健全隐患治理挂牌督办及配套激励约束机制，强化治理过程受控，顺利完成巴渝线、綦南线、东石线、兴长线、云万线管道隐患治理，整改率达 92.1%。

QHSE 体系建设持续加强。扎实开展 QHSE 管理体系内部审核，持续改进短板要素、提升管理水平，体系建设完整性、实效性不断增强。

以一线中心井站为单元，抓好 QHSE 操作卡"一站一卡"及无人值守站巡检试点，实现风险分级、提前预警、有效管控。引领作用有效发挥，科技信息迈上新台阶。

2. 蜀南气矿：固本强基，安全环保风险受控

加强管理，全面提升应急处置能力。成功处置了"山体滑坡地质灾害影响泸州弥陀倒气气源管线分化复线"等 5 起突发事件；承担西南油气田公司级应急演练，应急处置能力进一步提高。精心部署，紧跟油气田公司基层站队 QHSE 标准化建设工作推进步伐。按照"全面推行、持续完善、重点指导"的思路，对自贡、安岳作业区等基层单位进行重点指导，形成西南油气田公司级标杆站队并总结好推广经验；其他单位全面推行，实现 40% 基层站队达标的目标。

群策群力，深入狠反"低老坏、脏乱差"活动。有的放矢，持续落实环评管理工作。一以贯之，深化安全环保责任制建设。因地制宜，开展交道运输专业化管理试点运行。明确目标，扎实开展体系量化审核。

(二)西南油气田公司高含硫气田开发项目生态文明建设

1. 稳步推进安全环保受控管理，确保气矿稳健发展

(1)以科学开发勘探保护环境。依靠理论创新科技，加强天然气

资源勘探工作，为满足天然气需求快速增长提供资源保障。提高天然气资源的开采效率，以科学理念优化气田勘探开发，减少放空，努力提高采收率，提高勘探开发效益和效率，最少投入开采最多的天然气，特别是川西地区的致密砂岩低产气藏、川东北高压高含硫气藏的开发。2016年，川东北气矿按照"控风险、推体系、强过程、抓监管、保目标"思路，全面完成QHSE各项工作指标，全年安全环保无事故。

(2)持续推进QHSE体系运行，安全环保形势持续稳定。基层站队QHSE标准化建设有序推进。率先在油气田公司启动建设工作，初步形成"1221"管理模式。目前已完成气矿目视标准化管理手册和制度汇编手册工作，正加快4个试点目视化场站建设。

QHSE管理体系实效运行。修订并强化推进体系运行，形成以"管理手册、程序文件""作业指导书和计划书""岗位操作卡"三个层次的管理模式。在油气田公司QHSE评估定级工作中，连续三年实现A级目标。

安全环保责任制建设效果明显。形成"定职责、定标准、定清单、建制度、抓考核、用结果"的"3111"管理模式，员工积极履职，责任落地生根，基础工作进一步夯实，风险管控到位。

风险管控能力持续提升。固化"井控统一协调、领导干部四个必到现场"、终端燃气一体化安全管理、承包商重奖重罚、驾驶员岗位练兵和道路风险识别机制。

2. 高含硫气田安全钻井风险削减

针对钻井过程中可能存在的风险，在钻井设计、井场选址和布置、设备搬迁与安装、钻井作业前的安全培训、含硫气田钻井安全操作、钻井队应急资源配置上提出了风险削减措施。

(1)钻井设计主要安全风险消减措施包括井场选址和布置主要安全风险消减、设备搬迁与安装主要安全风险消减、钻井作业前的安全培训、含硫气田钻井安全操作、钻井队应急资源。

(2)高含硫气田完井、测试、改造、采气作业施工过程中井喷及井喷失控、泄漏风险削减措施。考虑当地的环境和条件、投资和收益的平衡及当前的科学技术水平等。在高含硫气田完井、测试、改造、采气作业过程中，坚持"以人为本、安全第一，环境优先"的方针，建立一套完善的 HSE 保障体系，制定出具体的预防控制削减措施，并当有多种措施可用时，应通过综合经济分析来选择。

(3)经常对员工进行健康、安全、环保方面的宣传、教育与培训，不断提高员工的健康、安全与环境保护的意识和水平；将健康、安全与环境保护管理工作贯穿于高含硫气田完井、测试、改造、采气作业的全过程，使各种风险降低至最低程度；创建安全和健康的工作环境，确保每位员工的健康与安全，提高工作质量；杜绝或尽可能减少环境污染，保护生态环境，把高含硫气田完井、测试、改造、采气作业中对环境的影响降低到最小；向无事故、无污染、树立一流企业的形象目标迈进。

(4)高含硫气田完井作业过程中井喷及井喷失控、泄漏风险具体削减措施。施工准备风险削减、施工过程风险控制、排液过程风险控制、环境风险控制、健康安全保护措施。

(5)高含硫气田地面工程安全风险消减措施。高含硫气田开发严格按照相关标准选材、选型及设计；进行安全预评价、HAZOP 分析、定量风险分析，以供设计和安全管理部门作技术参考。建立和实施一种连贯的 HSE 管理计划，以涵盖工程的方方面面，为有效管理 HSE 项目，项目管理必须系统完整。

高酸性气田开发中高度重视钻井工程环境风险、集输场站环境风险、集输管道环境风险、净化厂环境风险、强化环境管理、强化作业人员的环境意识、经济作物的选择。制定高含硫气田区域人员健康风险管理及应对措施，如硫化氢健康危害防治、二氧化硫健康危害防治和高含硫开发区域地方病及流行病防治措施。

3. 地面工程安全风险消减

高含硫气田开发建立和实施一种连贯的 HSE 管理计划，涵盖工程的方方面面，为有效管理 HSE 项目奠定基础。

(三) 四川长宁页岩气开发项目生态文明建设

1. 加强安全环保管控，筑牢可持续发展根基

长宁页岩气开发各项建设项目的主要举措是，①严格贯彻落实《安全生产法》《环境保护法》及国家其他有关法律、法规的规定，结合实际，编制年度安全隐患治理计划。②认真开展建设项目"三同时"工作，重点抓好年度拟开钻平台及评价井、宁 209 井区、宁 216 井区等建设项目的安环评、水保工作，对具备竣工条件的建设项目进行安全验收、竣工环保验收以及水保设施验收。③强化承包商过程监管，多措并举，确保施工现场安全环保整体受控，对施工队伍定期开展针对性的安全环保风险提示、要求。实行安全环保监督检查隐患（问题）闭环管理，提升从井位踏勘、设计、钻前施工、钻完井作业、地面建设等环节全过程管理质量，不留隐患。严把承包商的安全环保准入关，把握好承包商"五关"管理环节。建立安全环保过程考核表，在勘查、设计、施工、竣工验收等项目管理的各环节严格落实。④持续开展环境监测、清洁化生产方案设计以及页岩气开发与地震诱发的关联性研究等工作。⑤进一步完善质量管理体系，强化质量意识，严格标准化作业，加强现场施工质量、产品出厂质量的监督管理。加强各平台、中心站的计量监控，确保输差受控。做好与蜀南气矿的交接计量管理协调工作，及时更新计量器具基础台账，确保计量准确。持续开展节能节水工作。

2016 年，实现安全环保"三同时"执行率 100%；隐患治理项目计划完成率 100%；公司及上级检查发现重大问题、隐患整改完成率 100%；废水、固体废弃物处理达标率 100%；页岩气产品出厂合

格率100%；采购产品质量合格率100%；职业病危害因素检测率、职业健康体检率100%；环境污染和生态事故0；天然气输差率1.88%（控制在2%以内）；节能节水综合完成率100%，全面完成了HSE指标。

2. 项目HSE指标总体受控

积极探索、不断创新，开创页岩气废弃物处置新方式。①推广高性能水基泥浆，降低环保风险。②推广环保新技术，实现钻井废弃物资源化利用。在长宁H5、H7平台成功引用水基岩屑烧结制砖工艺，实现水基岩屑资源化利用，同时在后续平台推广使用；妥善处置油基岩屑，采用萃取方式，有效降低页岩气水平井开发环保风险。③优化形成了清洁化生产新方法，降低环保风险。针对清水池、固化填埋池等池类防渗膜破裂、池壁垮塌等原因引起返排液/岩屑渗漏、外溢问题反复出现的情况，为从根本上解决这些池类的渗漏问题、消除安全环保隐患，对公司现有平台的清水池、集液池、固化填埋池及配套设施——供水管线进行了清理，同时开展拉网式检查，最终形成整改方案，并将整改工作量大的隐患专门立项，列入安全环保隐患治理中，实行每周整改进度跟踪与督办，真正做到"整改有落实、问题隐患有闭环"。并结合山地页岩气开发难点，整合山地页岩气池类工程。

（四）西南油气田公司净化总厂生态文明建设

建立完善风险三级防控网络，大力推进工艺安全工具方法应用，持续强化事故事件管理提升，着力加强承包商现场监督管理，QHSE管理能力进一步增强。扎实推进QHSE体系建设，创新方式，丰富举措，举一反三整改油气田公司QHSE审核发现问题，全力改进QHSE管理短板。有序开展QHSE履职能力考核，推动安全环保职责层层落实到位。持续完善应急管理体系建设，优化应急处置"一案一卡"，积极参与龙王庙气藏多方联动应急演练，全员应急处理能力、上下游应急联动能力进一步增强。深化 QHSE 监督工作，充分显现 QHSE 监督站作为"基层 HSE 技能培训站""HSE 技术支撑机构"的定位作用。积极推行全员参与、正向激励、业务主导、分级管理的总厂事故隐患排查治理新模式，2016 年总厂自筹资金治理安全环保隐患项目 12 个，投入资金 1350 万元。

紧跟环境保护政令法规变化和油气田公司新要求，健全完善公司环境保护制度框架，加大制度宣贯推动，培养和树立员工刚性的环境意识。紧密结合公司业务管理现状，围绕勘探开发部署，协调联动抓好建设项目生态文明建设绩效评估指标与环保措施落地，优化完善环境风险识别评价方法，建立长效机制，抓好钻井无害化处理、净化厂尾气外排达标处理等技术攻关与现场试验，扎实推动环保技术进步，逐步开展环境监测机构人员配置调整和实验室改造，持续夯实环境监测基础管理。

形成标准规范，继续扩大行业影响力。《天然气净化工艺技术手册》《天然气净化 HSE 管理手册》再版完成。

第四章 天然气储运生态文明建设模式与策略研究

第一节 天然气储运关键作业对生态环境的影响机理

一、天然气管道工程建设对生态环境的影响

(一)天然气管道工程作业流程

1. 作业流程

天然气管道工程可分为三个阶段,即建设施工期、运行期和退役期。天然气管道工程建设期环境影响因素主要来自管道敷设施工过程中的开挖管沟、管道穿跨越工程、修筑施工便道、车辆人员践踏等活动,另外工程施工产生的固体废物,临时及永久性占地也将对环境造成一定影响,其主要影响的对象为生态环境。天然气从净化厂出来后,经检测、计量、调压后流入管道。管道正常生产时对环境影响不大,主要的影响有:工艺站场噪声对其周围的居民可能存在影响;天然气输送需提升动力时,燃气压缩机连续排放的废气对环境空气质量的影响。管道发生事故时,对环境影响最大的是事故危害。这就是管道运行期存在的环境风险。

2. 主要特点

从环境影响角度看,天然气长输管道建设工程特点如下:①天然气长输管道一般长度较长,管径较大,临时占地面积大,弃土石

方分散且量大，影响面广；②天然气长输管道经过的地貌复杂多样，因此存在着不同特点，工程在建设过程中作业线路清理将破坏沿线地貌；③作业线路的清理还可能涉及居民搬迁，穿过林带的线路区域使用功能发生改变等；④天然气长输管道输送的介质为天然气，具有较大的危险性。

（二）管道工程作业过程中的主要污染源及影响

天然气长输管道建设对生态环境的影响主要分为施工期和运营期两个阶段。运营期对生态环境的影响主要来自天然气管道发生的风险事故。滑坡、地震、泥石流等地质灾害，人为和机械的破坏都会导致管道断裂、螺纹口断裂、阀门破裂以及管线放空，引起天然气泄漏、发生火灾爆炸，对事故发生地的大气环境和生态环境均会造成较大影响。

施工期人员、机械活动最频繁，不仅要进行植被剥除、地表开挖、施工便道的挖高垫低、穿跨越河道、隧道钻掘、管道埋设、生态恢复，还要永久占用土地修建许多工艺站场，对周围环境影响最大，对土地利用方式、土壤环境造成不利影响，另外对动植物及景观造成一定的影响。主要天然气储运设施对生态环境的影响见表4-1。

表4-1 天然气管道建设和运营环境影响状况表

	环境	破坏活动或因素	受影响对象	可能后果	影响程度
建设或线路整改	水土资源	管沟开挖、隧道开凿、施工便道、土石方搬运、堆放、清除、场站征地	耕地、林地面积、土壤及水分	耕地、林地面积缩减，土壤结构破坏、水土流失、地下水渗漏等	较大
	水系	穿跨越施工：大开挖、定向钻、爆破、冒浆等	水质、水系生物、河床	局部轻度污染、鱼虾死亡、河床破坏	较大
	地质	管沟开挖、穿越施工（定向钻、隧道、盾构）	坡体、浅地层、地下水	坡体变形、失稳、地下水渗漏	较大
	大气	施工尘土	空气质量	空气质量轻微变差	微小
	生态	管沟开挖、隧道开凿、施工便道，土石方搬运、堆放、清除	植被、植物、野生动物，农田农地、林地	植被减薄失稳，植物死亡或迁移，动物迁移，农田农地、林地破坏	较大
	自然景观	开挖、隔离、屏障	斑块、通道	景观破碎度增高	小
	社会公共环境	施工噪声、占道	居民	干扰休息、交通不便	较大

续表

环境		破坏活动或因素	受影响对象	可能后果	影响程度
运营期	水土资源	废水固体废物	土壤及水分	局部土质、水质变差	小
	水系	废水固体废物	水质、水系生物、地下水	局部轻度污染	小
	地质	管道周边滑坡、崩塌	坡体	坡体失稳	较大
	大气	各种放空、泄漏，废气排放	空气质量	局部空气污染，质量变差	视排放量大小
	生态	管道周边滑坡、崩塌，放空火炬高温	植被、植物	周边植被毁坏、植物死亡	小
	自然景观	—	—	—	—
	社会公共环境	站场噪音、放空噪音	居民	干扰休息	视噪声大小

1. 施工期

1）对土地利用方式的影响

天然气长输管道工程的占地主要为施工作业带、施工便道以及管沟开挖等施工作业用地，上述用地均为临时性占地。临时性占地暂时改变了土地的利用方式，减少了耕地或林地的面积，对当地的生态环境有一定影响，但该影响是暂时的，在施工结束后通过相关生态保护措施可以得到逐步恢复。此外，站场和阀室的修建将永久占用部分土地，永久占地将永久改变原有土地的利用方式，对当地的生态环境将会造成一定影响。

2）对土壤环境的影响

天然气长输管道施工对土壤的影响主要是对土壤结构、土壤的紧实度、土壤养分状况的影响。同时，施工废弃物也会对土壤的理化性质产生影响。

管沟开挖时，部分土壤的土壤团粒结构和耕作层将会受到直接破坏，挖土堆放、弃土的混合和扰动都将改变耕作土的土壤结构，且不易恢复。天然气长输管道一般全线采用机械施工，施工机械的碾压将给施工作业带内的土壤结构造成一定程度的影响。土壤的紧实度过大或过小，都会影响管道周围土壤的通气透水，对工程所在地的生态环境尤其是农业生态系统影响较大。

在天然气长输管道工程施工过程中，虽然对土壤实施分层开挖、分层堆放和分层回填，但土壤养分仍会产生较大程度流失。管沟开挖、回填改变了原有的土壤层次和质地，影响土壤发育。土体构型的破坏，将明显改变土体中物质和能量的运动变化规律，会降低表层土透气透水性，减弱亚表层土保水保肥性，进而影响农作物的生长发育和产量。同时地表植被遭到破坏后，地表建筑物对阳光热能的吸收量增加，对热量的反射率也随之变化，这将导致管道埋设地段地表热量平衡状态的改变。

3) 对农业生态系统的影响

工程建设对农业生态系统的影响主要为施工期临时占用耕地和修建工艺站场、阀室等永久性占用耕地。工程临时性占用耕地包括管道在施工过程中的施工作业带占地和施工便道占地。施工作业带和施工便道占地在施工结束后即可恢复生产，管道施工一般分标段进行，每个标段的施工周期较短，一般不超过1个月，因此，施工作业带和施工便道临时占地只影响耕地一季的生产活动和土地利用方式。工程永久性占用的耕地主要包括修建站场、阀室等占地，这将永久改变土地利用方式，使原来的耕地、基本农田变为建设用地。若施工作业在耕作期，必将毁坏农作物，减少农作物产量。临时性占地只对耕作期的作物有影响，对农业带来的损失是暂时的，在施工结束后，经过一段时间即可恢复其原有功能。而永久占地将对农业带来永久性损失。因此，天然气长输管道对农业生态系统的破坏主要表现在耕地面积的损失及生物量和生产力的损失。

4) 对野生植物的影响

天然气长输管道工程建设对野生植物的影响主要体现在施工过程中，施工人员及施工机械、车辆对野生植物的践踏、碾压和破坏。在管线施工和站场建设过程中将破坏植被，减少野生植物，特别是管沟两侧的植物。以管沟为中心，两侧2.5m范围内的植被将遭到严重破坏，原有植被基本消失，植物根系也受到彻底破坏；在管沟两侧2.5～5m，由于挖掘施工中各种机械、车辆和人员活动的碾压、践踏以及挖出土的堆放，造成植被破坏较为严重。因此，施工作业中对管沟两侧5m范围内自然植被的影响是非常严重的，特别是森林植被的恢复需要较长的时间。

5) 对野生动物的影响

陆生生物。天然气长输管道工程建设对野生动物的影响主要体现在：站场、阀室建设以及管线敷设过程中对野生动物的短暂惊吓和干扰，影响动物的正常活动。但由于管道敷设一般是分段进行的，因此，管道施工活动对野生动物的影响是短时的、可逆的。

水生生物。天然气长输管道工程对水生生物的影响主要体现在管道穿越河流的施工期。尤其是管道采用开挖沟埋方式穿越河流时，水体中的泥沙将明显增加。泥沙将降低鱼类的生长率、孵化率、仔鱼成活率和捕食效率等。水体中的泥沙沉降后，覆盖了河底的鱼卵，使孵化率大幅度下降；同时，泥沙沉降后，掩埋了水底的石砾、碎石及水底其他不规则的类似物，从而破坏了鱼苗天然的庇护场所，降低仔鱼的成活率。另外，泥沙还将降低鱼类对疾病的抵抗力，干扰其产卵，改变其洄游习性等。

6) 对地质地貌的影响

在管沟开挖过程中，削坡、挖方、填方、弃土弃渣堆放等会造成土壤板结、土壤贫瘠化等土壤退化现象，尤其在险难段及敏感段，会增加水土流失、滑坡、泥石流等地质灾害的发生频率。

沿线主要穿越沙地、滩地、沙丘，沙丘的移动和风蚀可使管道暴露在地面或深埋地下，滩地的盐渍化对管道有腐蚀作用。而管道施工将破坏地表保护层，降低风沙区地表稳定性，加快土壤侵蚀过程，进一步加剧沙丘移动和风蚀、滩地的盐渍化。天然气长输管道工程建设过程中的占压土地，破坏林木，使森林景观生态系统斑块数量增加，破碎度增加，而建设用地在整个景观中的面积增加，导致其作用（负面影响）增加。

2. 运营期

在正常情况下，深埋于地下的天然气长输管道不会对其周围的生态环境造成影响。如果穿越林地段的天然气管道发生事故（如断裂、破裂等），泄漏天然气可能引发火灾，对林地生态系统造成严重影响。

3. 退役期

管道使用达到一定年限后，一般因腐蚀而报废，进入管道退役期。退役后的天然气管道一般任其在地下自然腐蚀。与输油管道（分为输送原油或成品油）相比，天然气管道内无积存物，管道的腐蚀只是增加深层土壤（管道埋深一般大于 0.8m）中氧化铁的含量，对环境影响很小。

二、天然气管道和地下储气库建设对环境影响及特点

进一步分析出天然气管道、地下储气库建设和运营环境影响主控因素及其特点，见表 4-2。

表 4-2　天然气管道、地下储气库建设和运营环境影响主控因素及其特点表

类别	环境影响主控因素	主要环境影响事件	发生概率	时间持续性	是否可控可减缓可恢复
天然气管道、储气库	建设临时用地（施工过程）	水土资源、植被、农田农地生态环境受到破坏	必然	一次性	可减缓，大部分可恢复
天然气管道、储气库	场站征地	耕地、林地面积减小	必然	永久性	可减缓
天然气管道、储气库	穿跨越施工	水系污染、坡体变形、失稳、地下水渗漏	可能	一次性	可控
天然气管道、储气库	严重天泄漏事件（爆管、爆炸）	周边环境严重破坏、空气污染	可能	持续时间短	可控、可减缓、一般情况下可恢复

续表

类别	环境影响 主控因素	主要环境 影响事件	发生概率	时间持续性	是否可控 可减缓可 恢复
天然气管道、储气库	站场噪音、放空噪音	干扰居民休息	可能	持续时间长	可控 可减缓
储气库	库体变形、崩塌采空塌陷	地表沉降、天然气大量泄漏	可能	持续时间较长	可控、可减缓

第二节　天然气储运生态文明建设模式研究

一、构 建 依 据

（一）依据管道全生命周期生态文明建设重点

1. 勘察设计期

勘察设计期生态文明建设的重点：①优化线路和选址。天然气管道线路选择尽可能避开地质结构不稳定、沙化严重等生态脆弱地区以及人口密集、可能严重破坏植被的地区。储气库选址也应尽量避开生态脆弱地区。②开展地质灾害评价，为线路选择和地灾控制措施奠定基础。③环保技术措施设计，如水工保护技术、废气废水污染噪音防治、地下水保护、植被保护等一系列技术措施。④生态化工艺技术设计。如标准化工艺站场设计，减小永久性土地征用量。⑤选用生态化设备。如选用绿色环保的太阳能设备、低噪音设备等。见图 4-1。

2. 建设期

建设期生态文明建设的重点：①生态化施工技术。典型的管道定向钻穿越、隧道穿越等非开挖施工技术，可显著减小环境扰动，

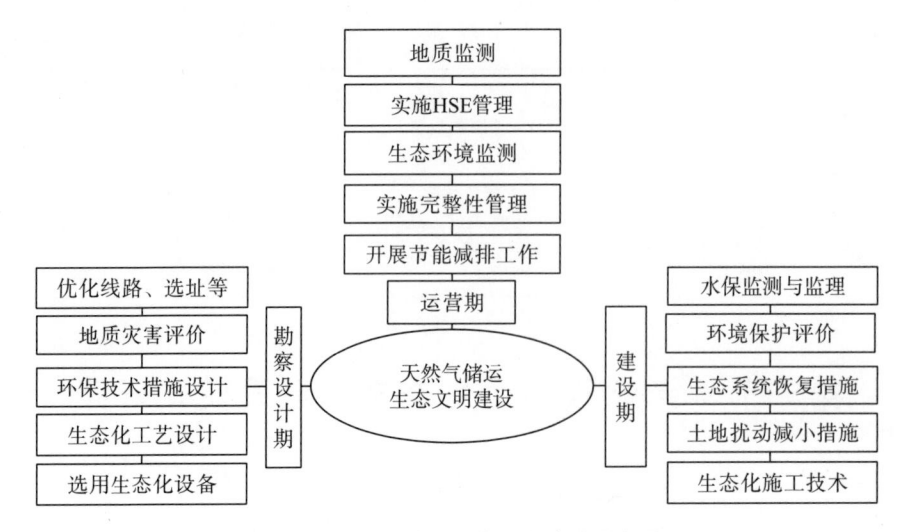

图 4-1 天然气储运生态文明建设重点图

近年来得到广泛推广应用。②土地扰动减小措施。如减小施工作业带宽、土壤分层剥离并依照原样回填等措施。③生态系统减缓与恢复措施。站场绿化、农田林地补偿、农田复垦、原有景观恢复、播撒草种、左右 5m 深根植物清除等。④水保监测、监理。施工过程中实施水保专项检测、专项监理，确保水工保护设施质量。⑤环境保护评价。工程竣工实施环境保护评价，明确工程实施后的环境影响及控制措施。

3. 运营期

运营期生态文明建设的重点：①实施完整性管理。从 2006 年中国石油推广实施管道完整性管理以来，显著提高了管道本质安全管理水平，管道失效事件明显减少，从而减小了管道运营期对生态环境的破坏。近几年，管道完整性管理逐步推广到储气库、城市燃气管道等天然气储运设施，无疑有助于天然气储运生态文明建设。②实施 HSE 管理。我国天然气生产和运营企业均强制实施 HSE 管理，要求做到"零伤害、零污染"。为此，采取了一系列措施控制废弃、废水、固体废物、噪音等污染源。③开展节能减排工作。企业制定节能减排目标，签订责任书；研发节能减排技术，如放空回收利用技术、储气库污水回注技术、输气能效评价技术等。④地灾监测、识别与控制。例如川渝天然气管网每年均定期开展天然气管道地质灾害监测、识别、评价及控制，研发地质灾害监测技术。⑤生态环境监测。例如开发储气库库区综合地质生态监测系统，天然气管道水保设施监控等。

(二)遵循天然气储运生态系统

根据前述分析，地下储气库包括地面集输系统、注采系统，故天然气管道生态系统为储气库生态系统所涵盖(图4-2和图4-3)。通过整体的分析，找出关键的要素和关系，促进天然气储运生态文明建设健康快速发展。以典型的天然气管道系统、地下储气库系统为例，在分析系统各要素相互作用关系基础上，构建天然气储运产业生态文明建设运行机制。

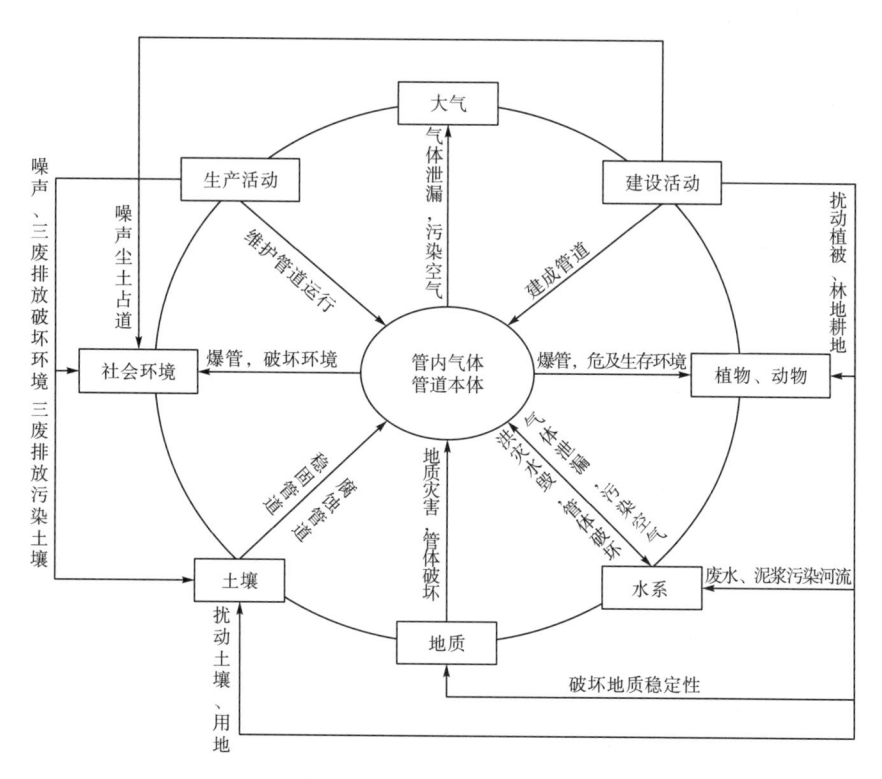

图4-2 天然气管道生态系统图

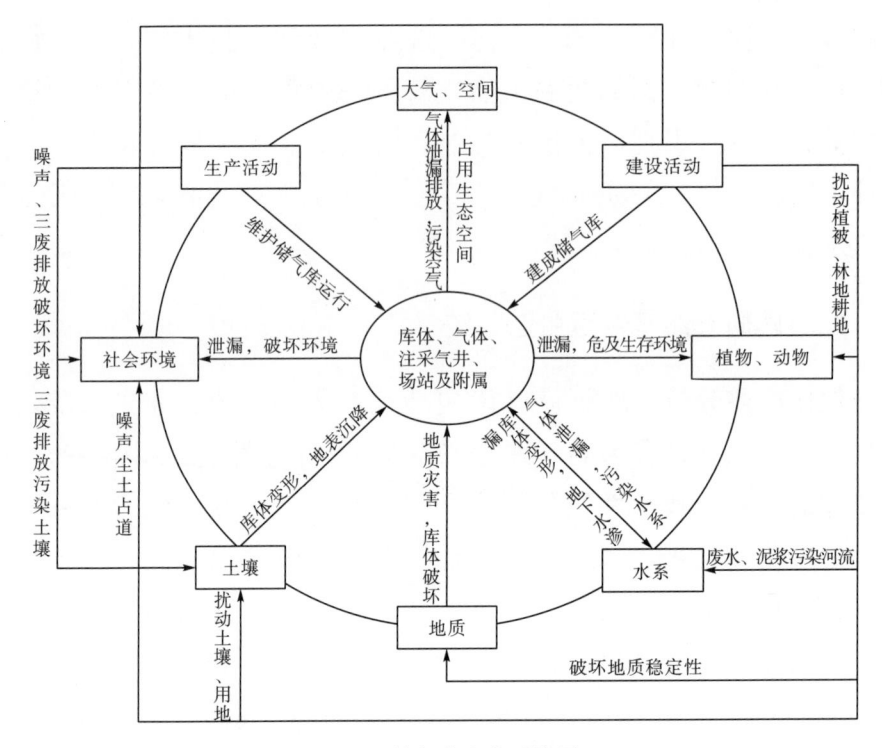

图 4-3 储气库生态系统图

(三)根据天然气储运生态文明建设趋势

总体而言,天然气储运领域已开展了大量的生态文明建设工作,覆盖勘察设计期、建设期和运营期,取得了一定成效,为下一步生态文明建设的深入实践、规范实施提供了基础。

1. 天然气储运设施集约化发展是生态文明建设的必然选择

天然气储运设施集约化建设可大大节约生态空间和土地资源、有利于三废集中排放与处理、提高建设和运营管理整体效率(资源和市场双方),因此,天然气储运设施集约化建设是全方位减小生态环境扰动、促进生态文明建设的根本途径。国家整体规划部署、培育天然气产业集群、构建铁路、公路、水路、航空、管道五大运输方式协调配合的综合运输体系、实施多管并行敷设等天然气储运设施集约化建设的主要措施。目前，川渝地区天然气产业集群和天然气基础设施集约化发展良性互动趋势已初现端倪，为推动整个行业实施集约化发展提供了示范。

2. 天然气储运生态技术是天然气储运生态文明建设的动力

科技是第一生产力，包括完整性管理各项技术、集约化发展技术、环保技术、生态化施工技术、节能减排技术、环境评价技术、生态恢复技术等一系列技术的研发、推广应用，必将成为促进生态文明建设的关键力量。从中缅油气管道、川渝管网生态文明建设的经验看，任何突破性的生态文明建设成效都必须依靠技术创新。大力发展生态化技术，不断完善生态文明建设技术体系，是推进生态文明建设的必经之路。

3. 天然气储运基础设施发展为生态文明建设带来重要影响

天然气市场需求持续旺盛、国家节能减排压力形势不容乐观、能源结构改善要求迫切等因素推动天然气储运设施迅猛发展。到2020年，我国将全面建成连接引进资源和国内主要天然气产区、LNG接收站、地下储气库，资源多元化、调度灵活、供应稳定、储气调峰设施完备的全国性天然气供应体系。

天然气储运设施快速发展一方面为生态文明建设提供基础，另一方面也为加快生态文明建设带来压力，处理好建设速度与自然经济、社会效益间的关系，实现自然和社会和谐发展是天然气生产运营企业将要面临的重大课题。

二、设计思路与原则

通过天然气管网建设，合理配置资源，协调好管道建设与其他公共基础建设的关系，在严格管道管理措施的基础上，重视资源落实，着力发展多气源，优化用气结构，并根据自身特点、市场结构特点、发展阶段特点、地区性和长期性特点，综合应用各种储气、调峰的技术性或非技术性的方式（如建设储气库、LNG接收站、发展调峰用户、实行峰谷气价等），拉长天然气产业链，以科学、经济、现实、合理的方式来提高天然气管道的综合利用率。

天然气储运生态文明建设指导思想：以科学发展观为指导，立足建立天然气储运设施建设与自然的和谐关系，贯彻绿色理念，建设绿色管道、绿色储气库，实施绿色管理，发展绿色储运文化，实现天然气输配经济与自然、社会的协调可持续发展。

天然气储运生态文明建设必须坚持的基本原则：

整体性原则。首先，在范围和内容上必须整体考虑。这有三个含义：①必须完整考虑天然气储运设施所涉及的所有领域，管道、储气库、液化天然气接收站以及与之相关的配套设备、附属设施；②全面考虑与天然气储运设施相关的一切环境因素，人的活动、自然、社会三方面所涉各要素；③全面考虑天然气储运设施与环境的所有相互影响关系。其次，在时间上要将建设期与运营期天然气储运生态文明建设作为一个相衔接的整体，同时，要用动态的观点考虑整个天然气储运产业生态文明建设的发展规律。

上中下游协调发展。天然气产业产运销在物理上的一体化特征决定产业链上的一切生产、建设、经营活动都必须高度重视上中下游协调发展这一基本原则，概莫能外。天然气储运生态文明建设更需从上中下游协调发展的原则出发，走产业集群与基础设施集约化良性互动发展之路，在根本上提高生态文明建设水平。

兼顾速度与效益，实现可持续发展。天然气储运设施在将来较长一段时间仍处于高峰发展时期，而快速发展既是机遇也是挑战，正确处理速度与效益的关系，才能实现可持续发展。

三、储运生态文明建设模式结构

天然气储运生态文明建设主要内容包括：构建绿色储运文化、构建绿色储运管理机制、构建绿色储运技术支持体系、生态文明建设实施与提升。所以，基于天然气储运产业生态文明建设运行机制，结合储运系统生产建设组织管理体系、技术支持体系及生态文明建设目标，构建以绿色发展理念为核心的天然气储运系统全生命周期生态文明建设机制（图4-4）。

	建设期			运营期			退役期	
建设环节	前期规划	勘察设计	施工投运	运行管理	本体管理	维护保养	报废管理	
职责部门	规划	规划	工程管理 生产运行	生产运行 HSE管理	管道管理	管道管理	资产管理 管道管理	
建设重点	集约优化 总体布局	线路优化 环境地灾 评价、生态化设计	质量控制 生态保护 生态恢复	节能减排 环境监控 三废治理 安全调峰	完整性管理	可靠性提升	废弃处理	
绿色组织管理机制	基于绿色发展理念的建设管理制度：顶层设计、核准、过控与监督、生态补偿			整合以风险防控为核心的HSE和完整性管理制度，形成绿色运营管理制度			零污染、零危害处置原则	
绿色技术创新机制	绿色标准体系、环境评价、集约化设计和施工、生态技术与设备、生态保护与生态恢复技术……			生态化设备（低排放、降噪、节能）、完整性技术、节能减排与回收利用技术、环境监控、三废治理……				
绿色考核激励机制	绩效评估体系构建：生态文明建设客观实效；生态文明体系完善、执行情况							
建设目标	节能企业、绿色发展、人与自然和谐							

储运系统生命周期 ← 持续改进

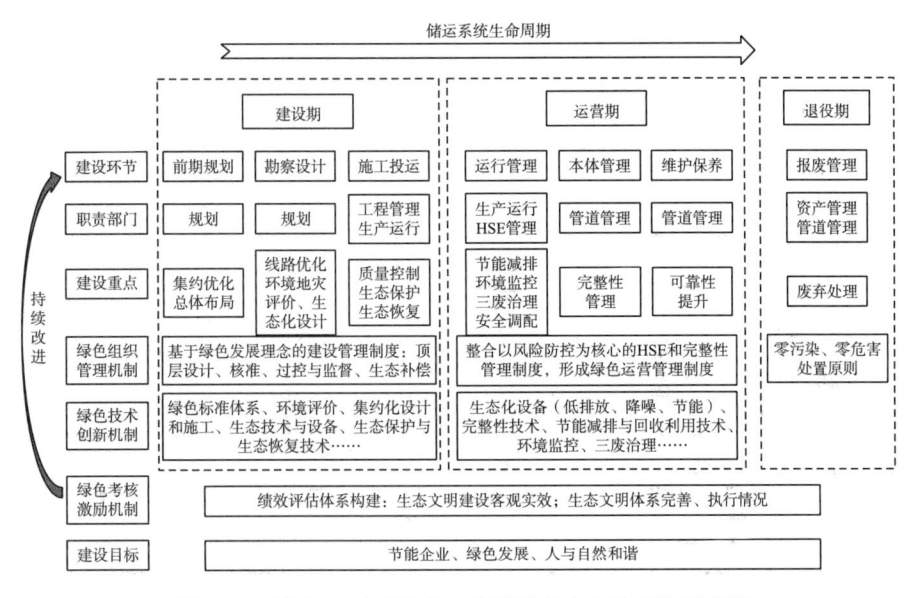

图 4-4 天然气储运系统全生命周期生态文明建设模式图

（一）建设期生态文明建设

建设期包括前期规划、勘察设计、施工投运三个环节，前两个环节一般由规划计划部门主管，施工投运环节由工程管理部门负责，生产运行和管道管理部门参与。要形成良好的沟通协调机制，确保各相关部门在各环节上充分配合，推动建设期生态文明建设工作落实。

前期规划环节，注重顶层设计，走建设思路创新之路，依托国家整体协调机制和技术进步，实施管网总体布局集约优化，减小生态空间占用和环境扰动，发展分布式能源和循环经济。

勘察设计环节，形成环境评价——地灾评价——线路、站场选址优化——生态破坏防控措施和治理方案设计机制并充分发挥作用，做到尽可能避免管道经过生态脆弱地带，在不能避免的条件下要有防控措施和治理方案。同时，要依托技术创新，尽可能采用低能耗、低排放等生态化设备以及节能减排技术。

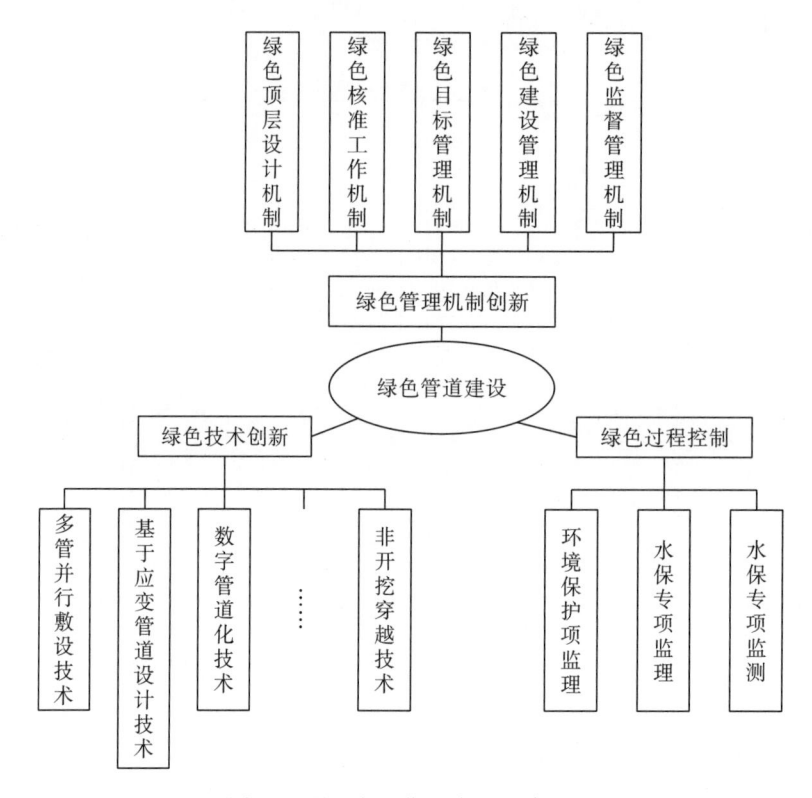

图 4-5 施工投运期生态文明建设图

施工投运期生态文明建设（图 4-5）。形成绿色管道工程管理机制，从生态破坏预防、减缓、控制、治理、补偿等方面予以强化管理：①创新顶层设计机制，强化标准规范体系；②创新核准工作机制，强化依法合规建设意识；③创新目标管理机制，强化组织保障体系；④创新建设管理机制，强化资金保障体系；⑤创新监督管理机制，强化责任落实；⑥创新生态补偿机制，对受影响的生态环境予以修复。形成绿色施工技术创新机制：环境扰动减小（如多管并行敷设、作业带宽度减小、定向钻穿越等技术）、施工过程防控（如环境变化动态可视化监控技术）、生态补偿恢复（如边施工边复垦、坡体防护技术）。形成绿色过程控制机制：实施环境保护专项监理、水工保护专项监理及检测。

（二）运营期生态文明建设

运营期生态文明建设涉及运行管理、储运设施本体管理和维护保养三方面，职责部门为生产运行、HSE管理和管道管理。生态文明建设的核心任务是对管道事故风险实施有效防控，其次是节能减排、三废治理和环境监控。

运营期生态文明建设机制构建首先要依托管道完整性管理和HSE管理。管道完整性管理是基于风险的储运设施本质安全管理模式，是经实践证明的有效管理模式。目前，管道完整性管理和HSE管理已在天然气管道运营企业广泛深入实践，并有效运作。以此两大管理体系为基础，用生态文明理念加以整合，形成绿色运营管理机制，促进企业与自然和谐发展。此外，还有依托科研机构，大力开发生态化储运技术，节能减排、回收利用、低排放设备、站场降噪等。

（三）退役期生态文明建设

管道资产报废处置必须贯彻零污染、零伤害原则。对于需要开挖变卖的管道资产，必须在报废管道开挖转移后实施生态恢复；对于需要长期埋于地下的报废管道必须完全放空管内残余天然气。

第三节 天然气储运产业生态文明建设策略与实证

一、构建绿色储运技术支持体系

科技是第一生产力，天然气储运生态文明建设必须紧紧依靠技术进步实现跨越发展。为此，构建以储运设计技术、建设技术、生产管理技术和评价技术为主要内容的绿色储运技术支持体系（图4-6）。天然气储运生态文明建设技术支持体系应包括但不限于图4-6所示的内容。当前最主要的制约技术是天然气储运设施建设和运营过程中的环境成本评价技术、生态文明绩效评价技术。该两项技术没有解决好，生态文明建设的动力不足、生态补偿机制难以建立。因此，应尽快制定并完善这两项技术。

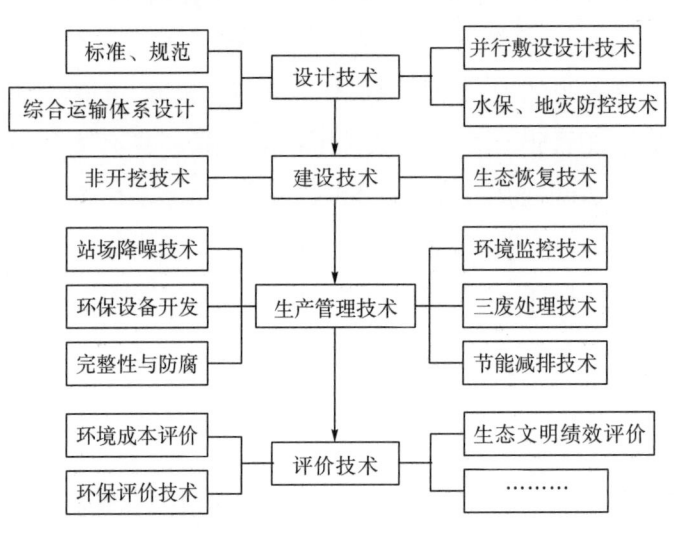

图4-6 天然气储运生态文明建设技术支持体系图

大力发展生态化天然气储运技术应当遵循以自主研发和改进为主、合理引进吸收国外先进技术、促进技术集成的总体思路和原则。主要措施如下。

(一)倡导技术理念生态化

天然气储运的所有技术,都融入生态化的理念,按生态学原理和方法设计和开发技术,在技术应用过程中全面引入生态思想,以可更新资源为主要能源和材料,力求做到资源最大限度地转化为产品,废弃物排放最小化,从而节约资源,避免或减少环境污染。例如,循环经济技术。

优先发展和完善天然气储运生态评价技术,主要包括环境成本评价技术和生态文明绩效评价技术。该两项技术没有解决好,生态文明建设的动力不足、生态补偿机制难以建立。

总结、发展、完善天然气储运环节中直接用于解决环境问题的技术。主要包括生态环境监控、节能减排、回收利用、废物处理、生态恢复等5个类别。生态环境监控技术基于数字化手段,实现对天然气储运产业生态文明建设的动态监控;节能减排技术如压缩机组降耗技术、管道减阻技术、输气站场降噪技术等;回收利用技术如放空回收利用、压力能回收利用等;废物处理技术如施工废物处理、储气库污水处理等;生态恢复技术是指已发生生态破坏事实条件下实现生态恢复的有关技术,如对定向钻施工中被污染的土壤进行恢复、地质滑坡生态环境恢复技术等。

(二)积极发展生态化的建设运营管理技术

典型的如非开挖施工技术、标准化站场设计技术、内腐蚀直接评价技术、TMT非接触式检测技术等。这类天然气储运技术能以最小环境代价或无须任何环境代价达到生产建设要求,与传统技术相比,在降低生态环境成本方面具有显著优势。例如,非开挖穿越施工技术与大开挖施工技术相比,对生态环境的破坏程度小得多,完全不可比。应当进一步拓展思路,持续研发生态化的建设运营管理技术来取代传统的对生态环境极易造成破坏的技术。

(三)加强管道防腐技术与腐蚀预测模型研究

集输气管道的内腐蚀是一个非常复杂的过程，为了更好地确定集输气管道内腐蚀规律，建立更适宜的预测模型。为了更好地研究内腐蚀规律，需要收集和分析更多的内腐蚀失效资料，增大研究样本，准确地分析每种条件下的内腐蚀模型，提高模型预测的准确性。

加强对地区集输气管道现状和国内外腐蚀预测模型的调研分析，以及模型的参数修正和验证的研究。国内每年都在建设新的集输气管道，又有很多管道退出服役，其与内腐蚀相关的因素很多，数据量很大，有必要建立统一的腐蚀数据库加以管理。

二、建立绿色储运管理机制

绿色储运管理机制是指天然气储运设施建设和运营的各个管理环节及相关管理制度都基于绿色理念建立，体现人与自然和谐和可持续发展。构建绿色储运管理机制需注重顶层设计，各类管理活动的目标、过程、监督、绩效有机统一。当前，应当注重生态环境成本核算机制、生态环境补偿机制、技术创新管理机制等3类管理机制的建立。

(一)生态环境成本核算与补偿机制

生态补偿机制是以保护生态环境、促进人与自然和谐为目的，根据生态系统服务价值、生态保护成本、发展机会成本，综合运用行政和市场手段，调整生态环境保护和建设相关各方之间利益关系的环境经济政策。主要针对区域性生态保护和环境污染防治领域，是一项具有经济激励作用、与"污染者付费"原则并存、基于"受益者付费和破坏者付费"原则的环境经济政策。应当按照谁开发谁保护、谁受益谁补偿的原则，加快建立天然气储运生态补偿机制。

建立天然气储运生态环境补偿机制，需解决如下几个基本问题：

补偿的目标。由于区域自然生态系统是一个非常复杂的系统，对外界破坏具有一定自我恢复能力，其功能受到不同类型的系统调节机制、受损程度、人类需求、外部环境等多种因素的影响，在何时需要对其进行人工补偿以及补偿到何种程度最佳。

补偿主体与补偿对象。补偿主体通常包括生态环境的破坏者、生态资源的受益者和管理者三类，补偿对象主要包括生态环境的受害者、生态资源的贡献者，然而由于生态资源属于公共产品，没有明确的产权者，对于具体的破坏者和受益者、受害者和贡献者很难做出明晰的界定，跨区域跨利益集团在生态补偿的权责分担问题上存在着比较尖锐的矛盾且难于解决，因此在补偿权责问题上常出现相互扯皮的现象。

补偿额度。生态补偿的一个核心问题是补偿额度的确定。由于生态系统自身循环机制的复杂性，不同生态系统物质结构破缺和现状弱化程度的不等同，生态服务功能的价值至今仍缺乏有效的计算方法，难以用货币衡量，致使补偿的额度难以精确量化。

补偿方式。我国生态补偿方式比较单一，没有建立良性的投融资机制。建立多元化的补偿方式在资金补偿、实物补偿的基础上加强技术补偿，对被补偿方开展技术服务，提供技术咨询和指导等，由"输血型"补偿向"造血型"补偿发展，除一次性"生态移民"安置补偿外进行连续性补偿。此外，开展政府补偿与民间补偿相结合的补偿方式。在实践操作过程中，应将多种方式组合起来加以综合运用，相互补充，优化补偿效果。

(二)储运技术创新管理机制

1. 统一规划，协调工作

近年来，随着人们物质和文化生活水平的提高，国民经济的持续发展，道路建设、房屋修建等施工作业的大量进行，我国管道因第三方破坏造成的事故呈上升趋势。这是由于地下管线没有统一规划，管理涉及的部门较多，难于协调，存在各自为政的局面。外界施工单位对地下管线情况不清楚，缺乏天然气管道安全保护意识，缺乏各部门间协调，开工前也不积极与天然气公司联系，单方面钻孔、顶管、埋管取土、使用大型机械施工，挖断、铲坏、压裂天然气管道及其辅助设施，致使天然气泄漏的事件频频发生。

面对小城镇建设日新月异，输气管道由最初的过荒山野岭，到现在从城镇中心和城边穿过，构成安全隐患，不得已，输气管道只能艰难改线。因此，管道工程作为一项全社会的基础工程，油气管道的建设要充分与地方政府部门沟通和协调，杜绝城镇规划与油气管道走向相矛盾，减少安全隐患。

2. 建立健全环境保护制度，层层落实环保责任

做好天然气生产过程中的环境保护工作，需要企业全员参与，齐抓共管，不断提高全员环境保护意识。生产井站的工艺作业、施工作业、设备维修作业等在施工作业方案中应有环境保护篇章，明确可能造成的环境污染隐患和相应的环境保护措施，并在施工作业前落实环境保护措施。进一步完善环境保护责任，环境保护责任制按照"一岗一责、一职一责"的原则，逐级向下传递，落实到个人，明确各岗位应承担的环保工作责任、权利、义务和具体工作内容。根据国家法律法规、政策、以及当地政府主管部门管理规定，做到有法必依、执法必严、违法必究。同时开展月检、季检、年检和不定时抽查，发现问题，及时处理。

认真贯彻执行"三同时"，加强源头控制。工程项目立项设计时，严格按照"三同时"要求做好环境保护工作，充分做好现场勘查和设计工作，设计、施工、竣工后应当符合国家相关环境保护标准及规范。加强源头控制，排除实际生产中因源头控制力度不够而产生的环境污染隐患。

3. 加强管道检测，提高管道完整性管理水平

《石油天然气管道安全监督与管理暂行规定》对管道的定期检测分为一般性检测与全面检测两种，并对两种检测周期作了规定。例如，西南油气田公司输气管理处设立了管道防护办公室，每周进行一次巡线检查工作，并投入大量资金对管道进行安全检测和评价工作。另外，还对历史遗留的三、四级地区（人口较为密集区）的管线，逐步安排资金进行改造。每年投入管线改造的资金达数千万元。

管道内检测技术方面，我国管道内检测技术与国外先进水平还有较大差距，用于内检测的检测设备都是从国外引进的，国产的智能检测设备仍在研究中，成熟的产品尚未开发出来。因此，应加大对国外成熟智能检测技术和评价技术的研究和应用，及时发现隐患，及时整改，杜绝事故的发生。

由于我国在天然气管道完整性管理领域起步比较晚，总体上与国际水平尚存在相当差距。为尽快提高我国天然气管道完整性管理水平，借鉴国外先进经验，应进一步加强油气管道的 GIS 和数据库、风险评价、基于风险检测的适用性评价、管道地质灾害评估、管道维护决策及应急响应等技术工作。

4. 加强现场环境监督管理工作

加强生产现场（包括观察看守井）和井站施工作业现场的环境保护检查监督工作，完善施工作业现场环境保护监督体系。监督人员定时到施工现场进行监督检查，及时发现和治理环境污染隐患，有效预防环境污染事故发生。

5. 加强学习，提高管理人员技术水平

加强环境保护队伍员工的工作能力，不断提高员工环境保护技术水平，多组织一些有关环境保护技术、环境保护知识、环境保护法规、污染事故防治技术的培训班，不断提高基层领导、环保岗位

员工的环保意识。

6. 可接受风险标准与管道事故数据库建设

虽然油气管道风险评价已经受到越来越多的重视，也提出了各种评价方法。但由于该技术还远不够成熟，风险评价在长输油气管道上的应用还是一个新领域（在国内尤其如此），因此受到了各方面的质疑，很多人对其作用和经济效果抱质疑态度。尽管已经有很多管道进行了风险评价，但并没有真正用到科学地指导管道的运行管道中。

国外在油气管道安全评估、风险分析及可靠性设计中都应用了概率论与数理统计方法来分析判断事故发生的可能性。为了使管道信息数据库具有规范性和通用性，我国油气管道部门应尽早制定管道信息数据库的基本要求，使为制定风险可接受性标准而采用的基础信息数据更加标准和规范。

(三)风险预防与减缓措施

长期受到外界环境与内部介质的影响可能导致天然气长输管道失效，泄漏天然气严重影响生态环境。为延长管道的使用寿命，可通过在工程设计时提出经济实用的防腐方案、合理选材、安全施工，加大对天然气管道安全的宣传力度等，减少天然气长输管道发生风险事故的概率。

1. 预防措施

在编写可行性研究报告和初步设计阶段，合理布置管线走向，绕避生态脆弱、敏感区和大面积林地，进一步优化路由，尽量缩短管道穿越林地的长度，减少生物损失量，并进行充分的论证和比选。

在施工前对管道永久占地和管道施工场地进行合理规划，严格控制其占地面积。

管道建成投入使用后，加大林地段的巡线力度，尽量避免发生林区火灾，同时制定切实有效的施工期和运营期防火应急预案，在火灾发生时尽量减轻对林地生态环境的破坏。

结合天然气长输管道建设项目生态文明建设绩效评估指标工作实际，从预防、恢复、减缓、补偿、管理等方面提出以下生态环境减缓措施。

2. 减缓措施

风险缓解是在完成管道的风险评价之后，根据评价的结果进行分析，找到风险值偏高的各管段以及影响各管段失效的风险值偏高因素，从而提出相应的风险减小措施，以便改善这些不利影响因素，将管道运营的风险水平控制在合理的、可接受的范围之内，达到减少管道事故发生、经济合理地保证管道安全运行的目的。风险缓解有两方面的含义：①降低风险发生的概率；②一旦风险事件发生尽量降低其损失。严格施工期管理，建立施工期环境监理制度，尽量减轻工程建设对林地生态系统、农田生态系统、土壤、野生动物等的影响和破坏。

林地生态系统保护措施。严格控制林地施工场地范围和施工作业带宽度，减少林地占用和林木砍伐量，降低工程对林业生态系统的干扰和破坏，并合理设置防火带距离；施工便道尽量利用既有林地内的道路，确实需要新修施工便道时，应尽量缩短其长度；在林地段施工时，应尽量采用人工开挖管沟来缩小施工作业带的宽度；在具体施工过程中，如发现需要特别保护的树种并且无法避让时，应进行移栽；林地内管沟开挖或便道修筑可能产生少量多余土石方，该部分土石方严禁堆放在林地内，以减少对林地的占用；在林地段施工时，应首先剥离表层熟化土，并予以收集保存，施工结束后及时覆盖收集的表层熟化土，并选择当地适宜速成种进行植被恢复；穿越山体隧道施工时，尽量实现洞口"零"开挖，保护原生植被的完好，隧道进口端采用横洞进洞再分别开挖方式，洞口从里向外贯通，可以确保洞口及以上部位植被完好，禁止乱砍滥伐。

农田生态系统保护措施。严格控制农田施工场地的范围，减少耕地占用，降低工程对农业生态环境的干扰和破坏；施工过程中采取有效措施保护农田土壤，对农业熟化土壤采用分层开挖，分别堆放，分层复原的方法，降低因施工生土上翻、耕作层养分损失所造成农作物减产的影响；临时占用的基本农田耕作层土壤必须作好表土剥离和表土收集存放，减少土壤养分的流失，施工结束后，剥离下来的表土覆盖于施工作业带上；提高施工效率，缩短施工时间，以保持耕作层肥力，缩短农业生产季节的损失；因地制宜地选择施工季节，尽量避开农作物的生长和收获期，减少农业当季损失；施工过程中要尽量避免破坏农田水利工程，以减少对农田生态系统的影响。

野生动物保护措施。野生动物和植被有着密不可分的依赖关系，植被条件的好坏是影响野生动物种类组成的一个十分重要的因素。工程区植被的破坏将导致本区动物种类及数量的减少。因此，在施工期要严格规划施工地点，尽可能减少施工过程所造成的植被破坏，保护野生动物赖以生存的植被环境。工程中造成的植被破坏以及野生动物迁徙，单靠生物群落的自然演替是远远不够的。因此，在工程施工期或完工以后，要尽快开展植树种草工作，加快生物群落的恢复演替速度，改善工程区域的植被条件，加速野生动物往回迁徙的进程。在河流穿越施工过程中禁止施工用料、污水、垃圾和其他施工机械的废油等污染物进入附近水体，影响施工河段的水质，从而避免对施工河段内的水生生物造成影响。

土壤保护措施。严格控制施工作业带宽度，不得超过规定的标准限值，以减少土壤扰动，减少裸地和土方暴露面积；一切施工作业尽量利用既有公路，沿已有车辙行驶，若无既有公路，则要执行先修道路、后设点作业的原则进行。杜绝车辆乱碾乱轧的情况发生，不随意开设便道；施工结束后，对废防腐材料等施工废料进行清理，因其在土壤中难以降解，影响土壤环境；定向钻施工前，做好废弃泥浆池的防渗层，防止废弃泥浆渗漏污染土壤。

3. 植被恢复措施

施工结束后，施工场地、施工作业带和新修施工便道、定向钻废弃泥浆池、隧道弃渣场、堆管场等应及时复耕或植被恢复。植被恢复以自然恢复和人工建造相结合，人工植被的建造要以适生速长的乡土植物为主，尽量减少对地面原状植被和土壤结构的扰动，促进植被的自然恢复。

植被恢复的一般原则为：首先剥离施工区的表土，对于建设中永久占地、临时用地以及隧道弃渣场等占用区域的表土予以剥离并收集保存，施工结束后及时清理、松土、覆盖收集的表土，复耕或选择当地适宜植物及时恢复绿化。

林地段的主要恢复措施为植树，不能植树的地方可种草或浅根系经济林木。在植被恢复建设过程中除考虑选择适合当地速成树种外，在布局上还应考虑多种树种的交错分布，既提高植物种类的多样性又不至于从根本上改变原来的生态系统组分，增强其稳定性。另外修复树种种苗的选择应经过严格检疫，防止引入病害。管线林地段施工前，应向县级以上人民政府林业主管部门上报，并征得其审核同意，且按有关规定缴纳植被恢复费，专款用于林地植被的恢复。对于原农业用地，在覆土后施肥，恢复农业用地。工程竣工后对新修施工便道进行清扫、松土平整，恢复原有地表自然状态和植被。对工艺站场内不能恢复的闲置地，应采取绿化措施。

4. 其他措施

在工程设计阶段应聘请有资质的单位编制工程的水土保持方案以及地质灾害报告等，对工程区域的水土流失、地质灾害等情况有较细致的了解，并据此提出相应的水土保持措施及预防和治理工程区域地质灾害的措施，将天然气长输管道建设对区域生态环境的影响降到最低。

(四)持续推进天然气管道完整性管理

天然气储运环节能对生态环境造成灾难性后果的事件主要有两种：①天然气管道爆管重大事故，造成人员伤亡，周边环境不可恢复的破坏，植物和动物生存环境受到严重破坏；②储气库库体变形，地表大面积沉降，天然气大量泄露，对区域环境造成严重破坏。为此，必须对这两类事件严防死守，确保处于控制之下。实践业已证明，实施完整性管理是确保管道本质安全最有效的管理模式。目前，中国石油管道板块所辖管道已全部建立完整性管理体系，并已在管道本质安全管理上取得显著效果，单位长度年管道失效事件率大幅减小。今后一段时期，持续深入推进完整性管理实践需要做好两方面工作：①将完整性管理模式努力推广到储气库、城市燃气管道、海底管道、LNG储运设施等广泛领域。目前上述领域完整性管理刚起步，尚需持续深入推广。②推动管道完整性管理实践区域特色化。2006年开始引进完整性管理时，国内管道安全管理尚处于风险管理的起步阶段，与完整性管理尚有数十年差距。因此，完整性管理要生根尚需经过较长磨合期。天然气储运企业应在充分把握完整性管理精髓和理念的前提下，结合自身实际特点，一方面有序推广实施完整性管理新做法，另一方面继承和改造自身管道本质安全管理方法，走特色化实践之路，避免理论和实践分离。

三、严格执行储运环保政策法规

(一)健全法律法规体系

目前天然气储运生态文明建设可依的法律法规主要有环境保护法、安全生产法、石油天然气管道保护法，政策性文件有《中共中央国务院关于加快推进生态文明建设的意见》等。在石油天然气行业内有一些相关的标准规范，例如节能规范、HSE标准等。天然气运营企业要注重整合政策法规资源，形成自身的易于理解和贯彻执行的政策法规体系。

(二)加大天然气管道保护执法力度

重要措施是：①要在企业内部加大宣贯培训力度，增强法律意识和应用能力；②要持续完善良好的地企沟通协调机制，提升执法效率；③扩大公众参与，通过对管道周边居民开展广泛的宣传并建立友好合作关系，提高社会关注度和公众自觉参与意识；④要严格守法、执法。

四、加强组织领导与考核激励

组织领导和考核激励是生态文明建设保障和动力。在加强组织领导方面，领导和员工要树立生态文明意识，充分认识生态文明建设的重要性和迫切性；设置职责清晰的组织机构，建立切合实际的工作机制；确保责任层层落实；加大宣贯培训力度。在严格考核激励方面，建立生态文明建设绩效评价机制，将生态文明建设绩效与员工绩效挂钩，严格考核和奖惩。

五、川渝环形管网生态文明建设实例

川渝天然气生态文明建设主要在如下几方面颇具特色和成效，形成一些具有推广应用价值或典型意义的生态文明建设方法。

(一)合理规划布局，持续推进管道完整性管理，强力实施 HSE 管理

1. 合理规划布局，加强管道业务发展滚动规划研究

助推天然气产业集群与天然气基础设施集约化发展良性互动，

是天然气储运领域生态文明建设的根本途径之一。市场分布与天然气管道建设相互影响、相互制约。油田公司在充分认识川渝地区天然气产业链协调发展规律基础上，合理规划布局天然气储运设施，促进天然气产业集群发展；天然气产业集群发展则反过来促进天然气基础设施集约化发展，形成良性互动。天然气基础设施集约化建设可大大节约生态空间和土地资源、有利于提高天然气基础设施（资源和市场双方）建设整体效率和运营管理整体效率，因此，天然气产业集群和天然气基础设施集约化建设是全方位减小生态环境扰动的根本途径。

加强管道业务发展滚动规划研究。编制天府新区、泸威线等管网建设滚动规划；编制《西南油气田公司分公司2017~2021年天然气与管道业务滚动规划》《2017年度川渝管网适应性分析及调整改造方案》。

2. 持续推进管道完整性管理

实践具有区域特色的管道完整性管理，持续降低管道失效事件对生态环境的负面影响。油气田公司自2006年开始推广实施先进的管道安全模式，即完整性管理，用管道完整性管理统领管道本质安全管理全部相关工作，到2012年管道完整性管理覆盖率达到100%。油气田公司完整性管理走特色发展之路，实施实践方式创新、关键技术跨越发展战略，形成了适合于川渝环状天然气管网的完整性管理模式和完整性管理关键技术体系，显著提高了管道安全管理水平，在股份公司完整性管理审核评级中定级为中等，处于国内较高水平。

统计数据显示，近年来川渝天然气管网失效事件发生频率呈显著下降趋势。川渝天然气管网失效事件从2005年的10次降到2013年的1次。2006年川渝天然气管网曾发生"1·20"严重爆管事故，造成人员伤亡和严重环境破坏；而实施完整性管理后，发生的失效事件主要为腐蚀或施工缺陷导致的泄漏事件。从失效事件导致的天然气非常排放量上看，多数为几千到几万立方米，对周边环境影响不大。可见，完整性管理也是生态文明建设的重要途径之一。

3. 强力实施 HSE 管理

实施 HSE 管理，严密监控生产废水废气等污物排放量以及站场噪音。建立环境风险台账，对站场甲烷泄漏量、站场污水排放量以及站场噪音实施监测。2014 年监测数据表明：站场平均年泄漏量约为 2000m^3。监测结果为有效控制环境污染提供了依据，实施环境监测是生态文明建设必不可少的手段。

强化体系建设。制度体系、培训体系、绩效考核体系基本形成，作业许可、事故事件管理、变更管理等专项工作有序推进，在油气田公司 QHSE 管理体系审核中名次位于前列，代表油气田公司参加中国石油 HSE 体系量化审核，完整性审核达到 7 级水平，排名油气田公司第一。

隐患排查治理进一步加强，本质安全水平有效提高。①安全监督检查。开展防硫化氢、危险化学品、管道、气瓶和特殊时段专项检查。现场驻站监督 16 场次，检查生产现场和施工现场。②隐患排查治理。在油气田公司范围内率先完成遗留建设项目环评及验收。完成 2017~2019 年安全环保隐患滚动规划编制工作，投入整改资金整改管线穿越、环保设施等六类隐患。③本质安全水平提高。集输气管线失效率由 2014 年 3.54 次/(千公里·年)下降到 0。城镇燃气管线失效率持续下降。设备"安、稳、长、满、优"运行。

落实隐患整治。处理地方建设与管线相遇问题，地方出资迁改管线，提前完成油气管道隐患治理地方销项工作。建立完善隐患排查治理长效机制，制定《输气管理处 2017~2019 年隐患滚动规划》，工程全部实行挂牌督办。

(二)加强运行管理、优化管网调配，严控正常生产放空量

1. 突出适应性分析，优化管理措施聚焦管网优化

调整机构，优化管理重在管道保护。①机构职能上优化。管道

科增补岗位编制，增设作业区管道管理办公室，设置两级机关管道调度，履行管道调度职能，每日对管道集中统一管控，作业区一名领导专职负责管道管理。②管护力量上倾斜。实施立体网格化管理模式，管道巡护全覆盖。

加强与相关企事业动态沟通协调。主动适应"龙王庙增量、高含硫投产、页岩气外输"新形势，抓好北内环、北干线等关键管道本质安全。

扎实开展管网、站场适应性分析及改造。江津—纳溪管道、北外环三期工程、川东北高含硫气田进气顺利投运；组织管网、站场工艺系统适应性分析，完成弥陀站、屏锦站倒输站场适应性改造；完成忠县站返输"两湖"地区适应性改造，具备800万立方米/天供气能力。

2. 有效控制正常生产放空量

正常生产放空主要包括清管作业、工程投运停气连头两类，一般检维修及日常排污操作中也会涉及放空、废气废水固定废物的排放，但量很小，对环境几乎不造成影响。川渝天然气管网从如下方面控制正常生产放空量。

科学制定并动态更新清管周期控制放空量。清管周期与管道中污物沉积速度和沉积量密切相关。川渝天然气管网制定清管效果评价标准，对每次清管结果进行大致评价，以定性掌控一个清管周期内管道中污物沉积速度和沉积量；根据评价结果再结合管道运行压力降确定是否需要修订清管周期。以此方法，确保清管周期的合理性，避免盲目加密清管次数，从而利于控制清管作业产生的放空量。多种措施控制停气连头工程放空量。合理制定设备的检维修和清洗周期，尽量采取以场站、管道为单位的"同步停气施工"作业，减少天然气放空损失；停气整改作业中，合理利用站场、管道技术条件，采取抽吸，高压倒低压等优化措施，尽量减少放空。

发挥环形管网调配优势促进减排。川渝环形管网具有调配灵活的特点，某一区域的用户可以由多条管道从不同方向供气，故可以根据需要调整气流方向，达到减小或增加某一条管道的气量而不影响用户用气。在清管或停气连头条件下，可优化气量调配方案，将必须实施放空的管道的运行气量减小到最低限度，达到有效控制放空量的目的。

3. 注重协调，突破难点注重重点项目推进

2016年，①持续推进项目建设。重点实施两佛复线重庆沙坪坝区段隐患整治工程，与地方政府、铁路局协调，完成四川石化基地供气工程等项，罗家寨—渡口河净化气集输管道工程顺利通过环保部组织的国家环境保护验收。②强化项目管理。发布《输气管理处基建工程项目管理细则(试行)》《建设项目工程竣工资料收集整理实施细则》，对项目管理工作职能、工作流程、资料归档进行重新优化；总结提炼项目管理优秀经验，形成并上报《江纳线合规化建设管理成果》《铁路及高速公路等穿越新思路与新对策》。

(三)自主研发和大力推广应用生态化技术

1. 推广标准化工艺站场设计，节约土地资源

土地是最宝贵的生态资源。川渝天然气管网自2009年开始，新建管道工艺站场全部采用流程紧凑的标准化设计站场，在条件允许的情况下，还与其他兄弟单位实施合建站。例如，西南油气田公司北外环输气管道南部站与西南管道公司中贵线南部站合建。通过以上措施，可有效缩小占地面积，节约土地资源。

2. 积极推广节能减排技术，效果显著

推广实施管道非开挖穿越等生态化施工技术，减小建设期环境扰动。非开挖的施工技术具有不影响交通、不破坏环境等特点，在穿越高速公路、铁路、建筑物、河流、闹市区街道和保护区时采用

非开挖施工技术,十分有利于减小环境扰动。

高低压分输工艺推广应用。川渝天然气管网利用环状管网优势,实施高低压分输,减少气田开发过程的能源消耗。

增压机节能优化改造压缩缸改造。当气量发生了很大变化,先可以通过对机组的余隙进行调整,对轴瓦、活塞等的间隙进行修整来提高增压机的效率,或者通过对压缩缸的适应性改造,来满足生产要求。

消声器技术创新。研究出新型宽频消声器,该消声器显著减低燃料消耗,不仅利于减排,也降低成本,据估算,每年在燃料气消耗方面可节约资金1.7万元;研制出用于输气站场调压阀噪声控制的声阱消声器,利用喷注噪声峰值频率与喷口直径成反比的原理设计制造而成。

带压封堵换管技术、管道缺陷修复新材料、检修和清管新工艺应用输气管理处在北干线等管线建设中,应用管道不停气换管技术,减少放空气量30万 m^3/d,累计减排二氧化碳当量1.5万 t;在沙卧线、卧渝线、付安线、南干线对管线外部缺陷采用增强性复合材料进行修复,实现了不停气修复管线腐蚀缺陷,减少了放空损失。重庆气矿等单位在停气整改作业中,合理利用站场、管道技术条件,采取抽吸、高压倒低压等优化措施,减少放空;对于正常生产清管作业,采用密闭通球方式,替代放空或排污方式引球,控制排污时间,减少了天然气损耗。

管输系统天然气泄漏减排技术。西南油气田公司在国内首次提出管输系统天然气(甲烷)泄漏检测评价技术,以定量的方式评价管输系统的天然气损失量;同时建立了天然气泄漏检测数据库,为企业管理提供了一套简单实用的查询工具,该成果在国内处于领先地位。

科技手段上创新。升级GPS管道巡检系统,第三方施工等重点信息传递及时;推行区域无人机巡线,提升管道巡查工作水平;试点"天网"监控摄像头,实现重点区域、施工作业点24h在线视频监控。

第五章　天然气利用生态文明建设模式与路径研究

第一节　天然气利用对生态环境的影响机理

一、天然气利用的主要途径

从利用方向上看，天然气利用可分燃料利用和原料利用两个方面。而按利用领域或部门分，可分为城市燃气、工业燃料、天然气发电、天然气汽车（船舶）、天然气化工等五大类。其中，天然气发电包括分布式能源系统、热电联产和冷热电三联供等；城市燃气应用范围很广，包括居民生活、商业、公共服务业、采暖、天然气空调等部门或行业。

（一）城市燃气

天然气作城市燃气最能体现天然气的社会经济价值和环境效益，是传统和稳定的天然气利用市场。天然气的清洁、高效和使用方便等特性，是现代城市住宅、商业和公共服务行业的首选能源，用作烹饪、供热、采暖、空调。

城市燃气不仅是天然气利用历史上第一个应用领域，也是世界大多数国家天然气利用的首选领域。美国最初的天然气利用就是进入城市置换煤制气最终替代煤气，英国等欧洲国家天然气利用的第一个领域也是替代煤气作城市燃气。随后，新兴的天然气利用国家或是首先在城市推广应用天然气，替代煤、电和液化石油气（LPG），或是作为其重点和主要应用领域。

天然气作城市燃气利用的比例较高并能保持快速发展，主要得益三方面的推进因素。①天然气与电、LPG、煤气等现代城市能源相比有明显的比较优势。与煤制气相比，天然气的优势有：燃烧热值高、管输压力高、覆盖范围广、更清洁、无毒。与电能相比，天然气的优势有：电能和天然气都具备使用方便、控制灵活、占地少的特点。②社会、经济的不断发展和进步，人们对健康、环境和生活质量的要求也越来越高。③城市燃气用户，如城市居民、商业、公共服务和天然气空调等，有相对较高的天然气价格承受能力。

城市燃气始终是天然气利用的主要方向和领域。如今世界天然气城市燃气利用动向呈现出以下三个特点。①北美、欧洲、日本、韩国和俄罗斯地区的城市燃气利用（城镇居民、商业和公共服务消费）基本趋于饱和，城市燃气消费量增长缓慢或停滞不前，主要随气温和国家经济的变化而起伏。②通过科技进步和技术创新提高民、商用燃气器具的燃烧效率。③开辟新的城市燃气利用领域。天然气空调是技术比较成熟且尚未深入开发应用的一个重要的城市燃气利用领域。天然气空调有多种形式，如直燃机、锅炉+蒸汽吸收式制冷机、锅炉+蒸汽透平驱动离心机、吸收式热泵、楼宇冷热电联产系统等，可用于城市大型建筑（写字楼、办公区）和商业区、住宅区及普通居民家庭。与电力空调相比，天然气空调的优势包括：功能全、设备利用率高、综合投资省、运行费用省；燃烧后产生的有害气体很少，避免了常用空调冷媒（氟氯烃和氟氯氢烃）对大气臭氧层的损害；改善夏季供电紧张状况；有利于有效平衡天然气季节峰谷、提高燃气管网利用率、降低供气综合成本。

城市燃气利用的另一个潜在领域是燃料电池。燃料电池是一种不燃烧所使用的燃料，直接以电化学反应方式将燃料的化学能转化为电能的高效发电装置，具有效率高（发电效率可达 60%）、配置灵活、适应性强、无污物排放、噪音低等特点，可用作商业区、住宅区、家庭的电能供应，以及替代汽车燃油（燃料电池汽车）。燃料电池的核心是氢，天然气的氢碳比高，是作燃料电池的理想燃料，唯一的阻碍是经济性。随着油料价格上扬和环境保护要求的日益严厉,燃料电池的规模开发应用开始受到重视。美国、日本和德国等发达国家加快了燃料电池的开发和应用力度,并在技术和经济等多方面取得突破,已基本实现了商业化应用。

(二)工业燃料

作为燃料,天然气在工业上的应用领域很多,但主要用作建材、机电、轻纺、石化、冶金等工业领域的熔炼油炉、加热炉、热处理炉、焙烧炉、干燥炉和蒸汽锅炉等加热设备的燃料。其主要优点有:工业炉一般能耗较大,与煤和燃料油相比,使用天然气不必建设燃料储存场所和设备,无须备用操作,使用燃料前简单,燃烧设备结构也简单,可节省占地,建设投资和操作费用;天然气经过脱硫脱碳和去除杂质等预处理,燃烧产生的 SO_2 少,并且含氮量也少,燃烧产生的 CO_2、NO_x 比烧油少;通常,天然气燃烧器的调节比要比其他燃烧装置的幅度宽,过剩空气量也较其他燃料少,并且容易实现炉温和炉压的自动控制。

天然气作工业燃料还可有效提高产品质量、产量、节能减排、减轻劳动强度等,有显著的经济效益和环境效益,是天然气利用的主要领域,20 世纪曾高居天然气利用量和利用份额的首位。随着天然气发电业的繁荣,21 世纪发达国家的工业用气量基本保持稳定,但份额有所下降。全球金融危机爆发后,油价不断下降,特别是煤炭价格降至 21 世纪低点,天然气的价格竞争力受到影响。再加上美国尤其是欧洲经济不振,近几年发达国家天然气工业消费总量停滞不前,天然气消费占比跌至发电和民用气之后,居第三位。但是,工业用气量大,日均消费量稳定且无季节差变化,天然气输送成本相对较低,是确保天然气管网安全平稳运行并降低管输成本的关键用户和重点发展用户。因此,发达国家的天然气工业利用会保持稳定,而新兴天然气国家的天然气工业利用将会持续增长。

(三)天然气联合循环发电和分布式能源

由于燃烧天然气热效率高，排放的污染物又较其他燃料少，因此，在火力发电的燃料中，以天然气为燃料来发电是公认最干净的燃料。而天然气联合循环发电技术的问世并不断进步，以及天然气分布式能源系统的推广利用，大幅度提升了天然气发电的能源利用效率，使之成为当今世界天然气利用的主要领域。

1. 天然气联合循环发电

传统的火力发电是用煤、油、天然气等作燃料加热锅炉，使水变成蒸气，再以蒸气推动汽轮机带动发电机运转而发电、其效率较低。现代天然气发电技术是利用天然气燃烧时产生的热气，推动涡轮机发电，同时再利用涡轮机排出的高温烟气，再使水变成蒸气推动汽轮机来发电，称为联合循环发电。随着技术不断进步，天然气联合循环发电的能源利用效率在稳步提高，相比其他先进发电方式，天然气联合循环发电的能源利用效率可达 55%~60%。

可以说，天然气发电切实实现了天然气的清洁高效利用，由此受到世界各国重视并成为当今世界各国天然气利用主要领域，是进入 21 世纪后拉动全球天然气消费持续增长的主要动力。其中，欧美发达国家的天然气消费量增长主要依靠发电用气量的增加。然而，近几年由于经济增长乏力、煤炭价格暴跌以及二氧化碳排放价格低廉，欧洲天然气发电业受到煤电崛起的严峻挑战，发电用气量不断减少，并成为欧洲天然气消费连续下降的主要动因。但是，在北美和中东等天然气资源丰富和价格低廉的国家，天然气发电业和发电项目及发电用气量仍在蓬勃发展。

2. 天然气分布式能源系统

分布式能源是指位于用户侧，优先满足用户自身用能需求的能量供给系统。分布式能源以布置灵活、有效减少线路输送损耗、对大电网有效补充等特点，近年来受到越来越多国家的重视。

天然气分布式能源以天然气为燃料，将天然气燃烧释放的能量逐级耦合、梯级利用，或通过冷热电三联产等方式实现能量的有效、综合利用，一定条件下能源综合利用效率可超过70%，具有能效高、清洁环保、安全性好、削峰填谷、经济效益好等优点，是现代社会天然气清洁高效利用的重要领域和发展方向之一，受到包括中国在内的世界各国的重视和推崇。在天然气充足供给和环境保护的双重推动下，美国天然气分布式能源发展很快。美国能源部规划，到2020年，美国热电联产机组装机容量将占全国发电总装机容量29%，其中天然气分布式能源系统将占据增长的主要地位。作为一种能源清洁高效的方式，随着现代工业和城市化建设的推进，天然气分布式能源系统在发达国家和新兴经济体国家还有较大发展空间和潜力。

(四)天然气汽车

1. 天然气是理想的汽车代用燃料

天然气燃料汽车的突出优点：①减少汽车尾气排放对城市大气环境的污染。汽车使用天然气作为动力燃料，与汽油相比，其尾气排放的CH(碳氢化合物)可减少72%，氮氧化合物(NO_x)减少39%，一氧化碳(CO)减少90%，PM2.5几乎为零，噪音降低40%。②减少对石油的依赖，实现能源利用的多样化。基于本地能源资源供应发展天然气汽车，可以避免过度依赖石油，确保能源供应安全。③具有较好的经济性。据测算，1m³天然气可替代1.14L汽油或1L柴油。同时，使用天然气可延长发动机各部件寿命，延长维修保养周期，年维修费用可降低50%以上。

2. 天然气汽车的种类及其特点

天然气汽车的类型中，天然气气包车已经淘汰，吸附天然气汽车的技术经济性还不能商业化应用,最常见的是压缩天然气(CNG)汽车、液化天然气(LNG)。由于携带气量有限,并且因钢瓶较重,CNG 汽车的行驶里程不长,目前 CNG 汽车主要是城市公交车、出租车、城市公共服务车(如邮政车、气水电维修服务车、环卫车等)及少量私家车。与 CNG 相比,用 LNG 作汽车燃料具有储存效率高、续驶里程长、储存压力低、经济和低排放等优点,不但是城市公交车,而且是替代城际客(货)运输车、重型卡车、内河运输船舶汽油和柴油的最佳燃料。

3. 天然气汽车发展现状与趋势

目前近年来各国在大力推广天然气汽车的同时,加快了对 LNG 汽车技术的研究和推广应用。全世界天然气汽车主要分布在富气贫油的国家(例如意大利、新西兰、阿根廷、巴西、印度尼西亚等)和环保法规严格的国家(例如美国、日本等)。近年来,在能源和环境双重压力下,天然气汽车市场发展速度加快。

随着世界各国对能源安全和环境保护的日益重视,包括 LNG 汽车在内的天然气汽车还将有较大幅度的发展,特别是在欧洲、中东、非洲和亚洲国家。但是,发展的步伐还需要天然气价格、基础设施建设、资源保障、汽车技术的革新以及价格、税收方面的优惠政策的支持。目前,欧洲就正在研究如何挖掘区域内天然气汽车利用的潜力。

(五)天然气化工

世界有 50 多个国家不同程度地发展了天然气化工,年耗天然气量约 1600 亿 m^3,约占世界天然气消费量的 5%~6%,一次加工产品总产量在 2 亿 t 以上。主要产品包括合成氨(尿素)、甲醇(二甲醚)、合成油、氢气和羰基合成气、乙炔、卤代烷烃、氢氰酸、硝基烷烃、二硫化碳、炭黑等多种一次加工产品及大量衍生物。其中,天然气是生产甲醇、合成氨、氢气的清洁原料,具有投资少、能耗低、污染小的优势。目前,国外80%以上的合成氨、90%以上的甲醇、80%以上的氢气以天然气为原料制取。合成氨和甲醇是天然气化工利用的核心。其他的天然气化工产品还有甲烷无氧芳构化合成芳烃、天然气的生化法利用、天然气直接法制乙烯、天然气热解制炭黑和氢气、天然气合成石墨烯等。

进入21世纪后,国际天然气价格逐步上行,全球天然气化工产业被迫进行产能、产量产品结构和生产区域调整,天然气化工开始向中东等天然气资源丰富且价格相对低廉的地区转移。美国和欧洲国家的很多天然气化工装置被关停或转移到气价低的其他国家。而近来美国的页岩气革命使其气价大幅下降,其天然气化工业又重新兴旺起来,一些外迁的天然气化工装置又重新搬迁回到美国。虽然大宗天然气化工产品生产受到高气价和低煤价的严重影响,但由天然气为原料生产的精细化工产品仍有一定市场,世界范围内关于天然气化工新产品和新工艺的研发仍在进行,并取得了显著进展,工业化利用指日可待。例如氢氰酸系列化工产品、天然气裂解制特种炭黑和氢气技术、Siluria氧化偶联制乙烯技术、天然气无氧芳构化制苯和氢气膜反应器技术、甲烷无氧活化制乙烯和芳烃技术、天然气合成石墨烯技术等。

总体来说,世界范围内,天然气化工利用在天然气资源丰富且价格低廉的地区(如北美和中东地区)将会有较快发展。而在欧洲和亚洲等国,由于气价高、天然气供应不足且受产业政策限制(如中国),加之全世界主要天然气化工产品,如合成氨、甲醇等产能过剩且价格不理想,天然气化工发展将会放缓,在一些国家甚至会出现衰退。

二、天然气利用关键作业对生态环境的影响机理

(一)天然气利用主要方向及对环境的影响

天然气作为绿色能源的领衔主角,具有高效、清洁、安全、净

化环境的特点，备受青睐。天然气中各组分均可彻底燃烧，燃烧后不产生灰粉等固体杂质，是十分清洁的燃料。用天然气替代煤来减少环境污染，对大多数中国城市所面临的空气质量问题和困扰都有重大作用。采用天然气作为市内机动车和城镇居民生活的燃料，可以改善城市空气质量。在燃烧排放方面，用天然气代替煤、柴油，可减少粉尘的排放量。采用天然气直接驱动的空调系统和采暖装置可取代传统意义上的空调和燃煤取暖器，从而减少对臭氧层的污染。另外，在生活垃圾焚烧工厂中利用天然气助燃来减少污染物的排放量，可进一步改善城乡居民的生活环境。通过使用天然气这样的清洁燃料，可以有效降低对大气的污染，为人们的生活提供一个洁净的环境，顺应环保的世界潮流。天然气无论是作为燃料还是作为原料，其环保效益都十分显著。

1. 天然气在工业中的节能环保使用

中国在一次能源消费中，煤炭占 70%，但是我国煤炭产业大多是传统的"大量生产、大量消费、大量废弃"的模式，存在着如环境污染、产出率低、利用率低、回收率低等许多严重问题。大力实施煤气替代煤，可显著减轻工业生产对环境的污染，改善环境质量。

2. 天然气在交通运输业中的节能环保使用

天然气汽车助力生态文明建设。"十二五"时期是我国天然气汽车空前大发展阶段，发展天然气汽车是交通运输领域加快生态文明建设的有效方式和手段。发展天然气汽车利国利民，前景光明，但起步阶段尚需社会各方关注，共同推进。

20 世纪 80 年代以后，随着经济的发展，我国机动车数量增长迅速，全国汽车保有量年增长率保持在 10% 以上，这给城市增加了新的大气污染源。其中的重要影响因素，是汽车排出的废气。天然气被世界公认为是最为现实和技术上比较成熟的车用汽油、柴油的代用燃料，天然气汽车已在世界和我国得到了推广应用。天然气汽车的主要优点包括：①天然气汽车是清洁燃料汽车。天然气汽车的CO排放量比汽油车减少80%以上，碳氢化合物排放减少60%以上。氮氧化合物排放减少50%以上，是目前较为实用的低排放汽车。②天然气汽车有显著的经济效益。目前天然气的价格比汽油和柴油低得多，可降低汽车营运成本；使用天然气做燃料，运行平稳、噪音低，能延长发动机使用寿命，不需需经常更换机油和火花塞，可节省维修费用。③比汽油汽车更安全。压缩天然气和汽油相比具有燃点高、密度低、辛烷值高、爆炸极限窄等特点。

3. 天然气在生活炉灶及采暖中的节能环保使用

随着人民生活水平的提高，人们对能源的需求量越来越大。由于煤炭的污染非常严重，给城市环境带来不利影响，燃煤正在被燃气所取代。天然气以其绿色环保、经济实惠、安全可靠及改善城市生活等优点深得人们喜爱，随着家庭使用安全、可靠的天然气，以及享用各燃气公司提供亲切、专业和高效率的售后服务和颏式炉具，将会极大改善家居环境，提高生活质量。

冬季生活采暖也是城市污染主要来源之一，表现明显的是我国北方城市，这些城市大多是煤烟污染型城市，在冬季，这些城市通过大量燃烧煤炭供暖，增加了包括二氧化碳、二氧化硫在内的诸多污染物的排放量。随着城市经济技术的发展及能源结构的调整，天然气已经成为采暖的一种重要能源。

4. LNG利用

全球气候变化将会提高天然气的需求，给天然气及LNG行业的发展带来了机遇。LNG是清洁能源，符合国际和我国节能环保、低碳经济的发展方向，未来其使用量将不断加大，行业的发展前景看好。

我国LNG进口主要来自卡塔尔、澳大利亚、印度尼西亚、马来西亚的合同气，同时还从也门、埃及、尼日利亚等国进口现货，现货进口量占我国 LNG 进口总量的 15%。2013 年，我国进口 LNG 1797 万 t，折合天然气约 243 亿 m³。

此外，中国石化连云港 LNG、中国石油福建 LNG、新奥舟山 LNG、中国海油漳州 LNG 及中国海油温州 LNG 等多个项目已开展实质性工作。新奥、广汇等民营企业已具备 LNG 接收站经营资质，随着社会资本的流入，我国 LNG 接收站的建设力度将再上新台阶。

（二）天然气利用对生态环境保护的贡献

众所周知，天然气在燃烧的过程中具有燃烧充分，污染小的特点。此外，天然气还具有热值高、使用方便、控制简单、便于输送等优势，这些都使得天然气的发展速度较快。传统资源，如煤炭与石油在燃烧过程中向大气排放出了大量的污染物，而天然气所排放的污染物只有煤炭和石油的十分之几甚至千分之几，对于大气环境的保护是非常有利的。当前，我国社会正处于重要的转型时期，在资源节约型、环境友好型社会建设的今天，使用天然气的优势是非常明显的。

据不完全统计，以天然气为原料生产的产品已经超过了两亿吨，且数量还在不断增加，这充分体现了天然气的重要地位。以天然气生产的产品众多，如氨、甲醇等十几种产品。其中，全世界 84% 的氨以及 90% 的甲醇都是以天然气为原料生产的。在这些过程中生产的主要污染物主要是一些二氧化碳及水等物质，对于环境的污染较小，对于社会的发展是非常有利的。

天然气利用的优点主要有以下几个方面：①清洁环保，可以有效地减少二氧化硫排放，保护蓝天碧水；②经济实惠，天然气储量巨大，且成本较低，这样可以有效地减少社会发展成本；③安全可靠，由于天然气在燃烧过程中不产生其他物质，因此，其燃烧是十分安全的，可以有效地推广到家庭使用。

总的说来，天然气利用可以有效改善生态环境，对环境的有利影响主要有以下几个方面：①天然气是减少温室气体排放的有效途径，将在未来能源发展和应对气候变化的过程中发挥关键作用。②作为绿色能源的领衔主角，具有高效、清洁、安全、净化环境的特点，用天然气替代煤减少环境污染，对大多数中国城市所面临的空气质量问题和困扰都有重大作用。③采用天然气作为市内机动车和城镇居民生活的燃料，可以改善城市空气质量，适度缓解其危机。④在燃烧排放方面，用天然气代替煤、柴油，可减少粉尘的排放量。⑤采用天然气直接驱动的空调系统和采暖装置可取代传统意义上的空调和燃煤取暖器，从而减少对臭氧层的污染。⑥在生活垃圾焚烧工厂中利用天然气助燃来减少污染物的排放量，可进一步改善城乡居民的生活环境。

第二节 天然气利用生态文明建设模式研究

一、构建思路与原则

（一）构建思路

紧密结合世情国情企情，树立全球视野和战略思维，坚持走新型工业化道路，立足在"高碳能源"条件下向"低碳经济"的转型。按照国家"十三五"和天然气行业发展规划，借鉴国外天然气利用的经验和做法，重新设计市场布局，推进现代天然气市场体系，市场创新优化天然气资源市场配置，培育天然气产业集群，提高清洁能源利用效率，促进产业链市场价值提升。以增强天然气产业竞争力和可持续发展能力为目标，把绿色发展纳入天然气利用产业发展总体规划，分步实施，协调推进，树立天然气绿色发展理念和价值观，倡导天然气绿色生产和消费方式，健全完善有利于天然气利用产业绿色发展的体制机制、制度、标准和相关配套政策。构建面向绿色发展的天然气利用技术创新体系，建立天然气利用绿色发展试验区和示范基地。加强国际交流与合作，积极参与国际低碳减排活动，积极探索构建天然气利用产业绿色发展模式，建立绿色发展长效机制，为构建现代清洁高效利用产业体系，促进经济社会全面协调可持续发展和应对全球气候变化作出积极贡献，为天然气利用产业成为价值增长极奠定坚实的基础。

（二）构建原则

科学协调发展与有序推进原则。①不断夯实"持续、有效、快速、协调"的基础，天然气利用规划指标必须先进、科学、合理、可行，实现可持续发展，兼顾与社会环境的和谐发展。②加快转变发展方式，正确处理天然气产业近期目标与远期发展的关系，天然气资源开发利用与生态环境保护的关系，天然气产业发展与经济社会发展的关系，努力实现经济效益、社会效益和环境效益相统一，为天然气产业可持续发展打下牢固基础。③立足天然气产业实际，确立绿色发展阶段目标和总体目标，统筹规划，突出重点，在切实搞好天然气产业低碳试点工作的基础上，及时总结典型经验，充分发挥示范的带动作用，积极稳妥推进天然气产业绿色发展的规范化建设，以点带面，有序推进。④坚持开发与节约并重、节约优先、效率为本，从战略和全局高度，注重天然气资源的有序开发和合理利用，结合生产结构、产品结构和耗能结构的调整优化，扩大规模效益，降低资源消耗，实现效益最大化。

市场目标先进与全员参与原则。确定天然气市场发展战略目标，要把市场战略目标的制定建立在先进、科学、合理、可行的基础上，使制定的战略目标达到先进性与可行性的统一。体现能源市场发展的总体性和前瞻性，坚持紧平衡，促进终端业务混合所有制健康发展。推动天然气产业向绿色发展转型是一项复杂的系统工程，必须坚持发挥市场机制作用与产业管控相结合、依法管理与政策激励相结合、天然气骨干企业推动与员工参与相结合，把推进天然气产业绿色发展变成广大员工的自觉行动，加强各方面协调配合，形成齐抓共管的良好局面，实现全员、全方位、全过程协调推进。

创新驱动与利用产业集群培育原则。①有利于高新技术产业集群发展。加大天然气科学技术原始创新、集成创新和消化吸收再创新的力度，积极抢占天然气能源开发利用技术制高点，掌握和推广应用先进低碳技术，通过增强自主创新能力、提高劳动者素质推动绿色发展；通过制度和管理创新，建立充满活力、富有效率、有利于天然气产业绿色发展的体制机制。积极鼓励发展有利于调整产业结构和经济效益好、附加值高的高科技产品生产和发展，为地方 GDP 增长贡献大、上缴利税多的企业多用气，尽力保证发展前景好、利税高的产业项目用气。②有利于天然气利用产业集群效益提高。通过评价天然气利用产业集群的利用价值，促进天然气利用产业效益高的集群发展。③有利于地方政府制定产业集群规划。结合经济景气情况及集群效益情况，地方政府合理制定未来天然气利用产业集群规划。

社会责任践行与和谐发展原则。①有利于地方经济建设。坚持"奉献能源、创造和谐"企业宗旨，做好天然气战略营销，开拓天然气市场，建立良好的企地关系，获得地方与企业的和谐发展与可持续的发展。积极发展有利于直接经济效益高，主营业务链、技术服务链和用户链增加值高，对就业、居民收入、地方财政等贡献大的用户群用气，增加地方就业与财税，促进地方 GDP 可持续增长。②有利于促进地方环境建设。积极协助用户群实施节能减排与改造措施，增大天然气对环境、农林、替代燃煤对空气质量提高的贡献，促进长江上游生态屏障的建设，促进和谐生态环境建设。③有利于促进社会和谐。根据天然气利用政策，积极开发城市燃气用户群和 CNG 用户群，降低空气污染，提高城市气化率，促进人民生活质量改善，提高人民群众生活与生存质量。

二、天然气利用生态文明建设模式结构

(一)模式设计

应用相关经济理论和实践成果,把可持续发展理论、绿色经济理论、循环经济理论,以及熵增原理、资源稀缺性原理、协同学原理、生态经济学原理等,作为构建天然气产业绿色发展模式的理论基础,参考借鉴英国等先行国家的有益经验,以求更扎实地推进相关方面的实践。同时,天然气产业应从推动清洁能源产业绿色发展的角度,积极与政策制定者沟通,本着对国家、企业、消费者都有利的原则,积极开展相关战略研究,倡导天然气低碳生产和消费模式,并积极影响国家政策的制定。

通过综合分析研究,基于可持续发展的天然气利用生态文明建设模型主要包括:①天然气资源生产供应系统;②天然气利用骨干企业系统;③天然气清洁高效利用系统;④天然气利用效益系统;⑤天然气利用生态文明建设保障系统。如图5-1所示。

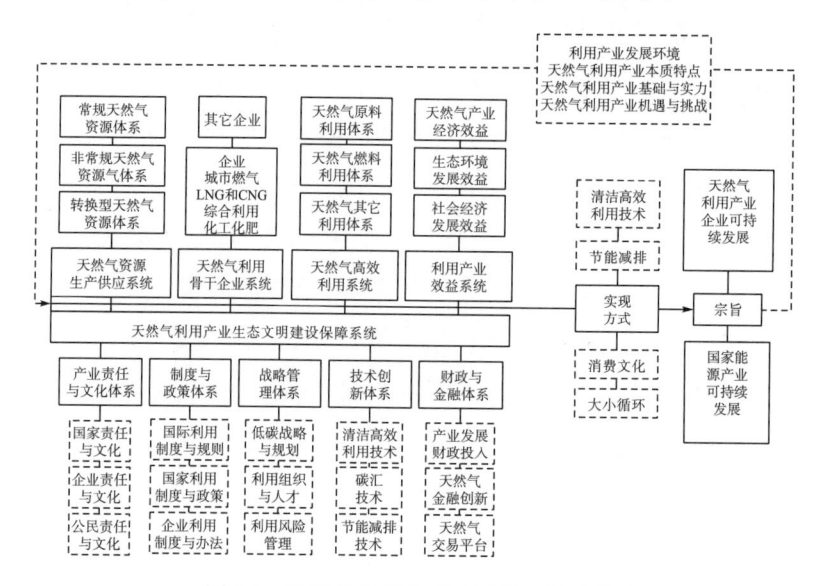

图5-1 天然气利用生态文明建设模式图

(二)模式结构内容

1. 天然气资源生产供应系统

天然气清洁生产供应系统包括常规与非常规天然气、转换型天然气资源体系。

2. 天然气利用骨干企业系统

天然气利用骨干企业系统包括：城市燃气、LNG 和 CNG、天然气综合利用(如分布式能源)、化肥化工企业等，以及 3 大石油公司下属天然气利用企业等。

3. 天然气资源开发利用系统

清洁高效利用系统包括天然气原料利用、天然气燃料利用、天然气其他利用体系。

4. 天然气利用效益体系

天然气利用效益系统包括区域社会经济效益、生态环境效益、产业经济效益。

5. 天然气利用生态文明建设保障系统

天然气利用生态文明建设保障系统主要由 5 大要素构成，即低碳责任与文化体系、制度与政策体系、战略管理体系、技术创新体系、财政与金融体系。

(1)天然气利用生态文明建设责任与文化体系。本体系涉及行业、企业和员工 3 个层次的责任与文化建设。①行业的低碳责任与文化。主要体现在保证天然气资源安全，应对气候变化，促进经济发展 3 个方面。②油气田公司责任与文化。主要是建立节能减排的责任与文化，清洁生产和利用天然气清洁能源的责任与文化，开发有利于节能减排的天然气技术，以实现节约能源、保护自然生态和经济可持续发展的目标。③员工低碳责任与文化。倡导绿色生活方式、理性消费理念，引导人们向低碳生活方式转变，使之成为大家的普遍行为。

(2)天然气清洁高效利用制度与政策体系。低碳制度与政策体系包括国际、国家(地方政府)、企业三个层面的制度与政策。①制度支持。包括有利于鼓励和引导天然气利用的法律制度、资源环境产权制度、绿色产品标志制度、绿色政绩考核制度等。②政策支持。包括为促进天然气利用的财政政策、税收政策、金融政策、产业政策、科技政策、贸易政策等。引领和助推天然气利用产业绿色经济发展。

(3)天然气利用产业发展战略管理体系。天然气利用产业发展战略与规划，包括低碳发展的总体思路、目标与实施方案等。利用组织与人才。需要加强天然气利用产业适应绿色发展的组织建设和人才培养，特别要提高骨干企业决策者的低碳意识和能力素质，吸引相关技术和管理人才，建立一支高水平的研究队伍。

(4)天然气利用产业绿色发展的利用技术创新体系。主要包含天然气利用技术创新主体、创新方式、创新组织模式、创新价值的实现途径等，特别是大力推动节能减排技术、碳捕获、存储(CCS)和利用等技术创新。

(5)天然气利用产业绿色发展财政与金融平台体系。①积极争取政府财政政策支持，加大资金投入，建立专项基金用于支持天然气利用产业低碳项目、环境保护项目、天然气利用技术的研究开发和推广与应用。②建立天然气市场交易中心，积极争取实现天然气碳交易。③构建天然气发展信息、交易、监测等支持平台，建立国际性、区域性天然气交易市场。

第三节 天然气利用产业生态文明建设路径与实证

天然气利用生态文明建设是指以安全、稳定、经济、清洁的天然气供应体系为基础，积极建立产业组织配置合理、产业结构优化、产业集群发育、天然气清洁高效利用，在一次能源中占比高，并对区域经济社会、生态贡献突出的产业发展方式。

政府的天然气利用政策和措施、市场机制和科技进步是推动天然气利用持续发展的三大驱动要素。借鉴国外成功的经验和做法，针对前述对全球天然气利用方向和主要国家促进天然气清洁高效利用的政策措施调研，结合我国天然气消费利用市场现状，对近中期油气田公司天然气利用提出以下措施建议。

一、实施"替煤代油"战略工程，推进天然气清洁高效利用

油气田公司应将天然气资源、管道基础设施优势转化为市场优势和经济效益，采取必要措施和营销手段，拓展市场、激活市场，促进天然气在各个领域的清洁高效利用，提升天然气消费量。油气田公司与政府和用户共建天然气清洁高效利用的示范项目、示范园区和天然气利用产业集群。全国范围内，天然气汽车（CNG 和 LNG）、天然气船舶、天然气中央空调等天然气清洁高效利用项目的发展潜力很大。同时，天然气冷热电三联供和利用天然气作燃料、原料建设新兴工业园区和天然气利用产业集群不但有利于天然气的清洁高效利用，而且可以实现规模经济效益。共建示范项目可以调动政府和用户的建设积极性，对推广天然气清洁高效利用是一个多赢的结果。

（一）快速发展城市燃气业务，不断提高天然气在能源消费结构中的占比

以陕京管道投产为标志，我国天然气城市燃气利用取得快速发展。但尽管如此，2015年中国城镇居民气化率也只有40%，气化人口3.0亿人。随着国民经济稳定发展和城镇化建设的持续推进和城市天然气基础配套设施逐步完善，未来相当长的一段时期内，城市燃气仍将是我国天然气利用的首要领域和发展方向之一。例如，近年来，城市燃气用户是川渝天然气主要用户，约占用户总数的56%左右。重庆市已经提出打造10多个百万人口规模级较大城市，四川各地的城市化和城镇化规划也加快了步伐，贵州省正全力融入成渝经济区发展，带动贵州城镇化和工业化发展。因此，西南地区在今后相当长一个时期内将一直持续快速增长，是今后天然气消费利用的主力市场和营销重点方向，城镇气化率全国领先具有坚实基础。

（二）积极发展LNG汽车和LNG船运市场

油气田公司应促进供气企业与下游交通运输企业形成战略联盟，积极推动LNG站的布点及建设，共同推动交通领域天然气市场发展。天然气终端公司应有序开展LNG加注站的建设和经营，加快推进LNG终端与柴油价格联动机制的形成，延伸LNG产业链，提高LNG产业链价值。

（三）培育天然气工业园区产业集群，促进精细化工发展

通过利用天然气，清洁高效利用地区可以推动建材、电子和IT等高新技术产业发展或形成低碳产业集群，创建绿色低碳工业园区。在园区内配套发展天然气精细化工，加强能量系统集成利用，大力采取热电联供方式。

(四)提高天然气发电比重，通过战略联盟培育天然气分布式能源产业集群

能源互联网行动计划将极大促进燃气发电与分布式能源市场发展。随着国家一系列扶持政策的出台及相关问题的逐步解决，我国分布式能源的发展将会提速。天然气发电是当今世界天然气消费利用的主要领域和发展趋势。天然气发电也是天然气利用的一个重要方向和市场补充用户群，而通过天然气分布式能源系统，是提高天然气发电利用比重的重要途径。因此，供气企业应与分布式能源企业、地方政府、地方投资商建立战略合作，与主要电网公司、电力企业、重要地产商、酒店集团建立战略联盟，或入股分布式能源项目建设，共同推进天然气分布式能源发展。

参与天然气清洁高效利用项目的规划与建设。天然气分布式能源系统、天然气联合循环发电、天然气热电联产、天然气汽车(船舶)、天然气空调等，是最优天然气清洁高效利用方式和世界天然气利用发展方向。天然气分布式能源是天然气高效利用和清洁利用的最佳方式之一，但实际发展并不理想。其中的原因既有技术层面的，也有气价及能源产品价格因素。油气田公司可以通过参与投资、合作开发、供气承诺等方式，参与地方政府和用能企业的分布式能源建设，并从自己做起，在油气田公司办公、生产集中的地区及油气田公司生活小区等建设分布式能源系统，为地方建设提供示范和样板。"十三五"中国天然气分布式政策与行业展望，中国天然气分布式能源项目规划与布局，工业园区升级改造与多能互补集成优化示范工程，区域式分布式能源项目规划及系统方案，天然气分布式能源技术与设备选型，天然气分布式发电装备的国产化，天然气供应新格局与价格改革趋势等将是重点思路。

推行节能新机制，强化节能减排，大力发展循环经济。通过天然气产业链要素生产结构节能、技术节能、建筑节能、交通节能、矿区节能，实施循环经济、能源管理(合同能源管理、能源需求侧管

理)方面开展工作,全面推进节能降耗,提高天然气能源开发、储运与利用各环节的节能减排效率。

二、实施"技术突破"战略工程,建立国际领先核心利用技术

(一)加强天然气利用的科学研究,提高天然气利用效率,降低天然气利用成本

从国家、地方政府和企业三个层面立项和投资开展天然气利用的科学研究和技术研发。国家设立科技重大专项,攻关制约天然气利用发展的重点瓶颈技术,如燃气轮机成套装备国产化及高效天然气发电技术的研发;地方政府和行业科研机构立项开展天然气利用前沿技术、如燃料电池、家用燃气空调、吸附天然气汽车、天然气制乙烯技术、天然气合成油等和天然气精细化工产品的研发。天然气设备、燃气器具(燃烧器、燃烧炉、燃气锅炉、热水器、燃气炉灶)生产企业及天然气利用企业立项开展提高天然气利用效率、降低燃气成本的实用技术研发。

与有关科研机构和大学院校合作,立项研发天然气清洁高效利用技术,扩大天然气清洁高效利用领域,提高利用效率和效益。不管是燃料利用还是化工利用领域,我国天然气利用的效率和效益均低于欧美国家和邻国日本。有些新兴领域,如天然气合成油(GTL)、家用天然气空调、燃气轮机等还是空白,天然气精细化工产品种类很少。此外,我国的天然气燃烧器具(包括家用和工业用)的能源利用效率和质量也还有很大提升空间。中国石油拥有天然气上中下游完整的产业链,有从事石油化工、装备制造和天然气研究的科研院所,具有研究开发天然气清洁高效利用技术、装备和器具的基础条件和应用市场,可以依靠自己的技术力量或联合其他科研院所和大学院校,开展天然气清洁高效利用的应用技术和前沿技术的研发。

(二)积极有效开发利用节能减排技术

根据天然气产业实际情况,加大科技投入,选择合适的天然气利用项目和技术,进行联合攻关和技术开发,增强自主开发的能力,积极研发天然气利用的新技术、新工艺,以气代油新技术,天然气发动机技术。积极开发和利用节能减排技术,天然气分布式能源利用技术。为天然气推广应用提供技术支撑,鼓励应用先进技术和设备,最大限度发挥天然气利用效率。

三、实施"体制改革"战略工程,推进市场体制改革

(一)坚持市场化导向改革,促进天然气产业链市场变革

加强现代天然气市场顶层设计,推进天然气市场化改革。①纠正资源为王发展理念。拥有资源就拥有一切的理念已经过时,在气源增多、供过于求、激烈竞争等形势下,市场的重要性不断上升,过多的资源甚至将是"黑洞";同时也需要认识销售渠道、政企关系等也是重要的要素资源。②轻下游的思路急需调整。终端和利用市场是天然气销售的后路,也是天然气勘探开发和管输能依托的自有市场,而且下游销售利用的价值空间大、效益好、成长性强,需要大力发展下游,不可只当天然气批发商。③在终端消费市场变革方面,积极推进天然气市场化改革。实施阶梯气价制度和天然气能量计价,探索市场谈判形成价格机制。同时,促进天然气现货与期货交易,实现天然气交易方式的多元化,完善我国天然气市场体系。

优化天然气市场结构,为价格改革奠定坚实的环境基础。构建有效竞争的天然气市场结构和市场体系,才能形成主要由市场决定天然气价格的机制。①优化天然气生产环节的市场结构。引入竞争打破天然气生产垄断,建立产运销调储贸一体化考核机制,促进产运销调储贸各环节协同平衡发展。②优化管输市场结构。逐步建立

管输市场第三方准入，成立独立的天然气管道公司，其他资本可以通过入股的形式参与天然气管道的建设，天然气生产企业和用户之间协商天然气产销协议，委托管道公司进行运输，并支付运费。建立储气设施独立运营机制，试行调峰气价。③优化天然气用户市场结构。依靠政府的监管和引入竞争，推动形成竞争型的用户市场结构。建立天然气销售价格调整机制，销售价格与气源采购价格、储运和调峰服务价格、可替代能源价格挂钩，随市场供需形势变化及时调整，促进业务链价值高效转化，保障消费者的利益。

加快推进天然气定价机制和价格市场化改革试点示范。积极推进天然气门站价格市场化改革，进一步完善天然气价格与替代能源价格的联动机制。推进区域管网基础设施和储气库公平开放实施细则，促进区域内管道公司进行管道互联互通建设。建立储气设施独立运营机制，试行调峰气价。建立输配气价格体系和短距离管输费体系，深化实施天然气阶梯价格政策。要努力做到：①积极争取成为国家天然气价格市场化机制改革试点区域。②积极争取成为国家价税政策支持页岩气开发利用的清洁高效利用地区。③积极争取成为国家合理收取天然气储气费的试点区域。④积极争取成为国家按照天然气能量计价试点区域。

加强探索试点，推进天然气储气费与调峰价格改革。推进政府价格管理部门支持储气和调峰费率改革，分步完善输配气费率体系，健全管网等基础设施监督管理体系。除配气管网外，天然气基础设施(长输管道、储气库等)实行独立经营和收费，费率受政府监管。以推出调峰费和储气库费为重点，分离天然气门站价，实行天然气出厂价和管输费、储气库费分别计价。全面贯彻落实《关于建立健全居民用气阶梯价格制度的指导意见》，在非工业用气领域，可广泛采用用量阶梯定价。

加强顶层设计，规划布局天然气现货及期货交易平台。天然气交易市场(中心)建立是天然气价格市场化改革的里程碑成果，是实现天然气市场竞争定价的必由之路。在积极推动上海石油天然气交易中心先行先试天然气现货交易的同时,鼓励和支持其余省(市、区)建设天然气现货交易市场(中心)或平台,加强天然气期货交易市场及其运行框架顶层设计。在国内选择条件成熟地区或区域天然气交易市场进行天然气期货交易先期试点,同时制定并完善相关制度和配套措施,设计标准天然气期货合约和交易规则,建立天然气期货交易监管体系。天然气期货合约上市交易,逐渐成为区域市场定价的基准价格。如川渝地区,可实现进口气与交易中心价格挂钩。实施天然气能量计价,采取结算期"实时监测、叠加平均"的方式进行贸易结算,促进天然气交易公平和高效利用。建设完善包括天然气电子交易平台、管道承运服务平台、管网平衡系统、管输服务合同等在内的天然气现货交易平台,编制发布中国天然气价格指数,提高我国天然气定价国际话语权。

完善天然气财税金融和科技融资政策。实施优惠的财税金融投资政策、专业的天然气法规,推进资源税的改革,加大对天然气产业的政策倾斜,对开采难度高的气田以及老气田进行财税优惠政策。调整天然气特别收益金征收办法,提高起征点,降低征收率,减征部分用于非常规天然气的开发。建立非常规天然气的金融扶持政策,建立专门的非常规天然气勘探开发的研究基金。加大对海外资源开发的金融政策支持力度,增强企业竞争力。优化天然气产业科技金融投资环境与服务,建立天然气高新技术企业综合评估的工作机制,培育天然气高新技术产权交易市场,建立科技金融工作联系制度。

完善内部市场交易规则,保障交易公正透明有序。根据天然气产业整体战略的要求,围绕集团整体利益最大化的目标,制定内部市场交易规则,包括交易程序、交易方法、交易计价、交易限制和交易保护等制度,以及分类分层次的标准合同或订单。

建立以定额和市场价格为基础的内部市场价格体系。组织专家对油气技术服务按成本进行细化,对油气田公司地面工程建设、管道工程建设等项目进行写实,制定统一的行业定额标准。完善内部结算体系,实现核算内容由部分成本核算变为完全成本核算,促使各利润中心成为"经营实体";核算方式由统计核算变为会计核算,核算结果日清日结,形成完整的内部核算体系。

建立天然气投资预警机制,强化投资过程中的风险管理。具体包括:①在项目开展前,做好项目前期的可行性分析与盈利能力分析,保证投资做到有据可依;②在投资过程中,充分利用天然气金融工具,实现不同金融工具之间的互补,做好投资过程中的风险管理;③在投资结束后,根据天然气开发项目中收集到的数据,建立天然气项目风险管理数据库,指导投资项目。

创新国际合作方式,开创天然气金融模式。总结中俄、中巴等"贷款换石油"的经验,开创"金融+技术+服务"的"走出去"模式,探索工程换天然气、技术换天然气、市场换天然气等多种方式的合作;加快推进天然气贸易人民币结算;参与国际天然气价格运作,构建全球贸易网络,增强国际天然气市场话语权和影响力;积极开展国际天然气贸易,进出口和转口贸易相结合,在全球范围内优化资源配置,保障国内市场供应;大力推动银企合作,增强海外投资的资金保障能力;积极推动天然气交易货币多元化进程,加快推进天然气贸易人民币结算。

运用互联网+金融,助推油气企业开拓天然气金融市场。创新天然气市场发展思路,运用互联网思维加大天然气市场开拓、渠道建设和金融产品创新,提高发展力度;促进金融市场风险管控科学化,形成天然气金融业务与油气主业之间的风险隔离机制,完善风险管理制度体系,确保金融业务健康发展;搭建天然气金融市场数据平台,推进大数据和客户资源共享,打造统一网上金融营销平台,实现天然气金融信息互联互通。

(二)积极探索全产业链混合所有制,促进产业经济增长

"一家独大"的合作模式不再适应。资本运作需要综合考虑公司优势与不足,从天然气价值增值的目的出发来制定全资、控股、参股等合作模式,放大资金投入的效果,如天然气发电可以采用参股

的模式。

做好新形势下的顶层设计。国家政策向市场化、严监管的方向发展，将逐渐打破公司一体化格局，油气田公司需要系统考虑政策影响，做好资源、市场、体制机制的顶层设计。

积极建立混合所有制的非常规天然气开发公司。坚持效益优先、主体多元、合作发展的原则，有计划地引入社会资本，积极发展混合所有制，为天然气勘探开发产业发展注入新的生机与活力。应高度重视勘探开发非常规天然气的投资资源风险、市场风险、经济风险和 HSE 风险巨大。

投融资组建混合所有制的支线或局域管网公司。按《国务院关于鼓励和引导民间投资健康发展的若干意见》（国发〔2010〕13 号）要求，合资组建混合所有制的天然气管道公司，统筹区域内短途输气管道建设、管理和运营，并尝试用市场化的模式进行天然气输配管理和运营。

建立混合所有制的销售合资公司。注册合资合作公司或通过组建分公司，开发城镇燃气市场或工业园区市场。同时，探索全产业链混合所有制企业员工持股制度，形成资本所有者和劳动者利益共同体。

完善既有的独立开发市场、买卖天然气等商务模式，根据业务特点全方位开展合资合作和模式创新，实现业务价值链的横向纵向延伸和可持续发展。

开展内外部合资合作。除了在管道建设和运营上开展合资合作外，还可在矿权、未动用储量、天然气净化、加气站等环节开展内外部合作的尝试。

用参股发电的方式锁定用气。可少量参股发电项目，重点目的为锁定用户用气，不参与项目经营。

创新终端燃气销售公司的盈利模式。利用"互联网+"发展的契机丰富终端燃气销售产品，大力开发服务市场，未来还可建设能源互联网，甚至开发用户数据产品。

(三)依法合规推进国内合作项目高效运作，促进利用产业发展

抓住混合所有制改革契机，充分利用公司资源、市场、技术、管理优势，吸引社会优质资本，抓住公司在页岩气开发、支线管道建设营运、天然气终端销售和利用等业务开展合资合作，依法合规推进合作项目高效运作，促进公司发展。

大力推进政企用三方和谐发展，充分发挥区域经济的巨大推动力。建立政企用三方互信，为油气田公司创建良好的发展环境；同时创新多方合作机制，与地方政府和用户形成利益共同体，实现多方共赢。在沟通联系机制方面，定期向地方政府汇报，发挥地方政府在天然气工业发展中的协调、统筹作用。定期召开用户座谈会，及时了解并积极解决用户之需。在利益共享机制方面，采取更加灵活的利益分配方式，实现了政企用三方共赢，达到巩固和扩大战略合作成果的目标。

加大天然气作为现阶段尚难以替代的最佳优质清洁能源代表的宣传和对自身绿色环保形象的打造，并积极参与推动能源技术进步；改变形象传播模式，从内部传播转向外部传播，从信息传播转向情感传播，传递公司为客户、为社会创造的价值，树立油气田公司良好形象。

(四)深化内部改革与精细化管理，实施天然气战略营销以拓宽盈利空间

坚持低成本发展，降低非生产性支出，深化人事劳动分配制度改革，控制人工成本增长，深化工资与效益联动挂钩考核机制。采取多种承包形式，建立内部调节和转移退出机制。

实施天然气战略营销，建立企业、政府、用户三方联动机制，拓宽盈利空间。积极与地方政府、客户沟通协调，多种方式加强销售管理。转变营销观念，强化营销策略分析，实施营销组合策略，即价格策略、市场开发策略、合同管理策略、市场竞争策略、终端

营销策略、客户服务策略。强化资本运营力度，积极引入社会资金，探索股比多样设置，培养优质客户，探索多样化营销模式。建立用户管理体系，积极培育高端用户群。坚持以效定销、以销定产、按效排产，充分发挥产、运、销、储一体化的管理优势。

四、实施"天然气管理创新"战略工程，促进天然气利用业务链价值提升

（一）以全球视野，更大的气魄建设清洁高效利用地区

深入贯彻落实科学发展观，以"四个有利于"原则，进一步解放思想，以国际化视角，开放合作，创新体制和机制，以转变经济发展方式为主线，以川渝经济社会绿色低碳发展为主要目的，依托川渝以及中缅、中卫管道气市场为导向，充分考虑川渝两地政府未来的能源、产业、工业园区规划，制定川渝地区天然气利用产业发展的规划与布局，将节能环保效益型工业项目作为发展重点，向高科技、高附加值利用产业群发展转型，提高天然气清洁能源的利用比例，努力将川渝建设成为我国清洁高效利用地区。

促进政府、企业、用户三方高效联动的产业协调发展机制示范。天然气能源供应安全与利用已成为国家能源战略安全的重要部分，已不再是油气田公司企业单方面的责任。油气田公司企业、用户、政府三方相互协调，紧密配合，共同承担相关责任，这是整个清洁高效利用地区建设管理的核心和基础。

（二）创新体制机制，完善市场导向的内部销售管理框架

优化油气田公司内部体制。按照市场导向的原则来优化天然气业务链内部管理架构，尤其是注重市场销售环节的市场化体制机制建设，提升效率，形成合理的内部结算价格机制。①进一步压缩销售层级。精简部分地区天然气市场营销管理机构，厘清销售分公司

与地区销售分支机构、地区销售公司与基层销售机构的管理界面，切实做强一线销售网络，压缩中间管理环节，形成信息快速反馈的机制。②建设专业化营销队伍。快速打造一支专业化的营销队伍，提升信息化、智能化、市场化水平。③赋予一线销售人员更大的价格自主权。以价格自主权来激发一线销售的市场开发能力，形成以效益为重点的考核机制。④设计适应新形势的内部结算价格。管输价格以各管道公司为对象，按照新的价格办法重新测算管输费作为内部结算价格，解决部分管道收益过高、导致部分上游气田亏损的情况，调动各方积极性。

抓好天然气利用产业布局。根据国家相关能源产业发展规划和油气田公司"十三五"发展规划，综合考虑天然气利用的社会效益、环保效益和经济效益等各方面因素，并根据不同用户的用气特点，优先发展高新技术产业，逐步实现天然气产业链升级；做精化工产业，提高化工产品附加价值；重点扶持冶金产业，发挥钢铁加工产业优势；限制发展化肥产业，鼓励龙头企业调整产品优化结构。积极鼓励各行业和广大居民使用天然气，大力发展车用天然气利用，鼓励冶金与矿产业、轻工业、高端冶炼、铸造、不锈钢、陶瓷、耐火材料等行业利用天然气，有序发展调峰发电与天然气分布式能源利用，积极引进天然气精细化工，依据治理污染、高效合理、经济可行三原则进行有序发展传统天然气化工。

天然气战略营销管理示范。按照"四个有利于"的供气原则（有利于提高城市气化率，促进人民生活质量改善；有利于节能减排与更新改造，促进和谐生态环境建设；有利于增加地方就业与财税，促进国民经济持续增长；有利于高科技、高附加值产品的生产，促进高效产业集群发展），充分利用国家产业政策和价格杠杆，加强需求侧管理，搞好供需平衡，调整供气结构，开发和储备高效市场，优先保障成都、重庆等省会重点城市用气。积极培育高效天然气利用产业集群，抓紧规划和安排好在城市、CNG、发电和工业等领域的天然气利用项目建设，掌握天然气市场主导权。同时，加强天然气利用信息管理平台建设。根据天然气市场的具体特点，油气田公司企业、主要用户企业与政府共同建立天然气信息管理平台，以提高天然气市场监管、应急管理和需求侧管理能力。

天然气利用文化建设示范。天然气文化是天然气产业企业在长期的天然气勘探、开发、净化、管输、销售和利用过程中所形成的产业链文化、经济文化、科技文化和安全文化的总和。天然气利用文化示范的主要内容有：①天然气利用的绿色价值提升；②清洁高效利用地区和谐、低碳、绿色、节约发展理念培育；③清洁高效利用地区全面履行经济责任、政治责任和社会责任示范，特别是天然气供应安全保障责任示范；④创建"中国天然气工业博物馆"，向全国展示天然气文化产品；⑤利用现代媒体广泛宣传天然气利用文化产品，提高公众的天然气高效利用意识，努力营造推广清洁高效利用天然气的良好氛围。

（三）积极制定和争取优惠政策，大力支持天然气利用产业发展

深化天然气价格改革，逐步理顺天然气价格与可替代能源价格的关系，充分发挥天然气价格在调节供需关系中的杠杆作用。合理确定天然气配气和调峰价格，加强对配气费和调峰费的监管，保证用户和投资者的公平。继续加大对国内常规天然气的勘探开发投入，加快推进非常规天然气业务。税费扶持基础工程建设，推动城市天然气工程建设，促进 CNG 汽车健康有序发展。积极推进清洁发展机制。积极支持利用天然气、减排效益明显的工业项目申请 CDM 项目支持。推广合同能源管理，促进天然气利用。

加强天然气立法及其相关法规和政策体系建设。出台鼓励天然气清洁高效利用的优惠政策和措施，特别是一些天然气利用效率高、节能减排效果突出、市场潜力巨大的领域，如天然气分布式能源系统、天然气汽车和船舶、天然气空调、热电联产、天然气发电项目等。国家相关部门应制定鼓励天然气清洁高效利用的优惠政策，包括减免税收、信贷优惠、财政补贴等，或者由中央政府出台鼓励发展的优惠性政策指导意见，地方政府再根据本地情况制定具体的优惠政策和措施。

加强国家环保法律法规制度的落地和监管。对大、中、小城市用能分别实施禁煤、限煤和控煤，对工业企业开征碳排放税，提升天然气利用的市场竞争力。严格遵守《大气污染防治法》，全面落实《大气污染防治行动计划》，并依据联合国《巴黎气候变化协议》及中国对国际社会的大气减排承诺，尽快修订和出台更加严格的环境保护和控制温室气体排放的法规。强化城市居民生活、商业和工业及民用锅炉燃料天然气化，城市中心城区实现禁煤区，郊区和小城市限煤和控煤。高耗能行业，如钢铁、建材等行业全面实施燃料升级和清洁化，坚持以气代煤。实行碳税政策，建立碳排放交易市场，工业燃料和发电领域中对燃煤、燃油及天然气采取同一标准安排碳排放配额，通过提高高碳燃料的使用成本，提升天然气与煤炭的价格竞争力。

呼吁国家政策，切实弥补天然气业务发展短板。在降本增效、市场开拓后仍不能提升价值的业务（如天然气进口），以及关系国家发展战略的重点业务领域积极争取政策支持。①国家协调开展进口气复议。国家牵头与进口气国家或项目进行合同复议，力争调整进口气斜率和进口气量。②天然气发电和分布式能源相关政策。在天然气发电上网、分布式能源电量直接交易，以及项目用地审批、财税支持、发电量保障等方面制定激励政策。③加强对省网公司、终端燃气公司的监管。在基础设施建设、成本、规划执行等方面加强监管，严禁市场开发的跑马圈地和挑肥拣瘦，努力降低中间成本。④居民气价向上并轨。尽快实现居民气价向上与非居民气价并轨。

利用互联网+技术，探索发展电子商务、网络直销、移动营销、远程服务等新的经营模式，努力提升价值创造能力。扩大与互联网企业合资合作，打造新型营销模式；加快推进天然气销售业务与互联网结合，改变传统营销模式，积极探索新模式、开辟新渠道，扩大市场销售。推广应用大数据等信息技术，强化生产与信息技术的融合,有效、安全的提高生产率,减少运营风险,达到降本增效的目的。推进营销机制建设,全面完善现代市场营销体系,建立现代化的市场与体系,充分发挥互联网的作用,及时根据市场需求,发布油气交易信息,逐步建立网络销售与物流管理体系,利用互联网+建立公司网上交易平台,在现有交易场所的基础上,全面建设基础性的现代化天然气市场。借助业务模型和专家系统,全面感知气田动态,自动操控气田活动,预测气田变化趋势,持续优化气田管理,虚拟专家辅助气田决策,用计算机系统智能地管理气田。将进一步提高管理效能,降低劳动强度和用工总量。

五、销售与终端燃气公司生态文明建设实例

(一)西南油气田公司积极推进分布式能源、交通运输和煤改气清洁高效利用

1. 推进分布式能源利用

加强地方立法和规划,尽快出台天然气分布式能源发展的地方法规。①清理阻碍天然气产业发展的政策规定,争取天然气分布式能源示范项目供电许可,出台天然气分布式能源发展实施细则,或者对天然气分布式能源项目给予税收优惠。②试点天然气分布式能源项目冷、热、电特许经营。开展天然气分布式能源项目可向项目所在地有关部门申请批准区域内的冷、热、电特许经营试点,鼓励天然气分布式能源项目将剩余的热、冷销售给周边一定范围内的用户,并享受优惠政策。③出台保障天然气分布式能源电力上网政策。出台政策,保障10kV以下、装机容量在15MW以内、以满足自用为目的燃气分布式能源电网公司上网。④将天然气分布式能源的节能效果纳入节能目标考核。国家采用分布式能源节能的节能量纳入对各地市政府的能源总量目标考核,将项目节能量纳入对企业的节

能目标考核，促进天然气分布式能源项目建设。⑤促进天然气分布式能源项目技术标准和规范制定，将天然气分布式能源项目布局纳入地方建设规划，细化地方发展规划，对接城市规划。

协调和引导各方主体参与。①协调电网、天然气供应商深度参与支持项目建设，"十三五"期间，四川省数十个百亿园区和百亿企业，争取分布式能源供应量占比要达到10%以上，装机容量达到数百万千瓦，投资属百亿级。鼓励中央性质的电力、能源企业参与分布式能源项目的建设，调动地方资本参与项目的积极性，让产业价值链上各环节主体共同投资建设分布式能源项目，实现利益共享、成本分摊，行业上下游合作共赢。②推进天然气分布式能源示范项目布局和建设。例如，制订四川省天然气分布式能源示范项目发展规划，争取"十三五"期间建设国家级示范项目50个以上。③项目建设和运营投入扶持，地方政府以土地、现金等方式投资支持项目建设。例如，设立四川"天然气分布式能源产业投资引导基金"。发展多元化的融资方式，天然气分布式能源示范项目除了争取银行贷款外，还可以通过私募或风投基金等来获取资金支持。另外，行业协会在解决融资难方面也能发挥重要作用。

2. 交通运输利用

加快制定推进天然气交通基础设施建设的政策。①优化加气站项目核准程序和权限。地方政府发改委、国土资源、规划、环保、市政公用、公安消防等有关部门实行"并联审批"，建立加气站项目审批绿色通道，进一步简化项目审批程序，加快审批进度，待条件成熟时，进一步将审批权限下放在县级，促进天然气汽车、LNG船舶加气站快速建设。②制定保障天然气加气站用地需求相关政策措施。为鼓励各类经济组织参与加气站建设，地方政府制定政策鼓励多种形式实施保障加气站用地需求，加气站建设一方面按照商业用途招拍挂方式供地，另一方面在符合城市燃气发展规划，与城乡规划无重大冲突且不影响近期规划实施的前提下，可临时使用自有土地(国有建设用地)或采取土地租赁、联营(国有或集体建设用地)等方式建设经营加注站。③制定高速公路服务区 LNG 加气站建设规划，制定物流园区 LNG 加气站建设规划，统筹 LNG 船舶加注站点布局规划与建设。制定鼓励各类资本参与天然气基础设施建设的政策措施。出台支持"合建站"模式相关支持政策。在满足规划、消防、建设安全的条件下，出台政策鼓励现有加油站、CNG 加气站增设 LNG 加气设施，因地制宜建设 CNG-LNG 合建站、油气合建站，集约土地资源。

完善环保成本分担机制，安排节能减排专项资金。天然气汽车清洁环保，环保效益高，应出台相关政策，安排节能减排专项资金分担天然气汽车的环保成本，共享环保效益，在天然气汽车及配套系统准备生产、加气站建设、车辆购买和使用方面给予价格、税收、投资的优惠与补充。如天然气汽车购车补贴、LNG 重卡汽车高速公路通行费补助、同时参照燃油补贴规定，对 LNG 汽车给予燃料补贴。

健全天然气汽车产业标准、技术规范。制定天然气汽车政府采购政策，制定鼓励 LNG 船舶发展的推动政策。统筹有序推进 LNG 动力船舶试点示范工作。

理顺天然气价格机制。利用市场化机制实行油气价格联动，降低天然气价格，将油气(柴油和天然气)价比控制在合理的价格范围。

3. "煤改气"推进策略与保障措施

借鉴京津冀政策经验，加快推出川渝地区煤改气补贴政策。借鉴京津冀地区模式，采取"五个一点"，即"政府部门补贴一点、供气企业让利一点、用气企业承担一点、环保执法严格一点、金融政策支持一点"的方式推进。

政府部门补贴一点：借鉴京津冀地区政策，给予燃煤锅炉"煤改气"、工业窑炉补贴、居民"煤改气"补贴，2017 年以后补贴逐步退坡。供气企业让利一点：规范工业用户开户费管理，给予一定幅度的天然气价格优惠。用气企业承担一点：用气企业自身出资升级改造。环保执法严格一点：严格环境监测与整治，坚决关停污染企业。金融政策支持一点：在"煤改气"企业贷款、税收等方面给予支持。

示范先行。政府主导设立"煤改气"示范区。成立工作小组，落实责任。油气田公司已成立"煤改气"专项工作组，地方政府成立"煤改气"对口工作组，落实各方责任，确保政府、企业在推进"煤改气"工作过程中信息畅通，各负其责，共谋发展。

先易后难，有序推进。将客户分为"近期可行""中期可行""远期可行"等三类项目进行规划，本着"先易后难、各个击破、逐步到位"的原则，针对不同类型客户采取不同的策略有序推进。

实施价格优惠策略。对规模煤改气项目进行优惠，签订长期合同，向所有"煤改气"客户承诺不参与调峰，保障其用气需求，并可签订长期(5年或以上)供气合同。

(二)西南销售公司提升QHSE管理水平，促进生态文明建设

1. 健全完善规章制度，规范创新管理工作

开展2017年度规章制度计划的编制、下达和督促执行，对2016年规章制度的执行效果进行系统评价，完成规章制度的制定和修订。组织开展2017年度管理创新成果和论文的收集、评审、指导和申报工作，持续提升成果、论文质量；跟踪《川渝地区能源消费及天然气可替代能源潜力研究》等课题研究，组织好公司创新课题的上报工作，开展成果交流和推广转化应用，促进公司管理水平的提升。

2. 加强法制宣传，提高内控合规管理水平

积极创新普法形式，扎实开展"6·5"世界环境日、"12·4"国家宪法日活动，建设法制宣传阵地，建立普法专栏和资料库，将法制教育纳入党委(党支部)中心组学习，领导干部带头学法用法，

提高依法治企水平。建立内控管理体系，强化体系运行监督；抓好投资、造价、物资和市场准入管理；根据部门职责及岗位权限，重塑合同系统流程，明确审查授权，提高合同运行质量和效率；建立合规管理机制，建立健全合规档案，提高合规意识，把合规管理融入业务管理全过程；加强合规审查，坚持内控管理、闭环管理、合规管理和责任追究"四结合"，确保风险受控。

3. 深化 QHSE 管理体系建设，确保营销安全

进一步梳理安全责任和工作界面，认真落实安全责任制，做好领导干部 QHSE 责任书签订和安全行动计划制订，配合属地单位做好输配气管线安全隐患整改、停气碰头、安全应急演练等项工作；配合属地单位做好未达标气的整治工作；做好危害因素辨识；持续抓好客户资质审查，对新增居民用气没有取得燃气经营许可的一律不予承诺供气；对现有燃气公司、CNG 加气站等下游客户经营资质、购销合同进行全面清理，明确安全界面；继续做好员工体检和劳保用品发放工作，努力实现全年公司 QHSE 管理"三零"目标。

4. 积极推进 QHSE 管理体系建设，全年实现"三零"目标

认真执行国家健康安全质量环境法律法规、油气田公司及油气田公司 QHSE 管理标准和规章制度。成立油气田公司 QHSE 体系建设推进工作领导小组，签订 QHSE 责任书，启动编制 QHSE 体系文件，建立完善 QHSE 岗位职责，落实领导干部 QHSE 责任联系点和个人安全行动计划，开展"世界环境日"宣传和"安全月"专题活动，开展未达标气治理专项调研，加强对未达标气气质追踪，协调相关单位加快完成气质达标工程的整改。

（三）华油集团公司提高安全意识和技能，推进生态文明建设

华油集团公司以提高安全意识和提升安全技能为基础，以持续

推进 QHSE 体系建设为主线，以责任落实和监督检查为保证，全面加强风险管理和过程控制，确保安全生产始终受控，全面完成上级及公司排查的隐患项目治理任务。

1. QHSE 体系建设有序推进

把 QHSE 体系建设作为基础性工程，加大对基层单位 QHSE 体系建设的对接和指导，举办 QHSE 相关培训，确保了 QHSE 管理理念"入脑入心"。

2. 风险管控落到实处

2016 年投入隐患整改资金 1.15 亿元，完成上级及公司排查的隐患项目。大力推行新版作业许可，作业风险得到有效管控。开展施工现场专项检查、城镇燃气专项检查等各类监督检查，查出的安全隐患均已全部整改，并通过复查。

3. 专项管理扎实有效

强化交通安全管理，安全行驶 330 万公里无事故发生。加强工业废水、环境噪声等环境监测，无环保事故发生。强化消防管理和演练，无消防事故发生。公司及基层单位积极组织开展重大自然灾害突发事件和防洪防汛等应急演练，提高了应急响应和处置能力。

第六章 天然气产业生态文明建设策略探索研究

第一节 培育天然气文化,加强天然气产业生态规划布局

一、转变发展理念,培育天然气文化体系

(一)增强法制宣传和教育,创建良好生态环境

1. 树立生态文明观念,提高对生态文明建设的重视程度

(1)加强生态文明教育,提高全员生态意识。新文明形态的践行,首先需要人们观念的彻底更新:①生态文明要求树立人与自然同存共荣、天人合一的自然观,在此前提下树立新的环境道德价值观,重新审视人与自然的关系,尊重自然,保护自然,培养人对自然的关怀。②树立环境有价的资源观,在制定经济发展指标的时候,考虑环境因素,真实反映经济发展的环境成本。③树立合理的利益观,油气田公司在发展经济、追求物质利益的同时,不能忽视生态利益,重新规范人与自然的关系和利益分配,以生态优化的原则重新定位产业格局,还要处理好当代人之间、当代人与子孙后代之间的利益关系,实现代内和代际资源共享的公平正义。也只有通过生态文明教育,让人们真正树立人与自然和谐的理念,牢固树立生态文明观念,才能带来制度和行为的改变,最终解决生态环境问题。

(2)积极倡导生态文明生活模式。生态文明是一个完全依赖于社

会公众参与的体系，要从公众意识、体制机制、科技水平等方面制定相应的政策来支持社会参与，包括：①倡导朴素消费、适度消费和清洁消费理念；②实施政府强制性绿色采购，起到社会引导和示范作用；③加快推进节约型社会建设。油气田公司要引导广大干部员工进一步牢固树立尊重自然、顺应自然、保护自然的理念，增强环保意识、生态意识，共同建设天蓝、地绿、水净的美好家园。

（3）和谐是生态文明的核心价值。和谐作为生态文明的核心价值理念不是人为的主观臆造，而是超越工业文明的客观需要，也是生态文明在发展过程中所逐渐显露出的品格。在生态文明的框架体系中，和谐所指涉的层面非常广泛，或者说和谐指的是多方面的和谐，人与自然之间的和谐、世界和谐、社会和谐、个人自我身心和谐。

2. 强化低碳知识产权意识，确保绿色发展的可持续性

从长远的角度来考虑，对于我国具有较强技术实力且拥有大力研发资源的油气田公司来说，低碳知识产权保护是利大于弊的。在低碳知识产权保护机制的条件下，油气田公司可以通过不断研发新的低碳技术来提高低碳领域的技术创新能力。但从目前来看，在低碳知识产权壁垒没有能够在政治上取得突破以前，为保持和提高油气田公司自身的竞争力，除了应该加大低碳技术的自主研发力度，更需要增强低碳知识产权保护意识，积极应对现有的知识产权制度，为获得国内外先进的低碳技术创造有利条件。

首先，油气田公司应有效利用低碳技术的专利信息，在全面充分的评估后，以合适的项目为依托，选择具有关键技术的公司开展合作，从而达到合作研发与自主创新双管齐下，加快提升低碳技术自主创新能力的目的。其次，充分利用已经或即将失效的专利技术及还没有在中国进行专利申请的国外专利技术。在不侵犯其他公司的低碳技术知识产权的情况下，发展低碳技术。最后，油气田公司应密切关注国内外专利动态，把握技术发展方向和趋势，积极高效地推动低碳技术创新发展。

天然气业务发展符合国家能源消费结构调整方向，也是油气田公司推进绿色发展的现实途径。

3. 大力宣传节能减排，发动全员参与，提高全员节约环保意识

提高油气田公司对我国面临的能源供应形势和环境状况的严峻性和节能减排的重要性紧迫性认识，增强员工节能减排的紧迫感和责任感，积极制定本单位、本部门的节能、降耗、减排、目标、方案、措施和计划，积极营造人人关心节能环保的良好氛围，引导员工正确认识节能减排工作和企业发展、自身岗位的关系，鼓励全员创新，不断采用新技术，提高节能减排效率。

4. 加强宣传和教育，提高人的素质，促进企业环境成本控制

各级宣传部门要充分发挥职能作用，牢牢把握正确导向，强化舆论引导，形成宣传强势，积极组织开展多形式、多层次的以"增强生态环境保护意识、提高全民生态文明素质"为目标的教育宣传活动，深入宣讲生态文明的科学内涵和精神实质。各级各类新闻媒体要围绕中心、把握主题、集中力量，开展战役性宣传，开设专题专栏，利用多种形式，面向不同受众群体，广泛深入宣传建设生态文明的重大意义，宣传全社会各界牢固树立生态文明观念的贯彻落实情况，宣传在建设生态文明过程中解决实际问题的新成效和新进展。要以各种生动具体的形式，广泛深入地宣传国家在生态文明建设方面的有关法律法规，宣传开展生态文明建设的重要意义，宣传生态环境保护和建设中的先进人物、模范事例，提高全社会全民依法保护生态环境、建设生态文明的意识。要在全社会大力倡导尊重自然、善待自然的观念，大力提倡绿色消费、文明消费，弘扬人与自然和谐相处的核心价值观，努力营造牢固树立生态文明观念的舆论环境，使油气田公司生态文明观念迅速扎根到广大干部群众和千

家万户中去。

5. 完善 HSE 管理，挖掘和培育低碳人才

健康、安全与环境管理体系简称 HSE 管理体系，它是当今国际石油行业广泛采用的一种以风险案例为核心，参透到生产经营各个领域、各个环节的先进、科学管理模式。

低碳人才是油气田公司实现绿色发展的根本，吸引高层次人才来能源企业发展，在科研项目和福利待遇方面给予鼓励；加快科研机构的设立；搭建低碳和新能源信息平台，为信息查询、项目交流服务。

(二)推行绿色生活方式，营造生态文化氛围

1. 倡导生态消费理念，提高公民生态意识

面对资源约束趋紧、环境污染严重、生态系统退化等严峻形势，必须树立尊重自然、顺应自然、保护自然的生态文明理念。理念是行动的指南，意识是行动的先导。人类离不开消费就如前面阐述的人类离不开实践一样。倡导生态消费理念才能引导生态消费，提高全员生态意识才能养成生态行为。所谓生态消费是指消费水平是以自然生态正常演化为限度，消费方式和内容符合生态系统的要求，有利于环境保护，有助于消费者健康的一种自觉调控、规模适度的消费模式。因此，倡导生态消费理念，提高全员生态意识是我国生态文明建设的有效途径。政府、企业和学校通过各种途径加强生态消费理念的宣传，开展宣传教育活动，使广大消费者充分认识生态消费的必要性，自觉养成生态消费观。

转变消费理念，树立正确生态价值观。工业文明产生以来，人类被利益冲昏头脑，导致生态失衡，在人类中心主义价值观的引导下产生了不合理消费理念。"人与自然的和谐"是生态文明的价值观，而生态价值观的建立是在人、社会、自然和谐统一的基础上，

融入了环境保护意识、可持续发展理念。因此,只有转变人类的不合理消费理念,树立生态价值观才能帮助人类养成善待自然的良好习惯。

提高生态责任意识,促成生态行为养成,促进人类生态意识养成,使其具备生态责任意识。首先,实现生态意识和生态行为的"知弱行弱"向"知强行弱"转变,然后,促进"知强行弱"向"知强行强"的转变。"知强行强"是生态文明意识和行为的终极目标,实现这个终极目标是一个漫长的过程,不仅需要政策与教育的引导,更需要人类自发地进行生态行为的实践。人类将生态责任意识和生态行为教育一代代传递下去,才能实现中华民族永续发展的美好蓝图。

推广低碳理念,倡导低碳生活。低碳理念贯穿于人类政治、经济、文化活动的方方面面,其核心理念在于研发、推广节能环保技术,倡导低碳生活。以低碳理念引导低碳生活,开发和推广能耗低、污染少的产品与产业,推广清洁能源的生产与消费,增强环保意识,开展节能减排活动,倡导健康、自然、安全、低能量、低消耗、低开支的生活方式。有如:①选用节能产品,拒绝消费高能耗产品。②适度消费,避免铺张浪费。节约是传统美德。提倡节约,反对浪费。③养成良好的低碳生活习惯,可以从衣食住行等方面着手。

2. 倡导节约型生活方式和消费方式

1)倡导低碳生活方式

所谓"低碳生活",就是指生活作息时所耗用的能量要尽力减少,从而减低二氧化碳的排放量。低碳生活,对于普通人来说是一种态度,而不是能力,油气田公司应该积极提倡并去实践低碳生活,注意从节电、节水、节油、节气,这些点滴做起。除了植树,还有人买运输里程很短的商品,有人坚持爬楼梯,形形色色,有的很有趣,有的不免有些麻烦。但关心全球气候变暖的人们却把减少二氧化碳实实在在地带入了生活。

低碳的生活方式，就是指在资源的消耗上、效率上与以往相比，都有越来越好的趋势，低能量、低消耗。这种生活方式是健康且绿色的，是有利于人与自然和谐相处的生活方式。因此，只有从每一个家庭开始有了节约资源、低碳环保的观念，才能逐步推进生态文明型生活方式的形成。生态文明的生活方式，要靠每个人思想觉悟的提升，要靠自身素养的提升。保护油气田公司的生活环境才能使油气田公司更好地发展。生态文明意识既是生态文明建设中的重要内容，也是生态文明建设的根本保证。树立生态价值观，培养良好的生态意识，是以生态文明为显著特征的和谐社会对其公民的基本要求。

倡导生态化生活方式是关键，实现生态文明需要建立文明的生活方式。文明的生活方式就是生态化的生活方式，生态化的生活方式的核心内容是生态消费方式。

2) 积极倡导生态消费

随着经济社会的不断发展，人们的消费需求也不断提高，但随之产生的资源浪费和环境恶化情况也日益严重。为了满足生态文明建设的需要，当务之急是要转变旧的消费观念，建立和倡导新的消费模式。需要充分利用各种媒体方式，包括电视、电影、杂志、报纸等媒介，尤其是互联网方式，宣扬生态消费的重要意义，揭示旧的奢侈浪费观念和陋习的危害。

3. 建立员工参与体系，形成生态文化合力

生态文化建设能为生态文明建设提供巨大的精神力量和智力支持，从根本上促进生态文明建设。建立生态文化公众参与体系，完善公众参与体制，拓宽公众参与渠道，集各方资源、各个社会团体力量，形成生态文化合力。完善生态文化公众参与体制，拓宽公众参与渠道，提高生态文化宣传力度。发挥社会环保组织作用。

二、抓好生态文明建设规划与布局，确保生态战略实施

(一)切实落实天然气产业发展战略和相关规划

在生态文明建设中，加强规划布局是重要环节。合理的规划将大大节约资源与能源，同时能够保护生态环境。还要进一步细化区域生态功能分区，同时还要逐步完善生态体系建设。

优先发展天然气，不仅是推动天然气产业自身发展的需要，而且也是国家整体能源战略的一个重要组成部分。我国的能源战略要求优化能源结构，保障能源安全，提高能源效益，保护生态环境。因此增加天然气这一优质、高效、洁净能源在我国能源结构中的比例，是实现国家总体能源战略的重要举措。为此，尽快统筹制定我国天然气产业发展战略和相关规划，其主要内容应包括：充分利用两个市场、两种资源，构建我国统一、开放、竞争、有序的天然气市场；优先发展天然气，优化一次能源消费结构；继续加强天然气的勘探开发；实现天然气来源的多元化，合理布局、配置管道气和LNG；完善天然气产业上、中、下游基础设施的建设；积极开展与资源国和消费国天然气的国际合作，实现天然气进口多元化。并且要从发展目标、主要任务、区域布局、重点项目、保障措施等方面规定相关规划的编制原则和具体内容。

(二)持续创建资源节约型企业，打造生态战略大气区

"十三五"期间，进一步加强管理制度建设，把加强制度建设、优化工作流程作为突破点，积极推进各项工作迈向规范化管理。

严格落实环保"三同时"管理制度。强化源头控制，做好环保"三同时"工作：①严格执行建设项目生态文明建设绩效评估指标和"三同时"制度。继续从严把关，用"环保尺子"考量新的建设项目，把好项目环评和"三同时"制度关，筑牢污染防治的第一道防

线。②进一步加强对基层单位建设项目施工期和试生产的监管。按照《建设项目环境保护管理条例》的规定，对环保设施未能同步建设的在建项目，要求建设单位限期整改，加快环保设施建设进度；对主体工程已建成将投入试生产的建设项目，及时对其环保设施和措施的落实情况进行现场核查，对"三同时"执行不到位的建设项目提出整改要求，未整改到位之前，不得投入试生产。③严格落实建设项目环评及批复中提出的环境保护措施，确保项目竣工环保验收顺利通过，建立建设项目环评及验收档案制度，落实建设项目各项"三同时"措施。④建立长效工作机制。建立建设项目环保及竣工环保验收动态管理机制，严格实施建设项目环评及验收动态月报制度，认真落实重大建设项目每周一报制度，定期召开建设项目环评工作协调会。

环境风险识别与控制：①在"十二五"基础上，继续控制天然气生产现场的环境风险识别与评价，落实到基层每个井站、每个产污节点，绘制井站周边、站内环境风险识别图册，形成"一站一册一卡一表"的"四个一"环境风险控制系统。②环境风险实行分级管理，西南油气田公司分别从环境风险类别、危害严重程度方面进行评估，各基层单位建立环境因素台账、建立重要环境因素台账。③通过识别、评价，建立起"减少、转移、避免环境风险"的防控措施及应急处置方案，不定期开展环境应急演练，不断完善油气田公司突发环境事件应急预案。

强化环境监测与环境保护信息化：①环境监测。完善环境监测仪器设备配置。落实环境监测制度，开展环境监测规范性评价，建立污染物达标排放与总量控制监测预警机制。大力提升环境监测的技术服务能力。②环境保护信息化。按照国家和油气田公司有关环境统计与环境信息管理规定、相关污染物排放标准控制项目、排污许可证和总量减排核算要求，建立健全水污染物、大气污染物（特别是 VOCs）、固体废物、温室气体排放，以及危险化学品释放与转移等统计与信息管理方法。

例如,"十三五"期间,西南油气田公司着力推进主要污染物减排,加强重点领域环境风险防控;加大净化厂外排 SO_2 的治理力度,强化增压站噪声的治理,加强对含油钻井废弃物的处理,针对回注站存在的环境风险问题提出了回注井的治理,并推进气田水达标排放技术的工程研发和推广。

三、加强过程监督,开展评估考核

(一)建立刚性的评价机制和硬约束

油气田公司质量安全环保机构牵头做好对规划执行情况的监督检查,建立各相关部门、单位之间的定期协调机制,定期召开协调会,及时掌握规划项目进展情况,解决推进本规划实施过程中遇到的重大问题。

规划考核一般只对中期和末期,油气田公司的"十三五"环境保护规划在实施中期和末期评估工作的基础上,建立规划实施的年度评估计划,即每年对规划任务与项目的进展情况、总量控制情况等进行调度分析评估,根据需要对规划任务进行梳理,对规划项目进行适时调整,提高规划的针对性、时效性和指导性。

建立规划实施评估机制,油气田公司强化对基层单位环境应急管理绩效、规划实施成效的评估考核,在各基层单位的安全环保目标责任制中增加奖惩方式,分级、分类明确责任者,以提高基层单位的行政效能,以督促规划的实施。定期进行规划执行情况的年度考核,及时公布考核结果。对配套工作不到位、规划项目和任务未按时完成的,追究第一责任人责任,暂停该单位其他项目的审批。

(二)强化环境信息审计报告的质量控制

环境信息审计责任是指注册会计师对其所出具的环境信息审计报告的真实性、合法性、公允性承担的责任。按照国家现有法律的规定，一旦审计人员出具了虚假的审计报告，就必须承担相应的法律责任。环境信息审计报告作为环境信息审计业务的最终工作成果，是唯一向报告使用者传达有效信息的证明文件，其质量直接影响利益相关者的决策效果，并且可能隐藏着使注册会计师被实施法律制裁的风险。因此，加强环境信息审计报告的质量控制，对于推进环境信息审计报告开展至关重要。强化环境信息审计报告质量，从会计师事务所层面，按照相关准则规定，具体规范如何达到环境信息审计报告的既定质量标准。

(三)完善、落实激励政策

1. 完善激励机制

从宏观角度上，国家相关机构需要继续完善企业环境成本政策，在目前坚决实行限制性的环保政策的前提下，制定适用于油气田公司鼓励性的政策，对认真完成环境保护工作的部门，环保部门应实行奖励，资金的来源来于罚没收入，帮助构建有助于企业实施环境成本控制的市场秩序，监督油气田公司完善成本核算与计量工作。另一方面，从微观角度上，企业内部应从物质和精神方面两方面来完善企业激励机制，物质激励如奖励等，精神激励包括文化、地位和权力等方面。

2. 落实激励政策

国家从宏观角度制定的激励政策应该包括以下几方面：①对于国内没有生产能力的环境治理设备，比如环境污染的防治、监测设备以及环境无害化处理仪器等产品，应对进口实行减免关税的政策；②对于自主进行环境防治技术创新，且能够显著节省资源、改良环保技术，并对废旧设备进行重新回收利用的企业，适当给予相应的税收、信贷扶持；③对于经营公用环境污染治理、使用清洁能源生产产品、具有典型环保示范项目、实施环境成本控制体系的企业，在企业营业税、增值税等相关方面的税费征收给予优惠；④我国还应该根据经济发展规划和市场需要制定相关油气产业政策，指导油气田公司执行环境成本计量和审计。另外，我国相关部门还应成立科研机构开展环保技术的研究和推广，从理论的角度为环境污染的预防和治理提供相应技术支持，降低企业环境成本，使企业顺利完成国家规定的和企业自身环境成本控制目标。

第二节 建立开放式科技创新体系，推进产业链技术生态化

一、积极推进天然气产业链技术生态化发展

(一)勘探开发生态技术研发

1. 绿色钻完井技术

近年来，随着石油勘探进程的不断推进，油气勘探难度的不断加大，碳酸盐岩、高陡构造、复杂山地、黄土塬等诸多复杂地表条件和难题需要破解，即对于复杂山地区地震勘探，钻井的目的不只是构建油气通道，更重要的是发现更多的天然气资源和尽量提高气产量和采收率。钻井工程面临的问题始终是如何确保"优、快、省、HSE"。"优"指优质，也就是如何提高工程质量，更好地保护油气层，准确地监控井眼轨迹。"快"指高效，也就是如何提高钻井效率。"快"是油气公司、钻井承包商和技术服务公司一贯追求的重要目标。"省"指经济，也就是如何节省钻井完井成本，降低吨油成本，实现效益的最大化。HSE指健康、安全和环保，贯穿于钻完井全过程。

高效钻井系列技术研发。在生态环境脆弱的地区，高效钻井既

利于加快产能建设、缩短生态环境影响周期，又利于降低钻井成本。针对不同地质条件，具体研究适应性强的高效钻井及配套技术，形成系列技术。"十三五"期间，天然气勘探技术的重点发展方向将包括：①前沿化随钻测井技术（异性测井技术）；②微地震监测技术；③全自动智能控制技术；④可以深入到储藏层的纳米侦探测量技术；⑤数字化气田勘探开发技术。天然气钻井技术将重点发展复杂气田钻井工程关键技术和仿生技术。

钻井液减排及回收利用系列技术研发。钻井液的排放及处理是钻井环保工程的重点内容，实现钻井液减排及回收利用将极大地减小井工程的环境影响程度。除此，气田水配置压裂液技术取得突破已初步显现可能。

非常规天然气勘探开发关键技术亟待突破，如非常规气藏精细描述、丛式钻井、新型压裂技术、环保技术、经济可采储量评估技术、技术经济评估技术等。页岩气开采的技术装备已有一定基础，在钻机、压裂车组、井下设备等装备制造方面已有较强的技术和生产能力，国内公司的钻井设备已批量出口美国用于页岩气开发。但长水平段的水平井钻井技术、分段压裂技术及微地震监测技术等三大核心技术尚未完全掌握。页岩气技术方面要向标准化、一体化、配套化方向发展，向安全优质、高效低成本方向发展，向提高压裂有效性的方向发展，向重视环境保护技术的方向发展，向无水压裂技术的方向发展。

此外，还从其他方面加强钻井工程环境保护，主要有：加强钻井液和洗井液选择与控制，即选择环境可接受钻井液或称为环境友好型钻井液并注意跟踪检查；加强完井、修井、试井中污物排放处理，例如，完井后将气井连接到敞开的地沟或储罐中收集砂粒、钻屑和油气藏流体以便进行处理，试井过程中将产出的天然气点火炬燃烧掉。

2. 绿色采气技术

气田生态化发展要以总体高效开发、提高净化水平、降低三废排放、减小生态空间占用、加强回收或循环利用等方面技术或管理手段推动气田生态化开发来实现。新发现油气田公司的开采难度日益增大，油气田公司开发中后期的稳产和提高采收率难度增大，环境保护要求愈来愈严格。采气技术的重点发展方向将包括：①无水压裂技术；②大型碳酸盐岩气藏高效开发采气工程关键技术；③数字化采气技术。

天然气集输过程中的生态影响主要有两方面：集输站场生态空间占用、生产作业或生活产生的"三废"排放；集输管道腐蚀穿孔、人为事故、自然灾害事故导致天然气泄漏、爆管破坏周边环境。集输系统生态影响控制技术主要从以下4个领域深入开展研究：①天然气集输系统节能减排；②大罐抽气及轻烃回收工艺；③站场污物集中处理设计；④火炬放空技术等。

集输工艺系统优化简化。简化工艺系统可有效减小集输站场生态空间占用和环境影响，同时节约成本。例如，通过实施单井数值计量技术，可拆除单井分离设备和污水罐，极大地降低土地成本、环境成本和经济成本，目前该技术在国外已有应用。采用标准化站场设计、撬装装置等可节约土地占用。

3. 绿色天然气净化处理技术

完善配套的天然气净化工艺技术、减少天然气净化厂净化处理所带来的环境污染已成为天然气净化环节环保工作当务之急，具体表现在优化总工艺技术路线、脱硫溶剂的选择、硫磺回收和尾气处理工艺的选择、工艺设备和材料的选型以及硫磺成型工艺等方面都必须上一个新的技术台阶。

天然气净化废水回收利用技术，天然气净化废气处理技术。天然气处理厂脱油脱水装置循环注醇工艺，该工艺使气田采出污水达到回注标准，减排效果显著。含汞气田水脱汞技术，该技术可有效地脱除含汞气田水中无机汞离子和有机汞离子，降低含汞气田水破坏生态环境可能性。

4. 污水和温室气体减排技术集成

气田要致力于实现钻、采、集、净过程污物的综合减排和循环利用的最大化，并主要集中在气田污水和温室气体的减排和回收利用。

首先，要对钻、采、集、净过程的污水、温室气体的产生、去向及环境影响进行全面系统的分析研究，为实施综合减排与循环利用技术开发提供基础。气田开发过程污水包括：钻井污水、气田采出水、站场作业生产污水及生活污水等。油气田公司温室气体排放源包括：过程与放空排放源、逸散排放源。过程排放要指工艺过程排放，诸如放空火炬燃烧排放、生产工艺中脱水装置的排放、天然气净化过程等正常或非正常工况下的工艺排放，主要有火炬与放空系统、增压机、锅炉和CO_2过程排放。逸散排放主要包括：天然气在开采、运输、处理等过程中由于管道裂痕、法兰及装置密闭性问题等出现的无意泄漏，这部分温室气体主要是CH_4；废物（废气、废水、固废等）处置所产生的温室气体排放。

其次，要针对重点环节进行技术开发与应用。例如，前面提到的钻井液减排及回收利用系列技术、天然气集输系统节能减排、零排放的酸气回注技术、气田水配置压裂液技术等重点环节的减排技术。除此，还有气井排液技术、天然气管道抽吸技术、控制压缩机活塞杆密封系统泄漏、压缩机放空气回收减排技术、锅炉节能增效技术、烟气碳捕获技术、二氧化碳封存技术、火炬气回收减排技术等。

最后，要从气田开发全过程优化与系统控制、技术集成创新方面着手研究气田减排工艺与技术。但这方面的意识还比较薄弱，需要投入更大的力量。

5. 环境影响的技术经济评价技术

天然气勘探开发的环境影响评价实际上就是按环境科学观点及其相关的价值取向，就工程项目影响引起的自然生态、社会生态和环境的价值变化，进行评判预断，因此在整个研究和评价的过程中，从研究范围的圈定，研究重点的选择，评价体系和边界的确定，评价因子的筛选，到权重的权衡，环境经济分析的定值等，都以一定的价值观贯穿其中。

工程引起的资源和环境变化应作为经济发展的一个成本因素、经济价值因素加以研究和评价，开展环境影响的损益、机会成本、综合投资效益、开展风险对策、投资风险、动态过程的风险、环境保护方面的设计，逐步加大投资力度。

在环境影响评价中，还必须针对价值的时效性进行探讨，每一种具体的价值都有主体的时间性，随着主体的每一变化和发展，一定客体对主体的价值，或者在性质和方向上，或者在程度上都会随之改变。

(二)绿色储运技术体系开发

随着管道建设的规模越来越大，管道向更大口径、更高钢级发展，对管道的安全要求越来越高。同时，国家对环境保护、节能减排及公共安全的要求也越来越高。但是，国内的设计单位对于大型地下储气库的经验尚显不足，且不同类型地下储气库的现有技术水平参差不齐，一些关键技术的解决还需要与国外公司合作完成。

1. 绿色集输过程控制技术

管道技术的重点发展方向将包括：①研究开发新一代管道技术；②进一步完善管网的数字化、智能化技术；③加大国产设备的开发和推广力度；④开展海洋管道技术研究；⑤集输管道安全运行管控。管道第三方破坏安全预警技术、管道腐蚀防护与控制技术、泄漏检测技术、管道不停输带压封堵抢维修技术等。

为了推动天然气储运技术走生态化发展之路，构建以储运设计技术、建设技术、生产管理技术和评价技术为主要内容的绿色储运技术支持体系。大力发展生态化天然气储运技术应当遵循以自主研发和改进为主、合理引进吸收国外先进技术、促进技术集成的总体思路和原则。主要措施：

倡导技术理念生态化。天然气储运的所有技术，都融入生态化的理念，按生态学原理和方法设计和开发技术，在技术应用过程中全面引入生态思想，以可更新资源为主要能源和材料，力求做到资源最大限度地转化为产品，废弃物排放最小化，从而节约资源，避免或减少环境污染。

优先发展和完善天然气储运生态评价技术，主要包括环境成本评价技术和生态文明绩效评价技术。该两项技术没有解决好，生态文明建设的动力不足、生态补偿机制难以建立。

2. 储气库技术

地下储气库的发展、数量的增加及容量的增大与科技进步有着密切的关系。科技进步能缩短储气库的建造时间，节约储气库的投资费用，改善储气库的技术经济指标。

欧美地区很多地下储气库已经运行多年，现在其地下储气库技术主要向延长地下储气库使用寿命、减少地下储气库对环境的影响和增强地下储气库运行的灵活性方向发展。国外在地下储气库技术方面呈现以下几种研究与发展方向，值得学习和借鉴：①用惰性气体代替天然气作储气库的垫底气；②地下储气库工艺设计的统一化和标准化；③采用SCADA系统和现代测量技术；④加强数值模拟研究；⑤重视对地下储气库开发风险的研究；⑥加强地下储气库建设方案优选的研究；⑦研制开发新的地面工艺和设备。国外地下储气库建设方面的科技进步还有采用模块化施工技术，加快施工进度，降低劳动力消耗。研究各类储气库生产过程集约化的理论基础通过技术装备改造，可实现生产过程集约化，改善技术经济指标。

我国在建设天然气战略储备管理体系过程中，应加强国际合作。应积极参与亚洲能源协作，协调各国天然气储备政策，共同应对区域能源储备危机。国际上，地下储气库越来越向"战略储备向大型化，民用储存向灵活性大、周转率较高的小型气库，多个气库联网统一调度"方向发展。因此，优质枯竭气藏储气库、盐穴储气库和新型民用地下储气库等建设技术将成为研究重点。

加强储气库的上下游协调优化，提高储气库的协调能力。加强地下储气库优化管理，提高储气库的利用效率。在油藏和含水层储气库领域进行实验和摸索。在天然气储运领域，管道建设突出定向钻、盾构、顶管和穿跨越技术攻关，加强集输管道优化、完整性管理研究等。

全国规模的管网形成后，以调峰储备为功能的大型储库技术将得到大力发展，由于LNG存储效率上的优势，应加紧研究陆地LNG接收站的核心关键技术，并追踪研究海上LNG接收站的相关技术，特别是预应力混凝土外罐设计与施工技术、LNG接收站风险评估技术等。

（三）绿色低碳的天然气利用技术开发

1. 积极研发绿色低碳相关利用技术系列

围绕天然气利用产业生态化发展，立足自主攻关研发，积极引进、消化和应用国际领先技术、工艺、设备和材料，力求形成具有自主知识产权的天然气利用产业绿色低碳发展技术系列。①天然气高效利用技术与设备研发。例如，天然气发电、燃气轮机、内燃机效率提高技术，既利于节能减排又利于天然气市场开发。②天然气利用产业节能减排技术。针对节能减排的瓶颈问题，以天然气利用化工、天然气利用工程技术服务、天然气利用装备制造等为重点，开展以天然气利用节能和替代燃料为重点的利用技术研究与推广，优先开发新型、高效的利用技术，突破一批天然气利用节能减排关键技术。③加强天然气利用技术国际交流合作，引进、消化先进的天然气利用技术、高能效技术和可再生能源技术。积极参与国际天然气利用技术和碳交易市场，特别是应加强与欧盟、美国及国际大石油公司的天然气利用合作，包括学术、研究、管理、培训机构以及其他非政府组织和协会之间的合作。

2. 加强企业技术改造和创新，大力发展天然气循环经济技术

改进生产技术、提高生产效能、降低产品耗能是油气田公司节能减排的重要手段。因此，要加强油气田公司与科研院校紧密合作，构建技术研发服务平台。同时，围绕资源高效循环利用，积极开展替代技术、减量技术、资源化技术、系统化技术等关键技术研究和创新，突破制约天然气产业节能减排发展的技术瓶颈。

3. 积极推进天然气分布式能源技术

"分布式能源系统"（简称 DES）是一种新型的以能源梯级利用为主要特征的能源综合高效利用系统。它以天然气、沼气等清洁燃料作为能源（包括可再生能源），以分布在用户端的发展热电冷联产为主，其他中央能源供应系统为辅，实现以直接满足用户多种需求的能源梯级利用，并通过中央能源供应系统提供支持和补充。分布式能源系统还具有能源多样化特点，天然气、沼气、太阳能、风能等都可以在分布式能源系统中推广利用，将电力、热力、制冷与蓄能技术结合，实现多能源容错，并将每一系统的冗余限制在最低状态，使利用效率发挥到最大状态。

天然气分布式能源利用的主要方式是冷热电联供系统，涉及的技术关键是能源系统集成。动力技术是天然气分布式能源系统集成的核心技术。冷热电联供系统的动力主要包括中小型燃气轮机、微型燃气轮机、内燃机、燃料电池。制冷机与热泵是天然气分布式能源不可或缺的重要构成。吸收式制冷机组、吸收式热泵、吸收式除湿和蓄冷技

术等都是改善分布式冷热电联产系统能源综合利用效率的重要技术手段。天然气分布式能源利用发展趋势是：以天然气分布式能源为核心，结合可再生能源构建"小型化区域能源供应网络"，形成多功能互补的智能电网（微电网）与智能冷、热气供应网络。

推广实施天然气分布式能源技术是天然气利用产业发展的重要方向。①高效节能[①]；②提高供电安全、可靠性，分布式能源系统设置在用户侧，运行可靠稳定，可大幅度提高用户的用电可靠性；③发展分布式能源系统，既可大幅削减电力供应高峰，还可提升燃气管网使用率，达到削峰填谷、优化城市能源结构的目的。

4. 构建天然气利用产业的绿色低碳服务技术

绿色低碳产业是绿色低碳发展模式下以绿色低碳技术为核心的新兴产业，而绿色低碳产业创新体系为企业绿色低碳技术创新提供平台。

建立绿色低碳技术研究组织机构。建立专门的绿色低碳技术研发机构或在现有研发体系内充实研发人员和编制的方式；采取开放式研究，加强与企业外部权威研发机构的合作，形成产学研战略联盟，搞好分工与协作，集中力量取得优势技术的突破。

推进绿色低碳制度创新，完善技术标准体系。参与国家相关领域技术标准的制定，逐步建立完善绿色低碳技术攻关研发和成果转化机制，加强知识产权保护，推进成果共享，把握绿色低碳发展的主动权。

整合绿色低碳技术资源，完善绿色低碳技术服务体系，加强绿色低碳技术研发与能源信息网络和信息管理系统的建设。选择1~2家大型油气田公司建立绿色低碳科技信息中心，负责绿色低碳科技研发与能源利用信息、碳排放信息、扩散及各种数据库的维护，并对这些信息进行收集、处理、分析、发布和交流，为绿色低碳技术

---

① 据测算，天然气分布式能源系统的天然气利用效率可达到80%~90%，而供应大型发电厂的天然气终端实际利用效率仅为30%~47%。

研发等科学决策提供及时有效的支持。

（四）大力开发和推广天然气节能减排技术

积极探索循环经济的道路，大力推广余热回收，伴生气、火炬气回收技术，通过资源再利用，降低对传统能源的消耗，这既减少了排放又节约了资源。围绕节能减排，大力开发新型低碳排放技术，推广应用高效成熟节能节水技术，开发利用先进装备，建立有利于提高能效、降低排放的技术序列。全面实施以系统优化调整为主的配套节能技术改造，大力推广能效对标管理，持续淘汰高耗低效生产能力，挖掘节能减排潜力。

油气田公司开发在满足气田生产的前提下，科学利用地层压力的能量进行气水输送和加热，减少开发过程中的能源消耗；要通过应用 SCADA 技术、密闭清管技术、泄漏监测，合理设置线路紧急截断阀等技术，减少天然气损耗；要积极开展以系统优化调整为主的油气田公司节能技术改造。针对老气田进入中后期开发阶段和地面工程系统及能耗的具体特点，通过"关、停、并、转、抽、换、用、管"等措施，实施以系统优化调整为主的老气田配套节能技术改造；要大力推广应用井下油嘴、节能型水套炉、目前分公司无机抽工艺井、节能型压缩机、节流器等经济、高效的工艺技术。

二、加强产业链技术生态化交流与合作，推进生态技术产业化发展

（一）大力推进清洁生产技术集成

1. 大力开发先进实用的污染控制技术，实现清洁生产技术创新

油气田公司既要有污染控制的高新技术，更需要经济适用的清

洁生产技术来改造传统工艺，以实现整体环境保护技术的提高。要牢固树立清洁生产技术创新必须坚持"依靠、面向"的科技工作方针，针对生产实际中的清洁生产技术难题和实现污染物总量减排，积极开展科技攻关，既要重点解决影响全局、影响长远的技术问题；也要重点解决目前急需解决、现场实用的技术问题。①要立足污染稳定达标排放，下大力气研究解决生产中带有关键性的技术问题。要充分依托已形成的技术，加强清洁生产配套，充分运用石油生产系统工程，从原材料、生产工艺、资源回收利用等方面综合解决问题，绿色示范队建设应先行一步，积极采用先进技术；企业环保部门要深入现场，帮助指导基层开展配套技术研究，加强技术推广应用。②要以实现总量控制为龙头，全面开发生产全过程污染控制新技术、新工艺。污染物产生的本质就是原材料或产品的流失，实施总量控制，既可以减少污染，又可以提高产品的回收率，实现环境与经济的协调。近一个时期内要重点围绕生产过程中的污水优化及回用技术、高效加热及燃烧技术、资源回收利用和无害化技术、以及环境监测及信息管理技术，加强清洁生产技术创新。要依托油气田公司已立项的重大环保科技攻关项目，搞好先导实验和中间实施，实施环保配套工程；企业环保部门要积极争取领导和科技部门的支持，每年集中解决几个影响企业清洁生产工作的技术问题，不断促进减污、增效。油气田公司对限期污染治理项目技术论证时，将优先推荐采用清洁生产新技术的项目，加快促进新技术的转化。③要加强国际先进的清洁生产技术引进，不断发展具有自主知识产权的专有技术。加快国际领先的清洁生产技术引进，是快速提高环境保护水平的一条捷径。要瞄准跨国石油公司发展趋势，加快生物多样性保护、温室气体减排、绿色产品评价及控制、环境信息化等技术的引进，努力缩小与国际石油公司的差距，要充分依托近几年油气田公司对企业进行重大技术装备改造的时机，开展清洁生产技术论证，确保清洁生产设施与主体工程同时引进、同时使用。要加大引进技术的消化吸收，通过技术创新，逐步形成具有自主知识产权的新工艺、新设备，发展环保产业，全面提高清洁生产技术创新能力。油气田公司将建立国外引进环保技术登记制度，发挥油气田公司整体优势，提高技术引进和消化吸收能力，实现先进技术的共享。

2. 大力贯彻 ISO14000 系列标准，实现清洁生产技术系统集成

国际知名石油公司 BP 认为：有效地应用技术比拥有技术更重要，现代的管理是促进技术应用的动力。先进的技术只有与先进的管理相结合，并应用于具体的生产实践，才能充分发挥它的作用。油气田公司必须以科学管理推动技术创新，以技术创新促进科学管理，充分依靠 ISO14001 环境管理体系的理论方法，实现现代环境管理和清洁生产技术进步的结合，不断提升环境保护绩效水平。

深入开展环境因素筛选识别，找准清洁生产技术开发研究的落脚点。清洁生产技术必须立足现场、立足应用，而现场是一个复杂的系统工程，只有通过科学的方法，才能明确清洁生产技术的主攻方向，确定研究的重点。认真按照《环境因素识别及评价技术指南》的要求，科学运用 ISO14000 环境管理体系思想，把重要环境因素控制与清洁生产方案评估结合起来，确定重点，明确目标，并落实在企业环境保护发展规划中，全面提高清洁生产技术创新的实效。

继续大力实施绿色作业队示范建设，全面推行清洁生产技术系统集成。实施绿色作业队示范建设，就是要把技术与生产结合起来、把技术与管理结合起来。在钻井绿色作业队建设中，通过运用清洁生产审计手段，立足于过程控制、系统控制，实现钻井污染控制技术的集成，既获得良好的环境效益，又促进生产效率的提高。充分运用清洁生产审核的理论，从源头查找高物耗、高能耗、高污染的原因，通过清洁生产方案的实施，实现原材料选择、生产过程控制、污染物末端治理全方位应用新技术，使先进的清洁生产技术与传统工艺有机结合，全面提高新技术应用的效率。

大力实施 ISO14001 体系认证，形成清洁生产技术创新的持续发

展机制。实施 ISO14001 认证，有效地运行环境管理方案，是持续地提升环境保护水平的重要保证。环境管理方案的实施，必须充分运用清洁生产技术进步，同时，清洁生产技术的发展，又为提出新的环境管理方案打下了基础。抓好 ISO14001 体系的建立，更要切实抓好环境管理方案的实施，科学地运用清洁生产技术解决环境管理方案中存在的问题，要围绕新的环境管理方案不断研究开发新的清洁生产技术。自觉地建立自我监督和自我完善机制，按照环境管理体系标准要求，确保每年环境管理方案的不断更新，促进清洁生产技术的发展和应用，全面提高清洁生产技术持续创新能力。

(二)完善生态技术产业化的市场环境

市场是生态技术创新的起点，也是生态技术产业化发展方向的决定力量。国家市场经济的发展还不充分，市场机制还未健全，可能对生态技术产业化产生许多不利影响，油气田公司应该采取措施将这种不利影响降低到最小。①建立正确的生态技术效益评价体系。②规范产权制度，健全各项市场法律法规。③鼓励生态技术中介服务机构的发展。我国技术中介服务机构近年来蓬勃发展，但还不是十分规范，政府应该进一步扶持、规范技术中介服务机构的发展，使之发挥越来越重要的作用。

(三)促进形成有利于生态技术产业化发展的人才培养和人才流动机制

生态技术产业化的发展，最根本的还是要靠人才的推动。生态技术产业化所需要的人才，应该是具有现代生态意识、拥有先进的科学知识及技能。人才的培养需要多种渠道、多种手段并用。①目标导向是努力培养创新型人才。②企业内部的知识传递和技术培训是培养人才的有效方式，企业应该有意识地进行人才的培养。③合理的人才流动机制也是充分发挥人才创造才能的组成部分，可以通过在企业内部建立合理的绩效评价体系和建立规范的人才流动市场体系，使人才市场成为人才合理流动的载体，促进人才合理、有序地流动。

(四)建立多种形式的生态技术产业化发展的金融支撑体系

金融活动越来越多地参与到经济生活的各个领域，影响着经济的运行，生态技术及其产业化的发展需要金融的支持。①制定相应的金融政策，从宏观上完善金融体系对生态技术产业化发展的政策支持，如中央银行确定有利于生态技术产业发展的信贷标准、国家政策性银行增加对生态技术创新项目的专项拨款等。②完善金融市场，使金融市场为生态技术产业化发展提供充足的资金保证，包括资本市场、企业证券市场等。③加强金融监管力度，规范金融活动，使金融活动对生态技术产业化的发展纳入正常轨道。

第三节　推进循环经济发展，塑造清洁高效发展的示范工程

一、推进天然气产业循环经济的发展

(一)积极实施天然气全产业链循环经济

1. 实施清洁生产，提高天然气开采率

循环经济的减量化原则在天然气清洁生产中主要体现为减少开采中投入的物质量，在源头上注重节约资源和减少污染。循环经济的再循环原则主要体现在尽可能多地把生产中产生的废弃物转化成资源重复利用。天然气生产中的再循环主要体现在以下几个方面：

气田废水处理。产水气藏(气井)采气过程中常常有废水产生，这无疑会加重环境污染，必须加强处理。处理后的油可作为资源使

用。废水处理过程中所需无烟煤滤液用清水冲洗后也可循环使用，废渣则自然晾干后就地焚烧。

废液的循环使用。一些文献表明，在钻井液不受污染的情况下，压裂液可重复使用3次，钻井液也可以重复利用。当然，也有一部分pH较低的压裂液不适于重新压裂，但可在大多数的储气井中进行改造使用，如含氯仿的压裂液，其所含氯仿可加速水泥固化过程，适合于固井。这样不仅可以提高资源的利用率，而且还可减少处理压裂液的费用。

对天然气产品的清洁处理。原料天然气中所含有的硫化氢、有机硫、二氧化碳、饱和水以及其他杂质均需要脱除。脱硫主要使用化学溶剂法，脱二氧化碳主要采用膜分离法，通过脱碳以避免燃烧过程中产生过量的二氧化碳，以减少对环境的危害。天然气脱水可采用三甘醇法。只有通过脱除有害杂质，才能得到清洁的天然气产品。

天然气轻烃回收。轻烃回收是将天然气中相对甲烷或乙烷更重的成分以液态形式回收下来，而回收的液态烃产品可以作为优质燃料或化工原料，具有可观的经济效益。目前轻烃回收普遍采用的冷凝分离法值得推广。

2. 实现安全储运，降低天然气损耗率

管道设计应采用新技术，使管道能达到满足扩大单管输量、降低材料和动力消耗、减少建造和运营成本的目的。在操作管理中，要通过降低温度以增大管道输量，提高起点压力或降低终点压力来降低输气能耗和成本。特别注意防止溢流事故的发生。管道泄露不仅会带来巨大的经济损失，而且还要污染环境，甚至引起火灾和爆炸。因此应加强定期巡检，有效地减少或杜绝泄漏事故。

3. 实现最大经济收益下的绿色消费天然气

为了节约成本，在人口密集的大中城市，适宜使用管道天然气；

而在人口相对分散的小城市和农村，则宜采用罐装天然气。提倡天然气的适度消费，反对过度消费。要经常对灶具进行检查，防止漏气，避免天然气浪费和爆炸、火灾等事故的发生。同时还要确保天然气的充分燃烧，以减少对环境的污染。

（二）大力推进节能减排，积极发展循环经济

1. 充分利用废弃资源，减少污染，创造经济价值，降低油气生产成本

天然气生产企业与资源所在地双方应该形成经济联合体，以天然气生产废弃物的综合利用和再生资源回收利用为重点，共同开发环保产业，分享由此而带来的经济利益。还可以采取股份公司的形式，油地双方合资成立能够创造利润的以天然气生产废弃物再利用、再循环为经营项目的大型再生资源回收利用公司。

天然气生产企业与资源所在地应充分利用油气井的伴生物、采出水等资源，变废为宝，积极开发可以利用的产品，或实现循环利用，有效降低天然气生产成本。

油气生产企业与资源所在地应充分利用油气生产过程中有用物质转化而成的废弃物，通过化学、物理方法将其处理为有用的产品。

油气生产使用过的废弃泥浆，传统的处理办法是做固化处理后再填埋。事实上，经过特殊的化学和物理方法处理，这些废弃泥浆可以在固化后制成建筑材料，如砖、铺路材料等。这种处理不仅减少建筑对黏土等资源的使用量，而且还将污染治理成本转化为生产成本，实现了资源的再利用。

2. 按照减量化原则的要求，大力推进能源节约和水资源重复利用

循环经济的一个重要原则就是减量化原则。减量化原则要求用较少原料和能源，特别是控制使用有害于环境的资源来达到既定的

生产目的或消费目的，从而节约资源和减少污染。按照减量化的要求，油气生产企业发展天然气循环经济的重要措施就是节能减排。

节能减排措施主要应该包括两个方面：①杜绝浪费，即要求在经济运行中减少对资源消耗的浪费；②在生产消费过程中，用尽可能少的资源、能源，特别是引起环境污染的资源，创造更多的财富，把污染损失降到最小的程度。油气生产企业要以节水、节能为重点，在生产、建设、流通和消费各领域节约资源，减少自然资源的消耗，提高资源利用效率。

由于我国是一个水资源缺乏的国家，油气生产所在地大多属于缺水地区。因此，应该按照循环经济的减量化原则，同时推进气田生产节约用水和城市节约用水的工作，通过降低气田供水管网的漏损率，积极推进污水处理及再生利用，搞好注水井注水净化回注和雨季雨水积蓄，大力强化公共建筑、生活小区、住宅节水器具的推广应用，加强对地下水资源的管理等系列措施，严格控制气田生产超采、滥采和滥用地下水，防治地层水和地表水的污染，以达到节约资金、缓解水资源供需紧张矛盾的目标。

二、天然气绿色高效利用示范工程

（一）建立绿色发展机制，调整结构转变天然气产业发展方式

1. 正确处理发展生产力与保护生态环境的关系

油气田公司实施绿色发展，是深入学习实践科学发展观的本质要求，是适应低碳经济发展趋势、占领未来产业制高点的迫切要求，是转变经济发展方式、调整优化业务结构、实现企业绿色发展和可持续发展的必由之路。因此，油气田公司要及时调整其发展战略，完善发展低碳经济、绿色经济的方针政策和目标要求，切实树立绿色发展的理念，在毫不放松地抓好油气主营业务发展的同时，大力

发展清洁能源，加快低碳技术的创新步伐，完善相关制度标准体系，积极推进对外合作与交流，逐步形成绿色发展的业务结构，实现企业可持续发展。

从资源粗放型向资源节约型经济发展方式改变。粗放型经济发展模式使我国的发展面临着资源枯竭、能源短缺、资源利用率低、三废排放严重超标的重重压力。转变经济增长方式，依靠科技进步、技术创新提升传统装备制造业，推进工业污染防治工程全面实施和生态环境污染控制技术和设备的研究和开发，提高资源、能源的利用效率，提高产品的附加值，实现利润最大化。

2. 加强和改进生态产业，建立可持续发展机制

建立完善环境和资源的产权制度，加强环境保护。油气田公司在其自身的发展过程中，应该承担起维护公共生态环境的神圣责任。在追求经济效益的过程中不能以牺牲公众的环境利益为代价。企业固体废物、污水、废气的排放，势必会造成环境的污染，环境污染将会侵犯公众的环境利益。油气田公司也是社会成员，应该认识到环境保护既是自己的义务，更是对社会应负的一种责任。一个对社会负责的企业才会得到公众的认可，使其在市场中更具竞争力。因此，要采用环境和资源产权制度安排的形式，根据使用者付费和污染者负担原则使环境和资源成本形成其真实成本的一部分。建立完善环境责任制度是生产者延伸责任制度，它通过促使生产者对其产品的回收、循环利用和最终处理承担责任，从而降低产品总体的环境影响。通过开发环境责任产品和产品的回收利用，达到可持续发展的目的。按照生态建设和经济发展协调推进的要求，充分发挥区位和资源优势，推动产业结构优化升级，形成以高效生态能源产业为基础、环境友好型工业为重点、现代服务业为支撑的高效生态产业体系。对天然气管网建设项目，城市民用、集中供热等燃气置换项目，工业、服务业等领域因利用天然气减排效益明显的项目进行倾斜支持。积极贯彻国家天然气分布式能源利用的电网接入、并网

运行、设计等技术标准和规范等相关政策。

深度推进节约资源减排污染。节能减排应向更加全面的节约资源和环境友好型方向发展，节能减排是生态文明建设的必然要求，也是初级阶段生态文明建设的最重要突破口。①重视节能减排的机制体制创新。②开展结构节能减排，严格审批制度。③大力推进工程节能减排，实施重点耗能企业的节能减排水平。

重视生态环境，通过利益调节，建设生态文明。丰富环境管理手段，全面调动人们的保护环境行为。通过合理的税费和价格改革，产生激励机制，同时通过押金制、补贴制度、排污权交易制度等，使环境成本真实化，对生产与生活领域产生激励，从而鼓励绿色生产方式与生活方式。

(二)优化天然气产业结构，大力发展生态产业

1. 延伸产业链，加大治污力度，提高资源利用效益

天然气循环经济产业链构建不能局限于原始资源的深加工转换，而应通过核心产业的发展带动相关产业的发展，同时将废弃物转换形成新的产业，使处理负担转化为经济效益。应当按照"大力支持上游、积极介入中游、加快发展下游"的原则，大力引进大企业、大集团以及其他社会资本参与石油石化下游产品的开发利用。在发展天然气产业的基础上，着力发展天然气装备制造业，积极向天然气装备制造和工程服务领域延伸拓展产业链和产品链，从而形成特色产业集群。

2. 优化转型升级，培育和发展高端装备制造

天然气装备制造企业要以节能减排为突破口，以国家重大技术装备工程项目为依托，大力发展节能环保技术装备，推进大型成套设备国产化，带动天然气装备产业由大向强转变。如在天然气装备方面发展智能钻井、测井和完井系统，从自动化向智能化发展，从装备制造向装备制造服务业领域拓展等。

(三)做好顶层设计，构建天然气生态产业园区

天然气产业产品链长、关联度高，上下工序间产品、废料与原料的有机转换衔接紧密，生产装置主要以管道相连接。这为构建天然气生态产业园区提供了良好的先天条件。因此，可通过构建关联产业共生关系，形成油气产业为主导的特色生态工业园区，加快天然气资源产业向集约型、集群型转变，提高天然气产业的规模结构效率，即产业内的企业处于规模经济水平，企业之间具有科学的分工协作，产业处于高效运行状态。

三、全面加强节能减排示范工程建设

(一)落实责任，建立节能节水工作长效机制

1. 落实节能减排责任制

落实节能责任制。建立综合归口、共同参与、责任落实的消耗与节约管理机制。油气田公司应明确各职能部门的资源节约职责，各单位结合本单位生产管理实际明确相关职能部门的资源节约职责，以充分调动各专业部门资源节约工作的主动性。

建立激励约束机制。坚持把节能节水指标作为油气田公司各级KPI业绩考核的重要内容，逐级落实；同时，加大节能奖励力度，提高各级组织和员工的节能挖潜积极性。加强资源节约工作的组织领导，充分发挥各级节能领导机构职责，统一协调、指导节能节水工作。健全资源节约工作组织保障体系。①加强节能管理机构建设和人员配置，以满足日益繁重和复杂的节能管理工作的需要。②加强节能技术机构建设。依托现有科研机构，成立可支撑企业节能挖潜研究，以及建设项目节能评估的节能技术研究评价中心。同时进

一步加强已建环境节能监测中心和环境节能监测中心的技术干部配备和设备配置，提高节能监测技术能力。深入持久地进行节能节水宣传教育，培育"节约型"企业文化，倡导"文明节约"的行为理念、生产方式和消费方式。加强节能培训，每年至少组织一次节能节水管理人员或重点能耗设备（系统）操作管理人员的业务培训，并把资源节约知识纳入新员工岗前培训、在岗员工岗位培训、轮班员工培训内容。

2. 建立资源节约投入机制

探讨建立节能专项基金制度的可行性，即企业投入第一笔资金，资金用于节能项目，获得收益再部分返还基金，滚动发展。探讨引进合同能源管理的可行性，通过引进外部的资金和技术，推进节能节水工作。在技术改造和科研资金中，加大资源节约投入比重，明确节能节水资金渠道，保证节能节水节地等资源节约技术的研发、改造、推广和监督管理资金的使用。按照"效益优先、突出重点、成熟优先"的原则，选好节能节水改造项目，开展节能节水科研、技术改造和"四新"技术推广应用工作。

3. 落实工程项目节能节水评估和审查制度

建立建设项目节能评估和审查工作程序，落实国家、地方和企业节能评估、审查和验收制度。开展场站等用能单元建设标准的修订完善工作，在建设标准中落实节能最新技术和管理要求。加强建设项目节能节水篇章的审查，严格执行建设项目节能节水评估和审查制度，开展建设项目节能专项验收，实现节能管理的关口前移。

4. 夯实基础管理

完善能源消耗计量，加强节能统计工作，加快消耗定额标准制定与实施，加强规章制度建设，编写用能设备的节能运行方法。

照明的节能管理。应加强场站（厂）照明的节电管理。照明应使用节能灯具，更换、淘汰水银灯、白炽灯。照明应分区域、分组控制，既保证正常工作，又节约照明耗电。为了既保证正常生产又节约电能，制定各季节生产区域的开关灯时间，杜绝长明灯。

空调的节能管理。应加强井站空调的节电管理。井站的空调耗电与照明的情况相同，在单井采气站、集输气站、输配气站、脱水站和部分联合站耗电量中，空调耗电占相当大的比重，这部分井站应特别重视空调耗电。国家提倡空调室内温度：夏天不能低于26℃，冬天不能高于18℃。井站应根据此要求，制定夏天和冬天空调的运行规定，做到夏天室温低于26℃、冬天高于18℃时不开空调。

5. 加大节能监测和监督力度

加强对重点系统合理用能用水的诊断和监测。结合创建节能节水型企业活动，定期开展资源节约专项检查。结合能源审计、清洁生产审核，以及企业审计、效能监察，加强对能源、水等资源利用状况的审计监督，开展油气田公司用能用水效率的监督检测。

（二）积极推行清洁生产，提高资源利用效率

依靠科技进步，提高资源利用效率。将近年安排的节能科研项目的研究成果及时转化为可实施的节能节水技术措施项目，应用到项目建设中。如：天然气净化厂节能降耗技术研究，天然气净化厂达标废水回用技术研究，在役水套炉节能降耗技术研究，输气管道放空天然气回收方法研究，节电增效技术在净化厂推广应用。

天然气净化生产要在新厂建设和老装置改造时，注重工艺、总图设计、设备材料选型等方面优化和先进工艺技术的应用。通过推广甲基二乙醇胺系列配方脱硫溶剂；开发空间位组胺、物理溶剂等节能的脱硫新工艺；采取节能工艺流程提高胺溶液的使用浓度，降低溶液循环量；提高过程自动化控制水平；选用板式换热器、凝结水回收器、反渗透、离子膜除氧等节能降耗设备；优化脱硫装置操作工况，维持装置长周期稳定运行，提高生产效率，降低资源、能

源消耗。

化工生产要对能源和资源节约工作进行一次规划，分步实施。通过应用过程能量优化等技术，挖掘节能潜力。重点开展燃料结构优化、管道燃料优化、氢气资源优化、蒸汽系统优化、供排水系统优化工作；要实施高低温余热和废水综合利用；要积极开展装置热联合供料，降低物料输转能耗；要推广加热炉强化传热、变频和叶轮切削技术；要改进装置运行管理，提高余热锅炉、动力锅炉、烟机等重点能耗设备运行效率。

开展清洁生产审核。完成所有油气生产和化工生产单位的清洁生产审核。开展主要托管单位清洁生产审核。清洁生产审核，并在持续的清洁生产审核活动中不断挖掘、实施清洁生产方案，实现节能减排绩效的持续改进。

加强生产、检修过程的节能经济运行管理。将节能可控点的监督管理与 HSE 管理体系、质量管理体系、基层"五型班组建设"等工作有机结合，建设覆盖油气田公司生产各环节的节能经济运行操作及管理规范。

第四节　加快建立清洁发展机制，助推产业生态文明建设

一、加快实施天然气项目 CDM 机制

（一）推进清洁发展机制（CDM），增加碳交易的话语权

清洁发展机制（CDM）是《京都议定书》规定的三种碳交易机制之一。为了促进碳交易在中国的发展，2008 年 9 月，中国石油与天津产权交易中心、芝加哥气候交易所共同出资设立天津排放权交易所。该交易所是全国第一家综合性排放权交易机构，是一个利用市

场化手段和金融创新方式促进节能减排的国际化交易平台。交易所成立初期主要致力于开发二氧化硫、化学需氧量(COD)等主要污染物交易产品和能源效率交易产品。2008年12月23日，该交易所完成全国首笔基于互联网的二氧化硫排放指标电子竞价交易。2009年12月27日完成了中国首笔基于规范碳盘查的碳中和交易。

中国石油积极承担清洁发展机制CDM项目。中国石油在辽阳石化和塔里木油田分别承担了一个CDM项目。截至2015年底，辽阳石化氧化二氮(N_2O)CDM项目实现温室气体减排约2300万t当量二氧化碳。所获减排收益的30%上缴国家作为应对气候变化等可持续发展基金，2%交给联合国CDM执行理事会作为小岛国基金，企业留存的资金用于企业节能减排等可持续发展项目。辽阳石化CDM运行稳定，每年减少氧化二氮排放量达1000万t。2015年，通过实施塔里木油田伴生气回收CDM项目，有效回收油田偏远、零散井站的放空天然气，核证减排量达193万t二氧化碳当量。

(二)积极参与排放权交易市场，大力开发天然气

低碳经济正成为新的经济增长点，我国正面临碳交易的巨大商机。碳交易会成为全球最大的商品交易市场，然而，目前碳交易标准规则由国际社会制定，中国企业还处在一个被动的状态。我国油气田公司作为我国石油工业中的最大企业，有必要增加自身在碳交易中的话语权，从而在这一商机中获得回报，促进大型石油公司自身的绿色发展。

引进碳排放交易机制，鼓励"低碳技术"与"低碳经济"发展。企业和社会公众从根本上转变现有的经济结构、发展方式和消费模式。这需要"低碳技术"的支持，发展"低碳经济"，引导消费者"绿色"消费。因此，可借鉴欧盟等西方发达国家日渐成熟的碳排放交易机制，搞好建立西南环境交易所的规划并推动其实施，可为拥有"低碳技术"者带来巨额收益，让超标排放者付出巨大代价，从而引导"低碳技术"的研发与运用，发展"低碳经济"。因此，引进

碳排放交易机制，搞好西南环境交易所的筹建并促进其有效运行具有非常重大的现实意义。

二氧化碳利用、碳捕获及封存技术排放权交易是顺应低碳经济的总体发展趋势，推动企业走低碳经济发展道路，规避相关市场风险的一种市场化交易平台。排放权交易的实施，也为石油石化企业开发二氧化碳利用、碳捕获和封存技术提供了交易平台。在油田开采领域，实施利用二氧化碳强化石油开采（EOR）技术，可有效挤压出地底下的石油天然气，大大增加石油产量，提高采收率。在化工领域，用二氧化碳加工成高附加值的环保型降解塑料，通过羰基合成等工艺，可使二氧化碳与氢反应转化生产甲烷、甲醇、碳纤维、沥青以及建筑材料等。与此同时，油气田公司还可以充分利用现有的地质技术，在资源枯竭的油气田公司区域，寻找有利地质构造，对二氧化碳进行永久封存。二氧化碳捕获、封存和绿色利用，有赖于排放交易市场的建立和完善，有赖于相关的环境友好技术的开发，更需要各油气田公司的积极参与，从源头上大幅减少碳排放。

二、积极推行合同能源管理

合同能源管理始于20世纪70年代的发达国家，由于石油能源危机，使得发达国家能源费用大幅度的提高，于是一种基于市场的、全新的节能改造模式迅速发展起来。在国外尤其是北美和欧洲，基于这种节能投资新体制运作的专业化节能服务公司（EMC）已发展成为一种新兴的节能产业。

合同能源管理模式包括节能效益分享型、节能量保证型、能源费用托管型、融资租赁型、混合型等模式，其中，节能效益分享模式、节能量保证模式、能源费用托管模式的发展和应用较为成熟。

合同能源管理（energy performance contracting，EPC）是指节能服务公司（energy management corporation，EMC）与用能企业对节能项目以契约形式约定一定的节能目标，节能服务公司为实现节能目标向用能企业提供必要的服务，用能企业以节能效益支付节能服务公司的投入及其合理利润的节能服务机制和商业运作模式。其实质就是：以节省或减少的费用来支付所实施项目全部成本的节能投资方式。这种节能投资方式允许客户用未来的节能收益为用能系统和设备升级，以降低目前的运行成本；或者节能服务公司以承诺节能项目的节能效益或承包整体能源费用的方式为客户提供节能服务。

节能服务公司（EMC）与我国从属于地方政府的节能服务中心的根本性区别在于它是一种基于"合同能源管理"市场化机制运作的、以营利为目的的专业化公司。EMC对客户提供能源系统诊断、节能项目可行性分析、节能项目设计、帮助节能项目融资（或投资）、选择并采购节能设备、承接施工安装调试、进行项目管理、培训操作人员、合同期内设备运行管理及维护、节能量监测等一系列服务，保证实现合同中承诺的节能量和节能效益，然后通过与客户分享项目实施后产生的节能量和节能效益来实现共赢。EMC的特殊性在于它销售的不是某一种具体的产品或技术，而是一系列的节能服务，也就是为客户提供节能项目，这种项目的实质是EMC为客户提供节能量。

EMC为客户提供全过程服务，客户的支付和收益全部来自节能效益。通常情况下，在节能改造之后的合同期内，客户企业原先单纯用于支付能源费用的资金，可同时支付节能改造后的能源费用、EMC的费用，并且能够获得一部分的节能效益，合同期满后，客户享有全部的节能效益。

合同能源管理的特点。EMC以合同能源管理模式为客户对能源系统进行改造服务，克服了节能工作上面临的一些问题，诸如：企业节能投资意识不强，节能投资资金不足，系统效率不高，以及节能投资服务落后等一系列障碍，以促进全社会各种技术可行、经济合理的节能项目能普遍实施。与传统的实施节能项目的方式相比，合同能源管理具有客户可以零投入、技术风险趋于零、高度的整合能力、实现多方共赢等特点。

三、管理创新驱动天然气产业循环经济发展

基于管理角度的天然气产业循环经济发展路径包括天然气经营管理体系的改革，管理规章与政策法规的完善，循环经济文化的营造等。

1. 进一步明确天然气资源的产权和使用权

产权和使用权明确可以促进天然气的综合利用，使各企业在获得天然气收益的同时，也明确自己保护环境与治理污染的义务，从而实现绿色环保与可持续发展。应通过天然气资源开发许可证的发放，控制天然气资源的开发速度，防止为追求眼前利益而肆意开发。同时应对天然气生产者征收资源补偿费和资源税，实行有偿开发。

2. 建立健全天然气资源节约责任制

建立专门的天然气循环经济管理部门，负责制定天然气循环利用标准，监督天然气循环利用状况，并将循环利用的相关指标纳入天然气生产企业的考核中，并通过定期考核评定出相应等级，据此给予相应的奖励和惩罚。

3. 实行排污收费和收费退款制

根据天然气生产中污染物排放导致的外部成本数额，征收相应税费，实行生态补偿。根据我国现行环境资源管理法律法规关于"破坏者恢复、使用者付费、受益者补偿"的原则，允许处于老、少、边、穷产气区的地方政府开征"生态环境补偿费"和"排污费"。这样可以有效地控制污染物排放总量，减少对环境的污染，在此基础上通过排污权交易达到资源配置的最优化。另外，还可通过污染治理押金的收取和退还，鼓励企业治理污染，以有效地改善污染状况。

4. 推进天然气价格市场化

天然气价格是平衡各方面利益的杠杆。天然气价格市场化不仅有利于促进开发者保护资源，而且还有利于促进消费者节约资源、减少浪费。应采取措施加大市场机制与政府干预的力度，使所有产品与劳务的市场价格尽可能反映天然气资源开发与环境资源使用的真实成本，不断推进天然气价格的市场化进程，从而促进环境的保护和天然气的合理开发与利用。

5. 制定相关法律，完善监管职能

政府应依法加大对天然气开发和利用监督管理的力度，认真贯彻落实《中华人民共和国节约能源法》《中华人民共和国清洁生产促进法》等有关法律法规，同时还应尽快出台循环经济法，制定专门针对天然气产业发展循环经济的相关规定。而在国家未对天然气发展循环经济立法之前，政府和企业可以根据实际情况，借鉴中国第一部循环经济法规——《贵阳市建设循环经济生态城市条例》的经验，制定一部天然气产业发展循环经济的法规，以便为天然气资源的循环利用及其监督管理提供法律依据。

6. 营造天然气循环经济文化

循环经济文化是循环经济的精神文化、管理文化、行为文化和物质文化的综合性文化，它包括了企业循环经济的理念、形象、制度、流程、操作规范与标准、知识体系、教育培训、标识、设施、环境等。就具体而言，包括资源节约与充分利用、绿色生产与消费、环境友好、可持续发展、循环利用、零排放、综合效益最优等内容。

第五节 促进生态制度建设，建立生态文明建设长效机制

一、加快推进天然气法律法规建设，为发展天然气提供法律保障

(一)完善环境保护法律法规体系

从经济、社会系统和自然系统的相互作用过程中，逐步完善财政、金融、价格、税收、生态补偿等经济政策。十八大报告提出有关生态文明建设中很重要的一条，就是加强生态文明制度建设。建设生态文明，必须建立系统完整的生态文明制度体系，用制度保护生态环境。要健全自然资源资产产权制度和用途管制制度，划定生态保护红线，实行资源有偿使用制度和生态补偿制度，改革生态环境保护管理体制。

加强生态文明建设不仅需要生态意识的树立，生态行为的落实，生态经济的发展，生态产业的蓬勃，生态系统的健康发展，更需要有生态文明制度的约束保障。完善环境保护法律法规，发挥法律在人与人、人与社会、人与资源的约束和保障作用，确保生态文明建设健康有序发展。让天空回归蓝色，让河水再现澄澈，完善环境保护法律法规势在必行。

加快天然气法立法进程，以法律的形式明确天然气的勘查开采、资源进口、运输和配送、储备、价格形成机制、市场准入、监管等各个环节，形成一个专业性、综合性的法律性文件，建立涵盖上中下游整个产业链的完整法律体系，以协调天然气产业上、中、下游各方的利益关系。在上游环节和终端市场环节鼓励市场竞争；在管网自然垄断环节建立有效监管机制，同时应明确监管机构的职责；

应进一步明确地方政府和相关企业在天然气管道和配气系统等公共领域中的责任和义务，以保障天然气产业的可持续发展。

为了保证天然气产业的健康发展，应尽早建立、完善一整套现代化的天然气行业技术规范与标准。尽快完善天然气利用政策，鼓励采用联合循环燃气轮机发电。为此，①建立专门的电价与气价联动机制和相应的激励性财税政策，提高天然气发电的价格竞争力；②鼓励热电冷联产项目的发展，组织有关机构优先推广；③引导相关企业和地方政府尤其是东部沿海地区精心规划，合理布局，加快建设气储电一体化体系。

（二）积极提高环境保护法律意识，明确政府监管职能

1. 提高企业的环保法律意识

当前我国的环保法律体系尚不完善，众多企业的法律意识、道德意识还未切实跟上，加强环境保护的宣传教育工作，广泛普及环境科学知识和环保法知识，切实提高企业的环境意识、环境公德和法制观念显得尤为重要。①使油气企业由"被动治污"转向"主动治污"，从设计和生产的最初环节就把环境保护纳入其中。环保工作也由以治为主转入以防为主的阶段。②把污染的防治工作，从原来"谁污染谁治理"的企业个体行为，转变为市场经济条件下的社会分工和供求关系，形成社会上的专业化环保企业乃至环保产业链。

2. 加大政府环境管理主导职能

油气田公司生态环境的可持续发展离不开当地政府的大力支持，就要妥善处理好油气田公司与地方的关系，充分发挥油气产业的优势带动地方的经济发展，以地方经济发展改善油气田公司环境状况。政府在环境保护工作中起着主导作用，作用力不应随着市场经济的不断成熟而有所弱化，相反应该日趋增强。无论是加大对循环经济投入，还是推动循环经济发展的产—学—研联合；无论是推进油气

田公司企业的清洁生产，还是动员社会力量广泛参与环保，政府始终具有强有力的行政推动力。在我国，充分发挥政府环境管理主导职能，就需要各级政府充分利用在经济社会生活中所处的强势地位，通过完善环保法律法规体系、科学编制环保规划、制定落实环境政策、倡导全民环保等手段，在环境保护工作中发挥应有的重要影响，促进全社会以更低的资源消耗、更少的环境代价，谋求油气工业与环境的协调发展。

（三）完善企业环境责任的社会监督

作为企业社会责任，一方面有自律机制，另一方面还有他律机制。①发挥消费者协会对企业的商品和服务的生态化进行社会监督，切实保护消费者环境权益的作用；②发挥行业协会在督促本行业的企业履行环境责任的自律作用；③发挥媒体等社会舆论在监督在推动企业履行环境责任方面的作用；④发挥工会组织在维护职工劳动权益，特别是劳动环境权益方面的作用。

在完善环境立法体系的同时，还应加强环境执法和监管的力度，不仅要有法可依，还要做到有法必依、违法必究。在执法过程中应当保持强势，不能采取弱势执法，那样撼动不了根深蒂固的"污染源头"。首先，要不断加强环保监管能力建设。要建立先进的环境监测预警体系，全面反映环境质量状况和趋势，准确预警各类环境突发事件。其次，注重运用市场机制促进环境保护。发挥价格杠杆的作用，建立能够反映污染治理成本的排污价格和收费机制，全面实施城镇污水处理和生活垃圾处理的收费政策，逐步提高工业企业排污收费标准，建立企业保护环境的激励机制和减少污染排放的约束机制。第三，要加大环境保护执法力度，强化法制是治理污染、保护生态最有效的手段，深入开展整治违法排污企业、保障群众健康专项行动，决不允许违法排污的行为长期进行。最后，要落实环境保护责任制和健全社会监管机制。保护环境是加强社会管理和社会公共服务的重要方面，是政府义不容辞的职责。地方政府要对环质量负总责，把环境保护摆上重要议事议程，要建立环境保护目标管理责任制，并将环保目标纳入经济社会发展评价范围和干部政策考核。

二、完善天然气产业生态文明建设的政策制度体系

生态文明建设不仅需要道德力量的推动，也需要建立并完善生态环境保护法规体系。为有效地推进循环型社会建设，必须综合运用多种环境经济政策，促进生态环境保护发展。第一，要充分发挥环境和资源立法在经济和社会生活中的约束作用。第二，要建立综合决策制度，用政府的权威保证生态环境免遭破坏。第三，要适时出台相关政策，用宏观调控手段引导生态建设的积极性。

（一）进一步完善生态文明的制度建设

生态意识文明作为生态行为文明实现的上限和一种思想导向，它可以支配以及引领生态行为文明；生态制度文明体现的是制度本身的约束力，它可以作为框架底线监督生态行为文明的发展；而生态文明建设的最终执行还需要落实在生态意识文明的提高以及生态制度文明的完善上。

提高环保意识，落实环保责任制。①多方式、多渠道提高环保意识。组织定期环保技术与管理知识培训，强化环保意识；开展环保主题实践活动，加深环保意识；实施环保技术创新，提高环保意识；结合单位社区家庭，渗透环保意识。真正实现"环保优先"，努力让环境保护和企业并肩而立，使环保管理从重点管理转变为全面受控，由专业管理转变为全员参与。②全过程、全方位落实环保责任制。完善基层单位环境保护政绩考核体系、落实环保第一责任人制度、实行环境保护一票否决制，把环境保护目标、任务、措施和重点工程项目层层分解，做到责任到位、措施到位、投资到位、监管到位。

强力推进生态文明制度建设。生态制度文明对生产方式的限制体现在，以法制规范为基础，在对一般生产活动进行评估之后分别采取鼓励、引导和强制手段。生态制度文明对于生产方式的限制，以生态立法为基础，更多的是依靠执法。生态文明建设不仅需要道德力量的推动，也需要政府和权力机关出台必要的政策、制定相关的制度性政策(环境保护税收制度、环境污染收费制度、污染防止奖励制度等)和法律法规来进行硬约束，使生态文明建设法律化、制度化。

建立减排工作信息体系；提出环境全成本核算的环保投入机制；确定环境业绩评估(EPE)的减排工作考核方法。这些政策应包括：引导生态型项目开发的扶持性政策，防止和遏制破坏性经营的刚性能约束政策，旨在快速恢复生态植被的资源补偿性政策，以及旨在为生态文明建设提供智力支持的科技投入政策。

(二)加强生态环境风险识别与管控

环境风险识别与控制。①在"十二五"基础上，继续控制天然气生产现场的环境风险识别与评价，落实到基层每个井站、每个产污节点，绘制井站周边、站内环境风险识别图册，形成"一站一册一卡一表"的"四个一"环境风险控制系统。②环境风险实行分级管理，分别从环境风险类别、危害严重程度方面进行评估，各基层单位建立环境因素台账、油气田公司建立重要环境因素台账。③通过识别、评价，建立起"减少、转移、避免环境风险"的防控措施及应急处置方案，不定期开展环境应急演练，不断完善油气田公司突发环境事件应急预案。

环境监测与环境保护信息化。①环境监测。完善环境监测仪器设备配置。落实环境监测制度，开展环境监测规范性评价，建立污染物达标排放与总量控制监测预警机制。大力提升环境监测的技术服务能力。②环境保护信息化。按照国家和油气田公司有关环境统计与环境信息管理规定、相关污染物排放标准控制项目、排污许可证和总量减排核算要求，建立健全水污染物、大气污染物(特别是

VOCs)、固体废物、温室气体排放,以及危险化学品释放与转移等统计与信息管理方法。

(三)构建生态化的市场制度体系

生态恶化问题归根结底是资源和生态环境之间的矛盾,从而要想建设良好的生态文明制度,必须改变资源的利用形式,提高资源的利用效率。提高市场在资源配置中的效率,降低市场的交易成本,加快生态产权制度建设;进一步加强生态税费制度建设。

1. 建立环境恢复保证金和矿区恢复基金制度

环境恢复保证金制度被视为矿区生态环境保护的一个重要组成部分,在发达国家普遍应用。通过保证金制度刺激矿业公司主动实现环境保护义务。如矿业公司对开采的矿区不治理,则政府可动用保证金叫其他的工程部门来实施复垦。如矿产公司不交保证金,也不实施矿区的复垦工作,矿产主管部门可终止其开采,这将会给油气田公司造成很大的经济损失。矿山环境恢复保证金用作采矿权人对矿山环境恢复承诺的抵押。

我国在矿区环境恢复中,应借鉴这些有益的做法,积极推进矿区环境恢复保证金和矿区环境恢复基金制度建设,健全矿区环境恢复补偿机制。

2. 对天然气利用产业的环境效应进行补贴

鉴于天然气利用在减少污染物排放、改善城市环境质量方面的显著效应,地方政府在生态环境保护和大气环境治理专项资金、国债资金、煤炭可持续发展资金等资金的使用上,对天然气支线管道建设项目,城市天然气利用管网建设工程、出租车和公交车的燃气改造项目,以及工业、服务业等领域因利用天然气减排效益明显的项目进行倾斜支持。同时积极支持利用天然气、减排效益明显的工业项目申请清洁发展机制(CDM)项目支持。

3. 加大对环境污染的处罚和治理力度,促进天然气替煤代油

根据《中华人民共和国大气污染防治法》的相关规定,严格控制省会城市、重点城市、旅游城市的大气排放和燃煤量大、污染严重的工业企业的废气、废渣排放标准。提高排污费收取标准,用以补贴燃煤或燃油设施、设备的燃气改造,以经济手段强制性推动天然气替代燃油和煤炭。

出台对天然气汽车产业各个环节的支持政策。对天然气汽车,包括压缩天然气(CNG)汽车和液化天然气(LNG)汽车在各个环节上予以支持。①加气站建站征用土地享受城市公用设施用地优惠,加气站建设投资方向调节税实行零税率,竣工投产后3年内所得税先征后返,并在其他税费的征收方面视同政府重点支持的环保产业予以优惠;②鼓励生产和改装天然气汽车,省财政适当安排专项资金支持天然气汽车的产品研发,天然气汽车生产或改装企业享受开发新产品和高新技术成果转化的优惠政策;③通过节能减排专项资金对天然气汽车改装费实行补贴;④鼓励使用天然气汽车,特别是在公交、出租汽车和城际客、货运输车,凡使用新生产或改装的天然气汽车,按节能型交通工具实施补助。

4. 对旧城区天然气利用改造和替代进行补贴

城市天然气利用及天然气转换与替代是经济发展、社会进步、环境保护的需要,是一种社会行为,同时也是政府行为。通过立法或发布政府令来推动城市天然气利用工程发展,大中城市市区实行限油、禁煤,推行燃气供应管道化,推进管道煤气及LPG向天然气的转换与替代。新建城市新区和商业住宅,必须同步配套建设燃气庭院及户内管道设施;城市老区的燃气利用改造和入户管道建设费用,采取费用分摊(政府拨款+企业补助+用户出资)、减免有关税收(一定年限内)等补贴和优惠政策;对原管道煤气和LPG的居民用户

转换使用天然气更换灶具和热水器的费用实行全额或定额补贴，所需费用由当地政府财政资金支出。

(四)天然气管网政策

在市场经济条件下，一方面要努力完善激励政策，充分发挥市场机制的作用；另一方面，在存在较大负外部性的地方，需要充分发挥政府社会性规制政策的作用。天然气产业具有各环节的相互依赖性和对管网的高度依赖性的特征，管网是其上游企业通往终端市场的桥梁。并且，管网系统又是投资巨大的基础设施，具有规模、范围和环境经济性。所以，管网系统属于自然垄断领域，且具有公共服务性质。因此，为了防止滥用市场优势地位向的发生，应按照以下原则处理天然气上中下游产业链中竞争领域和自然垄断领域之间的关系，即放开非自然垄断的上游环节以及终端市场，而在管网自然垄断环节授予经营者垄断权，同时通过专门的监管机构公平、公开、独立地进行监管。

1. 尽快建立和完善相关社会性规制政策

在管网自然垄断领域，应充分发挥政府规制的作用，尽快建立和完善相关社会性规制政策。主要包括：

(1)建立管网公开准入机制。通过完善管网专营许可证制度，允许任何有资质经营天然气业务的企业与管网经营者签订运输合同。并且规定，只要输配系统有闲置的运输能力，就应允许公平地进入管网，并在合同约定的任何收(交)货点提交(提取)天然气商品。在主干管线或管网内，所有气源接入点及终端市场连接点之间都应互连互通，不应存在天然气商品流通的任何障碍。

(2)制定第三方准入的强制性规定。为防止获得自然垄断领域垄断经营权的企业滥用市场优势地位，在授予管网经营公司垄断经营权的同时，要求其执行第三方准入的强制性规定。即只要输配系统有闲置的运输能力，运输管网经营者就必须向任何有要求的天然气供应商或用户提供运输服务，在公平费率基础上提供无歧视准入。

（3）制定对天然气长输管线运输费率的管制政策。

2. 充分发挥市场机制配置资源的基础性作用

在天然气资源开发和终端消费领域，应充分发挥市场机制配置资源的基础性作用。要按照社会主义市场经济的要求，坚持以市场为导向，鼓励市场竞争，完善公平的市场准入制度和相关政策，鼓励多种经济成分进入天然气产业，积极推动天然气产业的市场化改革，促进我国天然气产业链各环节的市场主体协调共同发展。同时，对市场进入与退出进行严格审批；成立天然气产业的独立监管机构，并明确监管职能、监管对象以及监管内容等，以尽快促进统一、开放、竞争、有序的天然气市场的形成。

（五）加快完善天然气价格政策

天然气作为一种优质、高效、清洁能源，在有效替代煤炭和石油、保障国家能源安全、实现绿色发展等方面具有十分重要的作用。为此，应以天然气价格改革为重点，加快形成有利于天然气产业快速发展和合理利用的政策体系。加快形成天然气价格机制，综合考虑资源状况、市场供需、生产成本、生态环境等因素，统筹设计，分步实施，使国内天然气价格逐步形成与国际天然气价格和可替代能源价格合理的比价关系。①完善井口价定价机制。天然气井口价应该由政府定价逐渐向市场定价方向转变，并完善天然气价格与可替代能源价格的联动机制，使天然气价格能够反映市场供求和资源禀赋，充分发挥市场机制对资源配置的基础性作用。②按管网整体收益水平确定供气价格。随着全国性主干线管网和支干线管网的建设，多管线联网的供气局面正逐渐形成。因此，应该以管网整体收益为基础，确定主干线管输价格；支线管输价格可根据供需情况和用户的承受能力协商确定。③实行引导和鼓励天然气消费的定价机制。不同的天然气用户在消费上存在着很大的不均衡性，从而会导致天然气设施不能得到充分利用，增加供气成本。为了降低成本和引导合理用气，应根据用户的消费特点灵活调节气价，即：稳定用气越多，价格越低；用气高峰价格上浮，低谷时价格下调，以此鼓励均衡用气用户和低谷用气用户，缓解供气紧张的局面并提高供气设备利用率。④建立天然气期货市场。国际天然气市场已经形成现货市场与期货市场两个相互联系的完整体系。我国的天然气市场正处于快速发展时期，在积极发展现货市场的同时，应该适度引入部分期货产品并逐步建立天然气期货市场，借助期货合约来规避现货市场中的价格风险，保障天然气市场中生产者和消费者的利益。同时，要理顺天然气和其他能源产品的相对价格，引导包括油气田公司在内的各类企业优化能源消费结构，建立有利于资源节约和环境友好的、反映市场供求状况和资源稀缺程度的资源价格形成机制，更大程度地发挥价格机制在发展天然气产业方面的基础性作用，提高资源配置效率。

（六）加强生态文明制度建设的国际合作

随着各种生态问题的不断突显，人们逐渐认识到要保证生态文明建设的有效进行需要加强国际合作。首先，从合作主体来看，虽然政府的主导作用非常重要，但其绝不是生态保护的唯一力量，要在立法、政策以及资金等方面加强国际合作。生态的公共物品特征决定了要实现生态的全面治理的目标仅仅依靠政府的力量是很难实现的，因为对生态产品的生产离不开多个主体的相互合作，特别是关于生态问题的跨国界合作，不仅需要政府的制度保障，同时也需要那些参与广泛且敏感度低的非政府组织和企业的积极参与，它们可以在提供技术、知识和非官僚主义的工作方法方面，弥补官方机构力量的不足。非政府组织与政府组织或政府的合作在生态保护领域做出了重要贡献，占有与过去相比更居中的地位。

三、健全和完善天然气产业生态补偿机制

(一)进一步完善生态补偿的收费制度,加大生态补偿的财政支持

1. 逐步扩大排污收费的范围

提高排污收费标准,加大收缴力度,加强对有关部门行政不作为的监督。积极探索生态补偿收费的实践,制定严格的征收标准,实行收支两条线管理,征收的生态补偿费应该专款专用,用于生态恢复和补偿。积极探索建立生态破坏保证金(或抵押金制度),实施费改税的政策改革,建立基于市场经济背景下的激励与约束机制。

2. 建立风险共担、利益共享的资源开发新机制

①适当提高石油天然气开发的生态补偿费标准,将资源税由从量计征调整为计价计征,并可以考虑征收"生态税"或"生态补偿税"。②尽快形成市场决定资源性产品的价格机制。同时,在资源开发中照顾当地群众利益,尽快建立资源开采企业对开采地环境破坏补偿机制。③调高中央财政转移支付直接用于生态保护的比例,加大对限制开发、禁止开发区域的支付力度,既要注重数量补偿,也要注重质量补偿。④对资源、能源征收生态补偿费,让资源地因为资源开发所付出的生态环境代价,在输出的资源和能源价格中有所体现。同时,设立生态补偿专项基金,逐步构建以政府财政为主导,社会捐助、市场运作为辅助的生态补偿基金来源。⑤修改相关法律法规,建立统一、协调、完善的自然资源生态利益补偿制度,规范各级政府的行政行为,树立"资源有价,环境有价"的观念。⑥推动资源型城市战略转型,解决资源城市在发展中遇到的产业结构性矛盾和资源枯竭凸现等问题,探索自力补偿方式。⑦改革干部任用

及考核制度，弱化 GDP 对重点生态功能区干部考核的影响。

3. 深入研究生态补偿标准，抓紧开展生态补偿试点

国家在开发油气资源的同时，要充分重视和保障资源。应进一步加强有关部门之间的协调，积极争取国家财政对生态补偿机制政策理论研究和试点的专项财政支持。抓紧在油气开发领域开展生态补偿试点，细化规定、树立典型、积累经验，力求进一步推广，为全国范围内的油气开发生态补偿打好基础，做好资源地生态环境保护工作，促进当地经济健康有序发展。

(二) 完善 ISO14000 等相关绿色认证和绿色审计的实施

相关绿色认证标准的出现适应了我国企业防止污染、降耗增效的迫切需求，使企业在进入国际绿色市场时面临同样的机会和挑战。同时也可以督促企业在主动向相关绿色认证标准靠拢的同时，不断提升自身环境管理的水平，塑造绿色形象，提升品牌价值。因此，不论是在华跨国公司还是我国本土企业，都可以按照 ISO14000 等相关绿色认证标准建立企业环境管理体系，以环境友好的方式组织生产经营活动，促进绿色战略的施行。

绿色审计又被称为环境审计，已经逐渐成为绿色经济管理体系的重要组成部分。绿色审计是环境管理的一项重要的工具，是对与环境有关的各组织、管理行为和设备进行的系统、客观、具有权威性的评价。在全球生态环境破坏日益严重、自然资源短缺的现状下，绿色审计有意将资源和环境纳入核算监督的范畴内，在一定程度上弥补了传统会计核算的缺失。

企业实施主动实施绿色审计，不仅有助于确认企业已遵守相关环境政策法规，还能够确保企业受托环境责任得到公允、合法和具备良好效益的履行，并通过定期发布绿色报告，向外界宣布企业绿色环境信息，进一步先动优势。

第六节　加快天然气金融市场发展，降低天然气业务投融资风险

一、突出政府金融管理主导地位，完善天然气财税金融政策

（一）政府、行业、企业三方主体各司其职

天然气、石油行业的发展关系国计民生，属于国家能源安全的范畴。伴随着天然气在我国国民经济重要性的凸显，天然气金融管理需要由公正、公开的信息支持，在出现市场失灵时，政府可以利用"有形的手"协调市场运行。在这一过程中，政府、行业、企业三方主体各司其职。政府承担天然气金融管理责任，具体包括：制定天然气金融发展规划、完善相关法律法规、拟定行业发展政策、监督行业行为等；企业与行业是政府进行天然气金融管理的基础，为政府制定政策与日常管理提供决策依据，完善天然气金融发现价格、制定价格、指导投资的机制。

（二）完善天然气财税金融和科技融资政策

加大对海外资源开发的金融政策支持力度，增强企业竞争力。健全和完善常规天然气财税金融政策。实施优惠的财税金融投资政策，专业的天然气法规，推进资源税的改革，加大对天然气产业的政策倾斜，推动高难度的开采气田的财税政策，对老气田进行财税优惠政策。调整天然气特别收益金征收办法，提高起征点，降低征收率。建立非常规天然气的金融扶持政策，建立专门的非常规天然气勘探开发的研究基金。营造科技投融资环境，优化天然气产业科技金融投资环境与服务，建立天然气高新技术企业综合评估的工作机制，培育天然气高新技术产权交易市场，建立科技金融工作联系

制度。

二、适时建立天然气期货市场，发挥天然气交易中心的价格发现职能

（一）深化天然气价格的市场化制度改革，从根本上打破阻止能源流动的藩篱

通过天然气金融工具，在市场化的条件下，建立起天然气需求与供给间的协调机制。基于天然气金融工具的发展、天然气热值计价方式的改革，天然气交易中心的建立是多项能源基础改革后的必然结果。价格成为天然气资源配置的核心要素，同时天然气交易中心的成立为未来天然气市场化的发展提供了清晰的路径，即：现货交易—期货交易—地区联动—国家级交易中心。这将在根本上改变长期以来天然气定价机制所存在的问题，实现不同能源之间的价格联动，调节不同能源的供给与需求，最终实现资源间的合理配置。

（二）适时建立天然气期货市场，形成价格发现与套期保值机制

天然气现货交易和期货交易是天然气交易方式的重要组成部分，天然气现货市场和期货市场的建立、形成和发展对于推动天然气工业和天然气市场的健康有序发展具有重要作用。因此，随着我国天然气市场变革的深入，在传统的天然气交易模式的基础上，应该开展天然气现货交易与期货交易，其中期货交易必须建立在现货交易的基础之上，并以天然气产业与天然气市场的发展为前提。建立天然气交易市场，推行现货交易，在条件成熟时建立期货交易，建立天然气交易市场有助于我国在国际市场上获得天然气价格话语权。

进一步推进天然气热值计价，为天然气交易的实施奠定基础。天然气金融的本质是利用金融市场的资金流通属性，与天然气实物结合，从而达到天然气价格发现，促进天然气投资与天然气市场发

展的目的。

三、推进天然气产融结合多样化，助推常规与非常规天然气开发

（一）提高产融、融融发展的广度和深度

发挥天然气金融市场对天然气投资的基础性作用。具体包括：借鉴传统项目融资模式如：自有资金融资、支付融资、杠杆融资、BOT融资、ABS融资以及PPP融资模式。以产出天然气销售的收益权作为担保，通过产权的转移为天然气勘探、开发、生产融资。按照市场化、特色化、产融结合的发展方向，持续优化管控模式，实现金融企业专业化经营、市场化运作和协同式发展，打造具有核心竞争力和持续发展能力的天然气金融，将金融业务培育成为油气田公司新的利润增长点。

坚持股权多元化，引入战略投资者，不断优化法人治理结构，促进金融企业跨越式发展。着眼内部协同化，大力支持油气主业发展，提高产融、融融发展的广度和深度，实现金融资源价值最大化。

大力推进商信通、票据贴现试点等业务开展，积极推行股份公司存货占用销售外采资金差别化负息资金政策，充分利用循环委贷、签订法透协议等金融手段，有效缓解油气田公司资金备付和有息债务压力。

（二）产融结合，助推常规与非常规天然气开发

金融支持业务坚持产融结合、以融促产，完善结算和融资平台功能，在境内外资金集中管理、对外融资、合资合作、保险管理等方面积极助力主业发展，以融促产的能力进一步提升，在巩固资金结算通道、提供低成本信贷、推动合资合作等方面发挥重要作用。金融支持要严控风险、规范管理，采取市场化运作手段，为油气主

业发展提供低成本筹融资服务。

加强布局优化，在布局上继续向"一带一路"地区倾斜，推进工程技术服务、装备走出去，做强做优海外油气投资业务和国际贸易，加快上游合作和配套服务"走出去"，把能源合作打造成为"一带一路"倡议的重要支点，积极参与推动油气天然气金融衍生品发展和全球能源治理变革，打造海外油气业务"升级版"。继续加强对符合公司战略方向的大中型项目的跟踪研究和准备工作，适时开展并购，实现海外业务发展的新跨越；并购优质企业需要形成统一、先进和同行认可的标准体系，打造国际化的团队和国际化的文化。

四、加强交易规则与风险管控，发挥市场交易规则促进油气田公司市场化运营

（一）做好金融业务风险管理

以产业发展为基础，遵循产融有机结合的金融业务发展定位和金融行业自身特点，从做好金融产品的风险管理入手，建立完善的符合金融行业监管要求的内控与风险管理体系，规范业务操作，进一步建立长效运行保障机制，从规范化、标准化以及优化、监督、考核与奖惩等方面改进金融风险管理，确保体系持续有效。同时，开展金融业务风险管理报告工作，通过对金融业务风险评估工作的总结，形成金融业务风险评估方法，进一步推进对金融衍生品业务的管理工作。

建立天然气投资预警机制，强化投资过程中的风险管理。正是由于天然气开发项目存在工艺复杂、投资额大、生产成本高的问题，必须在天然气投资过程中建立投资预警机制。

加快培养精良的天然气金融人才。探索人事薪酬市场化，试行职业经理人制度，推行高效激励约束机制，打造一支高端精干的金融人才队伍。从而为油气企业能够引进先进的天然气金融人才给予

强有力的政策保障，这样有利于我国油气企业引进优秀的天然气金融人才。

(二)完善内部市场交易规则

完善区域市场协调制度，进一步完善关联交易制度，严格市场准入的资质认证和管理，制定内部市场交易规则。根据油气田公司整体战略的要求，围绕集团整体利益最大化的目标，制定内部市场交易规则，包括交易程序、交易方法、交易计价、交易限制和交易保护等制度，以及分类分层次的标准合同或订单。

建立健全以定额和市场价格为基础的内部市场价格体系。组织专家对油气产能建设投资进行成本写实，新安全环境保护法下的生产要素成本变化，油气技术服务按成本进行细化，油气田公司地面工程建设、管道工程建设等项目进行写实，油气田公司层面制定统一的定额标准。并以此作为油气田公司投资预算、内部市场服务的测算依据，禁止无底价招标。

完善内部结算体系。实现核算内容由部分成本核算变为完全成本核算，促使各利润中心成为"经营实体"；核算方式由统计核算变为会计核算，核算结果日清日结，形成完整的内部核算体系。

五、创新国际合作方式，开创天然气金融模式

(一)创新国际合作方式，加强与各类国际能源公司的合作

与金融服务结合，增强实施"走出去"战略过程中的融资能力和资金管理水平。综合考虑效益与现金流平衡，走产业资本和金融资本相结合的道路，与国家开发银行以及其他大型国有商业银行合作。探索工程换天然气、技术换天然气、市场换天然气等多种方式的合作。

参与国际天然气价格运作，加快推进天然气贸易人民币结算。

参与国际天然气价格运作，构建公司全球贸易网络，增强国际天然气市场话语权和影响力。积极开展国际天然气贸易，进出口和转口贸易相结合，在全球范围内优化资源配置，保障国内市场供应。大力推动银企合作，增强海外投资的资金保障能力。积极推动天然气交易货币多元化进程，加快推进天然气贸易人民币结算。

（二）运用"互联网＋金融"，加大天然气市场开拓

创新发展思路，运用互联网思维加大市场开拓、渠道建设和产品创新，提高发展力度。促进风控科学化，形成金融业务与油气主业之间的风险隔离机制，完善风险管理制度体系，确保金融业务健康发展。

实现信息平台化，搭建金融数据平台，推进大数据和客户资源共享，打造统一网上金融营销平台，实现天然气金融信息互联互通。

六、建立页岩气开发的财税金融体系

（一）建立页岩气开发投融资和财税政策体系

1. 页岩气开发的配套财税政策

页岩气开发已纳入国家战略性新兴产业，应加大对页岩气勘探开发等的财政扶持力度。通过财政政策等手段，支持企业利用先进适用技术改造传统产业和实施高新技术产业化项目；通过政府采购，加强对企业开发高新技术产品的引导和鼓励，培育技术创新产品市场；进一步鼓励企业增加研究开发投入，促使企业提高研究开发投入占销售收入的比重。

对国家支持发展的页岩气重大技术装备和产品确有必要进口的关键部件及原材料，免征进口关税和进口环节增值税。页岩气勘探开发等鼓励类项目中进口的国内不能生产的自用设备（包括随设备进

口的技术），按现行有关规定免征关税。加大出口退税的力度，简化页岩气企业报关、退税的相关程序。

实施页岩气产业技术研发补助金与委托费。如页岩气产业重要技术研究开发委托费和补助金，技术改造费补助金，下一代页岩气产业技术研究开发委托费。对为进行页岩气产业技术研究开发的企业或项目提供低息或无息融资的优惠。

2. 加强金融支持，建立和完善风险投资机制

鼓励企业发展符合《页岩气产业技术路线图》的产业技术，引导企业通过产业技术的研究开发增强核心竞争力。规范发展创业板股票市场，建立多层次资本体系，为创业投资提供多种退出渠道。对风险投资公司进行宏观管理和引导，制定有关风险投资公司成立、投资运营以及风险转移方面的政策法规；拓宽风险投资公司的融资渠道；建立页岩气创业板市场，为风险投资建立良好的市场进退出机制。

3. 引导社会投资，多渠道增加对技术创新的投资

大力支持页岩气产业技术企业在证券市场融资，改变行政审批项目制度，建立市场准入条件的评价体系，由企业自主决策融资条件与方式，拓宽融资渠道，吸收社会资本，加大对民间研究开发的扶植，引导社会投资，多渠道增加对页岩气产业技术创新的投资。

建立和发展以高新技术改造传统产业为宗旨的社会产业投资基金，建设风险投资机制，发展社会风险投资机构，重视培养风险投资管理营运人才，逐步建成以社会资本为主体的风险投资体系与风险投资基金，形成风险投资的多元投入结构。对国内外风险投资机构向页岩气产业技术进行风险投资实施鼓励政策，支持页岩气产业技术在证券市场融资，促进中小型科技企业的发展。

加大信贷支持力度，支持页岩气企业加强技术改造，支持企业进行重大产业关键技术、共性技术的研发。继续扩大国家政策性银

行的优惠贷款,加大对国家重点页岩气技术创新工程的资金支持力度。增加中小企业获取页岩气技术发展信贷的额度,改善对中小企业技术创新的金融服务。

4. 建立页岩气共性技术风险投资基金

技术研发是一种风险行为,一旦发生风险,有关企业将蒙受较大的损失。建立风险投资基金,将使投资主体多元化,有利于分散创新风险,从而建立利益均沾、风险共担的发展共同体。建立研发平台与政府管理部门联合设立产学研合作专项基金,用于资助创新联盟建立中试和产业化基地,加快技术成果商品化进程。

根据基础资料的公益性特点,由政府出面建立"页岩气开发风险基金",资助深入进行页岩气资源调查评估工作,摸清区域资源情况,积累详细地质数据和资料,建立区域页岩气地质资源数据库,降低和分散企业开发成本和风险,为规模开发、技术创新提供基础条件。

(二)倡导和推动页岩气保险体系建设

川渝保险与天然气产业融助产发展的基础相对薄弱,两产业融合过程中的产业链条相对缺失。为促进两产业之间的融合有必要加强两产业融助产发展的基础,这需要有高效的市场环境和政府倡导和推动。

1. 加强页岩气开发保险中政府责任的实现

正确处理好相关关系,建立页岩气开发保险的三方管理协调机制。处理好页岩气开发保险市场行为主体的关系,关键是政府、页岩气开发企业和保险公司的关系协调。

处理好地方政府和页岩气开发企业的关系。按照"十八大"对地方政府和企业的要求,政府要及时调整政策,推动和促进页岩气开发企业和保险公司的发展。页岩气开发企业要研究政策、利用政策。各级领导要转变观念，增强自身的风险意识，提高对页岩气开发保险重要性的认识，善于总结工程事故因保险缺失带来的教训，克服侥幸心理，采取强制措施，运用保险等工具防范和转移的各项风险，确保工程风险得以化解，风险损失得以转移和补偿，实现可持续发展。

处理好页岩气开发企业和保险公司的关系。页岩气开发企业要按照有关法律法规，根据实际需要选择保险，积极主动地到保险公司投保，也要根据页岩气开发企业的实力、管理水平、效益、资信状况等因素来确定投保，并积极参与页岩气开发企业的风险管理。同时，页岩气开发企业正确理解保险与安全防范之间的关系，妥善处理保费与成本控制之间的矛盾，重点解决投保与保险管理之间的差距。由于页岩气开发具有高度风险性，保险行业应该加强与页岩气开发企业的沟通协调，增进页岩气开发与保险重要性的共识，争取获得投资支持，扩大合作领域。保险公司要大力开发有针对性的保险产品，有效满足页岩气开发保险的需求，才能获得页岩气开发企业的支持，提高保险公司的竞争力。

处理好政府和保险公司之间的关系。在市场经济环境下，政府应严格执行《行政许可法》，向理性和服务型政府靠拢，保险监管部门应加大对保险机构的监管力度，促进和保护真正有竞争力的保险公司健康发展。

加强地方政府和省保监会职能，促进保险公司与页岩气开发商签订战略合作框架协议，积极提高投保率。较高的投保率是页岩气开发保险体系运营的关键因素。因此，为提高页岩气开发保险的投保率，政府要加大对页岩气开发风险及保险重要性的宣传，介绍页岩气开发中对生态环境可能造成的危害及运用保险规避风险的重要性，强化页岩气开发地公众的风险和保险意识。同时，政府应出台政策进行引导，如政府明文规定已投保页岩气开发保险的单位和个人，在页岩气开发中发生重大灾害时，将优先得到政府的救济及社会捐款，以激励页岩气开发商和投资商投保，提高页岩气开发保险的投保率。

2. 政府出台并落实页岩气开发保险的相关监管政策

健全页岩气产业发展扶持与监管政策。虽然页岩气被列为独立矿种，在政策宣传方面提及的次数增多，并且川渝政府已经出台关于页岩气发展规划"十三五"规划和财政补贴政策。因此，要采取更加务实的态度，制订科学的发展路线和目标，出台更加明确和实在的支持政策。政府需要完善以天然气价格为主导的政策法规体系，根据气价变化调整页岩气生产和投资决策，规避天然气价格风险，降低页岩气开发效益风险和信誉风险。

发展页岩气产业对地方经济社会有重大益处。主要体现在三个方面，①因为鼓励页岩气就近开发、就近利用，对于缓解当地能源供应紧张、保障民生意义重大；②随着页岩气产业的兴起与发展，增加了一个新的税源，有利于地方政府创税创收；③缓解当地能源紧张，推动工业发展，尤其是对利于需要天然气作为投入原料的工业企业发展，促进经济增长，增加就业。因此地方政府应充分发挥积极性，施行财税支持政策，以促进页岩气产业又好又快发展。

地方政府要加强页岩气的合作性开发，增加地方收入。地方政府应积极地与资金实力、技术实力雄厚的开发企业展开合作，共同出资在本地注册组建页岩气开发公司，不仅有利于将税源留在地方，而且有利于增加当地就业，推动地方经济发展。油气田公司应鼓励社会资本投入页岩气开发，适度减免页岩气探矿权和采矿权使用费，对页岩气开采企业增值税实行先征后退政策，企业所得税实行优惠，对页岩气开发关键设备免征进口环节增值税和关税，在一定时期内对页岩气开采给予持续定额补贴，对关键技术研发和推广应用给予优惠等，实现政府切实引导和推动页岩气产业健康发展。

健全页岩气开发保险的政策法规，推进有关制度建设。为页岩气开发保险的健康有序发展提供有效的制度保障，如改革造价管理体制，页岩气开发保险监管制度、财会管理应对保险费列支作明确规定、完善工程施工合同示范文本有关保险的条款、制定与设计、监理、施工合同范本相对应的保险合同范本、给予一定的财税政策支持等。

建立并完善页岩气监管体制。页岩气产业监管力度不够，是当前中国页岩气产业发展的最大障碍。明确政府各有关部门的监管职责，完善立法和制定有关政策，严格页岩气开发企业的技术、资金、管理和人才准入标准，加强对页岩气开发项目核准、价格、质量、安全、环保、信息、标准和公共利益等方面的宏观调控和管理。政府应尽快建立相关的页岩气产业监管标准，加大市场监管力度，完善环境监管。页岩气市场监督方面，价格市场化、管道公平准入、不同主体平等竞争是监管重点，政府应切实保证页岩气出厂价格市场化，加大对页岩气管道及其相关设施建设的投资，鼓励多元投资主体进入。

促进页岩气开发企业加强环保工作。根据四川盆地页岩气储层较复杂的实际情况，根据国内实际情况，加强页岩气国际合作，引进国外先进技术与管理经验，政府引导页岩气开发企业建立环境监控体系：一是制定页岩气行业的环保标准；二是尽早考虑水资源论证工作；三是重视页岩气开发的累积环境影响；四是充分利用丛式井、分支井、多底井等工艺，发挥定向钻井的优势；五是做好页岩气开发过程中的环境管理工作，做好页岩气开发钻井、完井、压裂到生产和集输过程的甲烷等温室气体散逸性排放的全过程管理，降低温室效应。

页岩气开发企业自身要加强建设队伍的资质审查、严格准入制度，强化作业中的安全生产监管，确保安全生产；秉承绿色、安全、环保理念，严格执行国家法规，加强施工队伍管理，实现全过程监督，通过钻井废弃物重复利用与无害化处理、压裂返排液回收处理再利用、放空天然气回收等措施，降低水资源消耗，达到零排放、零污染，实现页岩气绿色开发；建立交叉作业、废弃物达标排放等安全环保标准，确保页岩气规模有效开发和安全清洁生产。

3. 建立政府与商业保险的合作与风险共担机制

深化页岩气开发利用体制和机制改革。借鉴煤层气矿业权管理经验，页岩气矿业权可单独设立，应允许具备资质的地方企业、民营资本等，通过合资合作、股份制、混合所有制等多种方式参与页岩气的开发，也可独立投资。政府应协调中国石油与其他开发主体的合作关系，保证公平输送页岩气并外运到终端用户。

实现页岩气大发展需要创新投融资体制、机制。我国发展页岩气投融资创新是页岩气革命的关键，必须创新页岩气投融资体制、机制，不断推进混合所有制走向深入。在这方面中国石油和中国石化都已经进行了相应的实践，如中国石油在长宁区块成立了四川长宁天然气开发有限责任公司，中国石化在重庆成立了重庆页岩气勘探开发有限责任公司，均为混合所有制公司。

政府鼓励各种民营企业以及资源所在地国有企业、外资企业等参与，通过独资、合资、参股、合作、联合竞标等多种方式积极参与到页岩气开发的上中下游环节。地方国有企业可发挥其在拆迁、修路、天然气就近利用的天然优势。民营企业则凭借其灵活体制和市场竞争的高度敏锐，在服务、装备、资本运作方面成为主力。

建立健全页岩气开发退出机制。我国现有常规油气开发的矿权退出机制存在实际执行不到位等，为了吸取教训，需要尽快建立专门的页岩气矿权管理制度。强化油气区块依法退出机制，通过设立具体的考核指标来引导市场主体的开发投入，规避矿权倒卖投资行为。

实行市场公开竞价有偿取得的矿权管理制度。页岩气上游勘探开发鼓励投资主体多元化，引导非油气企业及民营企业参与页岩气探矿权竞标。同时，考虑物价及通货膨胀等因素，适度提高探矿权和采矿权的收费标准与最低勘探开发投入的标准，保障页岩气勘探开发投入强度。积极适应规范矿权转让市场及完善流转机制，发挥政府开发性金融对页岩气开发的作用，建立以融助产的风险管控模式。

促进风险投资和中小企业进入页岩气开发。放开天然气价格管制，促进风险投资和中小企业进入非常规油气开采领域，在竞争中形成价格，通过价格机制调节资本流向。

放宽页岩气开发的市场准入，推进页岩气开发主体多元化。页岩气开发是战略性新兴产业，其专业分工要求高，创新驱动性强，比较适合采用多元竞争和分工协作的开采模式。应加强页岩气开发管理，创造开放的竞争环境，推进页岩气勘探和开发投资主体的多元化，鼓励中小企业和民营资本的参与。同时，要支持专业服务和技术类公司的发展，构建高度社会化的专业分工体系。

4. 政府主导的商业保险模式研究与试点探索

强化页岩气开发保险的理论研究。加强对页岩气开发保险论的跟踪研究，为保险行业政策的制定奠定坚实基础。我国已规划了长宁、威远、昭通、富顺—永川、鄂西渝东、川西—阆中、川东北、安顺—凯里等页岩气开发项目。现阶段川渝保险行业应持续跟踪页岩气行业的发展趋势，探索形成页岩气开发保险产品的评价筛选标准、体系和政策。

关注页岩气产业的保险业务市场机会。中国石油、中国石化等企业正以更加开放的姿态加大与社会资本在页岩气、油气管道等方面的合资合作，未来国内页岩气商品储量资产交易将较为活跃，保险产品也随之发展。

推进页岩气开发保险试点工作，培育保险市场。页岩气开发风险相对集中，目前页岩气开发企业大都只重视事前风险防范，应建立风险分散机制，充分利用页岩气开发保险转移工程风险，可选择四川长宁页岩气公司进行页岩气开发保险试点。保险公司应"量体裁衣"，改变"重承保，轻服务"的经营理念，为页岩气开发企业提供专业的风险管理技术服务，通过提升保险公司服务水平，获得良好的市场占有率。

5. 强化融助产双方页岩气开发保险专业人才培养

加强页岩气开发保险专业人才的引进与培养。我国还没有真正意义上的页岩气开发保险产品，这就需要加强对页岩气开发保险专业人才的引进与培养。一方面，保险公司要加强对页岩气开发保险精算、会计、风险管理、油气工程地质等方面专业人才的培养。另一方面，要转变人才管理观念，充分重视人才，为专业型、复合型、高层次的页岩气开发保险人才提供良好的待遇及工作环境。

吸纳工程人才，培养页岩气开发风险管理专家。页岩气开发保险对人才素质要求较高，要求从事页岩气开发保险的人员既懂得保险知识，又懂得工程与经济、施工技术和项目管理知识，同时具有丰富的实践经验，只有这样才能及时把握页岩气开发工程的动态，对工程面临的风险预控、转移。

建立页岩气开发利用人才培养和学术交流基地。加大人才引进和培养力度，完善科技创新激励及人才培养机制，打造一流的科技人才队伍。强化知识产权布局和成果培育，提高知识专利质量。

主要参考文献

白雪. 2016. 国家级生态文明体制改革综合试验平台设立[N]. 中国经济导报, 2016-09-06(2).

陈华文, 刘康兵. 2004. 经济增长与环境质量: 关于环境库兹涅茨曲线的经验分析[J]. 复旦学报(社会科学版), (2): 94-97.

陈吉宁. 2015. 环保重点要加强对地方政府的监督[N]. 新华每日电讯, 2015-03-02(5).

陈柳钦. 2011. 安全、稳定、经济、清洁的中国现代能源产业体系构建[J]. 武汉科技大学学报(社会科学版), 5: 497-505.

陈柳钦. 创新驱动能源革命[J]. 中国石化, 2013(8): 71.

陈钦萍, 陈忠, 卓懋百. 2015. 科技投入对生态文明建设的贡献分析——基于拓展的C-D生产函数[J]. 林业经济, 12: 97-101.

崔铁宁. 2005. 循环型社会及其规划理论和方法[M]. 北京: 中国环境科学出版社.

崔铁宁. 2017. 生态文明视域下循环发展理论及制度框架研究[J]. 南京林业大学学报, 3: 30-35.

崔铁宁, 朱坦. 2003. 关于建立循环型社会的分析方法和途径的探讨[J]. 环境保护, 6(308): 48-50.

戴彦德, 田智宇. 2017. 全面发挥节能"第一能源"作用, 推动生态文明建设迈上新台阶[J]. 中国能源, 5: 4-6.

丁桂馨. 2017. 中国生态文明建设的路径选择[J]. 哈尔滨工业大学学报(社会科学版), 3: 112-115.

董扣艳, 黄娟. 2017. "四个全面"战略布局下中国生态文明建设的现实困境与基本思路[J]. 中国石油大学学报(社会科学版), 2: 36-40.

高兆明. 2009. 生态保护伦理责任: 一种实践视域的考察[J]. 哲学研究, 3: 107.

郭辉, 肖玲. 2011. 全球化时代的环境正义——发展中国家的视角[J]. 南京林业大学学报, 4: 19.

郭庭政, 段宁. 2012. 资源再生产业特征解析: 基于"结构—行为—绩效"范式的研究[J]. 生态经济, 6: 90-93.

胡勇, 姜子昂, 何春蕾, 等. 2015. 天然气产业科技创新体系研究与实践[M]. 北京: 科学出版社.

黄承梁. 2015. 以"四个全面"战略为指引推动生态文明建设[N]. 中国环境报, 2015-03-12(2).

黄娟. 2016. "四个全面"战略布局下我国生态文明建设思考[J]. 企业经济, 4: 16-21.

霍艳丽, 刘彤. 2011. 生态经济建设: 我国实现绿色发展的路径选择[J]. 企业经济, 10: 63-66.

姜子昂, 冯勐, 张宏. 2015. 关于推动中国天然气能源革命的思考[J]. 天然气工业, 3: 120-124.

姜子昂, 胡奥林, 郭纳鲜. 2010. 中国石油适应我国低碳经济发展的思考[J]. 天然气工业, 6: 44-46.

姜子昂, 肖学兰, 方成栋. 2012. 试论中国天然气产业体系构建与实现途径[J]. 国际石油经济, 6: 28-32.

姜子昂, 肖学兰, 余萌. 2015. 面向绿色发展的中国天然气科学体系构建[J]. 天然气工业, 9: 7-11.

姜子昂，王富平，段言志. 2016. 新形势下中国天然气市场发展态势与应对策略——以川渝地区为例[J]. 天然气工业，4：1-7.

姜子昂，肖学兰，王黎明，等. 2011. 天然气产业低碳发展模式研究[M]. 北京：科学出版社.

蒋佳妮，王文涛，王灿. 2017. 应对气候变化需以生态文明理念构建全球技术合作体系[J]. 中国人口·资源与环境，1：57-64.

吉蕾蕾. 2016. 发改委谈国家生态文明试验：探索生态文明建设有效模式[N]. 经济日报，2016-08-24(2).

吉新峰，安树伟. 2009. 主体功能区建设中区域利益协调机制研究[J]. 未来与发展，11：35-39.

江必新. 2013. 生态法治元论[J]. 现代法学，35(3)：3-10.

杰里米·里夫金. 2012. 第三次工业革命[M]. 张体伟，孙豫宁，译. 北京：中信出版社，.

克莱夫·庞廷. 2015. 绿色世界史[M]. 王毅，译. 北京：中国政法大学出版社.

李干杰. 2016. 牢固树立绿色发展理念扎实推进"十三五"生态环境保护工作[J]. 环境保护，8：10-16.

李庆瑞. 2014. 实行最严密的环境法治为生态文明建设提供保障[J]. 环境与可持续发展，2：5-8.

李娟. 2014. 生态学马克思主义的生态帝国主义批判与当代启示[J]. 当代世界与社会主义，1：61.

李晓光，苗鸿，郑华. 2009. 生态补偿标准确定的主要方法及其应用[J]. 生态学报，29(8)：4431-4440.

李云燕. 2010. 论循环经济运行机制——基于市场机制与政府行为的分析[J]. 现代经济探讨，9：10-13.

刘波. 2016. 碳市场机制与主体功能区战略协调发展研究——基于主体功能区建立县域碳汇管理与交易机制[J]. 宏观经济管理，7：33-37.

刘华军. 2017. 生态文明视阈下中国环境污染排放绩效的演变与驱动[J]. 广东财经大学学报，1：13-23.

刘小丽，田磊，杨光，等. 2015. 实施五大战略推动油气生产革命[J]. 国际石油经济，12：10-15.

吕克·费希，克劳德·卡佩里耶. 2015. 最美的哲学史[M]. 胡扬，译. 上海：上海书店出版社.

卢风. 2017. 绿色发展与生态文明建设的关键和根本[J]. 中国地质大学学报(社会科学版)，1：1-9.

马新华. 2017. 天然气与能源革命——以川渝地区为例[J]. 天然气工业，1：1-8.

米尔顿·弗里德曼. 1999. 资本主义与自由[M]. 张瑞玉，译. 北京：商务印书馆.

努尔·白克力. 2016. 稳步推进能源革命，走中国特色能源发展道路[J]. 中国经贸导刊，18：7-9.

欧阳志云，郑华，谢高地. 2016. 生态资产、生态补偿及生态文明科技贡献核算理论与技术[J]. 生态学报，22：7136-7139.

BP. BP 2035 世界能源展望(2015 版)[EB/OA]. [2016-09-20]. http://www.bp.com/zh_cn/china/reports-and-publications/bp_20351.html.

曲娜，王孟钧. 2010. 基于交易费用理论的建设供应链模式价值创造[J]. 财经问题研究，8：65-68.

邵超峰，鞠美庭，赵琼，等. 2009. 我国生态文明建设战略思路探讨[J]. 环境保护与循环经济，2：44-47.

田心铭. 2013. 文明、生态文明与中国特色社会主义[J]. 思想理论教育导刊，11：17.

田艳平，冯垒垒. 2015. 区域合作、利益共享：区域协调发展的基础[J]. 学习与实践，1：36-43.

童晓闻. 2011. 生态党建引领绿色发展[J]. 当代江西，5：28-29.

涂正革. 2008. 环境、资源与工业增长的协调性[J]. 经济研究, 2: 93-105.

王峰, 王澍. 2017. 生态文明建设有关制度改革[J]. 国土资源情报, 1: 10-13.

王红, 齐建国, 刘建翠. 2013. 循环经济协同效应: 背景、内涵及作用机理[J]. 数量经济技术经济研究, 4: 138-149.

王琳, 肖序. 2013. 生态工业园循环经济价值链测度与优化研究[J]. 求索, 1: 5-8.

王震. 2016. 中国能源清洁低碳化利用的战略选择[J]. 人民论坛·学术前沿, 23: 86-93.

王震, 刘明明, 郭海涛. 2016. 中国能源清洁低碳化利用的战略路径[J]. 天然气工业, 36(4): 96-102.

王震, 赵林. 2016. 新形势下中国天然气行业发展与改革思考[J]. 国际石油经济, 6: 1-6.

王震, 薛庆. 2017. 充分发挥天然气在我国现代能源体系构建中的主力作用——对《天然气发展"十三五"规划》的解读[J]. 天然气工业, 1: 1-8.

王紫零. 2013. 生态文明建设的内涵及生态发展方式[J]. 广西社会主义学院学报, 1: 16-21.

温薇, 田国双. 2017. 生态文明时代的跨区域生态补偿协调机制研究[J]. 经济问题, 5: 84-88.

习近平. 2015. 携手构建合作共赢、公平合理的气候变化治理机制——在气候变化巴黎大会开幕式上的讲话[N/OL]. 北京: 新华网. 2015-12-01. http://politics.people.com.cn/n/2015/1201/c1024-27873625.html.

谢海燕, 杨春平. 2014. 建立体现生态文明要求的考评机制[EB/OL]. http://www.china-reform.org/?content_534.html. 2014-03-21.

谢贤伟. 2016. 国家生态文明实验区《福建方案》战略定位: 先行示范[N]. 福建日报, 2016-10-20(1).

杨欣. 2006. 生产力跨越式发展基本问题探讨[J]. 生产力研究, 7: 94.

杨春平, 罗峻. 2015. 推动绿色循环低碳发展加快国民经济绿色化进程[J]. 环境保护, 11: 17-21.

杨世迪, 惠宁. 2017. 国外生态文明建设研究进展[J]. 生态经济, 5: 181-185.

亦冬. 2008. 生态文明: 21世纪中国发展战略的必然选择[J]. 攀登, 1: 73-76.

尹郑刚. 2015. 基于生态文明建设视角的低碳经济发展研究[J]. 环境科学与管理, 4: 156-158.

余谋昌. 2007. 生态文明是发展中国特色社会主义的抉择[J]. 南京林业大学学报(人文社会科学版), 4: 5.

袁丽静. 2013. 价值链视角下的循环经济技术创新机制及其政策研究[J]. 宏观经济研究, 9: 71-75.

肖序, 陈宝玉. 2015. 基于资源效率的"元素流—价值流"分析方法研究[J]. 环境污染与防治, 12: 90-95.

周敦颐. 2009. 周敦颐集[M]. 北京: 中华书局.

周宏春. 2009. 改革开放30年中国环境保护政策演变[J]. 南京大学学报: 哲学·人文科学·社会科学, 1: 31-40.

周宏春. 2013. 关于生态文明建设的几点思考[J]. 中共中央党校学报, 3: 77-81.

周宏春. 2013. 生态文明建设的路线图与制度保障[J]. 中国科学院院刊, 2: 157-162.

周宏春. 2017. 试论生态文明建设理论与实践[J]. 生态经济, 1: 175-181.

周志斌. 2005. 西南油气田公司天然气对国民经济的贡献评价研究[M]. 北京: 中国统计出版社.

周志斌. 2008. 中国天然气经济发展问题研究[M]. 北京: 石油工业出版社.

周志斌,姜子昂,何春蕾,等. 2014. 中国天然气战略储备研究[M]. 北京:科学出版社.

周志斌,姜子昂,熊伟,等. 2013. 天然气利用与基础设施建设集约化发展研究[R]. 国务院发展研究中心《经济要参》,(10).

朱坦,高帅. 2017. 关于我国生态文明建设中绿色发展、循环发展、低碳发展的几点认识[J]. 环境保护,8:10-13.

诸大建. 2013. 基于生态限制模型的中国可持续发展的政策创新研究[J]. 上海商学院学报,1:122-128.

诸大建,朱远. 2013. 生态文明背景下循环经济理论的深化研究[J]. 中国科学院院刊,2(28):207-218.

张映红,路保平. 2015. 世界能源趋势预测及能源技术革命特征分析[J]. 天然气工业,10:1-10.

张乾元. 2015. "四个全面"统筹推进中国特色社会主义事业[N]. 中国社会科学报,2015-03-16(A4).

张伟,蒋洪强,王金南. 2015. 科技创新在生态文明建设中的作用和贡献[J]. 中国环境管理,3:52-56.

张高丽. 2013. 大力推进生态文明努力建设美丽中国[J]. 求是,24:3-11.

赵建军. 2013. 生态文明体制改革重点何在[N]. 中国环境报,2013-11-27(2).

赵成. 2016. 论生态生产力的理论内涵及其发展要求[J]. 辽宁师范大学学报:社会科学版,1:16.

中国石油西南油气田公司分公司天然气经济研究所. 2013. 打造绿色中石油的实践探索与实现途径[R]. 成都:中国石油西南油气田公司分公司天然气经济研究所.

中国石油西南油气田公司分公司天然气经济研究所. 2014. 天然气产业生态文明建设重大问题研究[R]. 成都:中国石油西南油气田公司分公司天然气经济研究所.

中国石油西南油气田公司分公司天然气经济研究所. 2015. 中国石油适应国家推动能源革命的思路和路径研究[R]. 成都:中国石油西南油气田公司分公司天然气经济研究所.

中国石油西南油气田公司分公司天然气经济研究所. 2016. 西南油气田公司适应能源革命发展的思路与途径[R]. 成都:中国石油西南油气田公司分公司天然气经济研究所.

中国石油经济技术研究院. 2016. 年国内外油气行业发展报告[R]. 北京:中国石油经济技术研究院.

中国国际经济交流中心课题组. 2014. 中国能源生产与消费革命[M]. 北京:社会科学文献出版社.

中共中央宣传部. 2014. 习近平总书记系列重要讲话读本[M]. 北京:学习出版社.

钟贞山. 2017. 中国特色社会主义政治经济学的生态文明观:产生、演进与时代内涵[J]. 江西财经大学学报,1:12-19.

詹姆斯·L·多蒂,德威特·R·李. 2000. 市场经济:大师们的思考[M]. 林季红等,译. 南京:江苏人民出版社.

邹才能,赵群,张国生,等. 2016. 能源革命:从化石能源到新能源[J]. 天然气工业,1:1-10.

EIA. Annual energy outlook 2016[EB/OA]. [2016-09-20]. http://www.eia.gov/outlooks/aeo/.

Richard S. 2015. China's communist-capitalist ecological apocalypse[J]. Real-World Economics Review,(71).

Gare A. 2012. China and the struggle for ecological civilization[J]. Capitalism Nature Socialism,4:10.